新工科·普通高等教育汽车类系列教材

江苏省高等学校重点教材（编号：2021-2-207）

汽车动力学基础

主　编　吕红明

副主编　陈庆樟　沈　辉

参　编　郑竹安　刘绍娜　杨雪梅

机 械 工 业 出 版 社

本书是江苏省高等学校重点教材。

本书先简单介绍了汽车动力学的整体情况，然后系统分析了轮胎力学特性和汽车驱动动力学、制动动力学、操纵动力学、乘载动力学与侧倾动力学，并在分析中对汽车各项使用性能的评价指标和方法进行了讲解，同时结合课程教学重点和难点内容，提供了大量有针对性的例题和部分 MATLAB 仿真源程序代码。考虑到新能源汽车的快速发展，本书在部分章节还介绍了与电动汽车动力学有关的内容。

本书可作为普通高等院校汽车相关专业的本科生及研究生教材，也可作为企业、研究院所从事汽车设计、试验的工程技术人员的参考书。

图书在版编目（CIP）数据

汽车动力学基础/吕红明主编. —北京：机械工业出版社，2023.1
新工科·普通高等教育汽车类系列教材
ISBN 978-7-111-71910-6

Ⅰ.①汽…　Ⅱ.①吕…　Ⅲ.①汽车动力学-高等学校-教材　Ⅳ.①U461.1

中国版本图书馆 CIP 数据核字（2022）第 201209 号

机械工业出版社（北京市百万庄大街 22 号　邮政编码 100037）
策划编辑：尹法欣　　　　责任编辑：尹法欣　杜丽君
责任校对：樊钟英　贾立萍　封面设计：张　静
责任印制：常天培
固安县铭成印刷有限公司印刷
2023 年 2 月第 1 版第 1 次印刷
184mm×260mm · 12.25 印张 · 288 千字
标准书号：ISBN 978-7-111-71910-6
定价：39.00 元

电话服务　　　　　　　　　网络服务
客服电话：010-88361066　　机　工　官　网：www.cmpbook.com
　　　　　010-88379833　　机　工　官　博：weibo.com/cmp1952
　　　　　010-68326294　　金　　书　　网：www.golden-book.com
封底无防伪标均为盗版　　机工教育服务网：www.cmpedu.com

前 言

汽车动力学是一门研究汽车运动与受力之间关系的工程科学，可为汽车产品设计、评价及新技术研发提供理论指导。目前，我国高校开设的汽车动力学相关课程主要有面向本科生的“汽车理论”和面向研究生的“汽车系统动力学”。前者一般按照汽车性能指标—分析计算—研究前沿的框架组织和安排各章节内容，介绍汽车行驶的基本理论；后者侧重于从动力学控制的角度，对汽车新技术进行理论分析。

为了培养学生在汽车动力学方面的思维能力，编者结合教学和科研经验并参阅国内外相关教材，编写了这本适合 48~56 学时教学使用的动力学基础教材。全书共分 7 章：第 1 章概述了汽车动力学发展历程、研究内容，车辆坐标系及术语，汽车动力学的发展趋势和学习方法；第 2 章分析了轮胎各种力学特性的产生机理及影响因素，并介绍了常用轮胎力学模型；第 3 章分析了汽车驱动过程中驱动力、行驶阻力、汽车动力性和能耗经济性、动力装置与传动系统的参数匹配；第 4 章分析了汽车制动过程中轮胎受力、前后制动器制动力比例关系、汽车在各种路面上制动过程、制动力分配合理性评价、制动性能及法规要求、防抱制动系统；第 5 章分析了汽车转向运动学、汽车稳态/瞬态转向特性及影响因素、汽车操纵稳定性的评价；第 6 章分析了路面不平度、汽车垂向振动模型及振动情况、汽车乘载动力学性能的评价；第 7 章分析了汽车侧倾外倾、侧倾转向和侧翻等汽车侧倾动力学内容。各学校可根据教学计划，有选择性地安排授课内容。

为了便于教学，本书第 2 章~第 7 章在内容编排上体现了汽车系统物理建模—理论研究—仿真分析—性能指标的编写思路；采用理论与应用相结合的方式，设置了部分例题，以加深学生对教材重点、难点内容的理解；提供了 MATLAB 编程仿真实例，使学生能够“学中做”和“做中学”，对汽车动力学的理论分析和工程应用有更加直接的体会。在部分章节中还增加了纯电动汽车动力学相关内容，以适应新能源汽车发展趋势。

本书由吕红明任主编，陈庆樟和沈辉任副主编，具体分工如下：由盐城工学院吕红明编写第 1 章和第 7 章，由南京工程学院杨雪梅编写第 2 章，由常熟理工学院陈庆樟编写第 3 章，由扬州大学沈辉编写第 4 章，由盐城工学院郑竹安、刘绍娜分别编写第 5 章和第 6 章。

本书部分内容融入了国家自然科学基金项目（51875494）和江苏高校“青蓝工程”项目的研究成果，本书的出版还得到了江苏省高等学校重点教材（编号：2021-2-207）和盐城工学院教材出版基金的支持，在此表示感谢。在本书编写过程中参考了国内外大量的文献资料，限于篇幅不能一一列出，在此谨向原作者表示真挚的感谢。

限于作者水平，书中疏漏和不妥之处在所难免，敬请读者和同行给予批评指正。

编　者

目 录

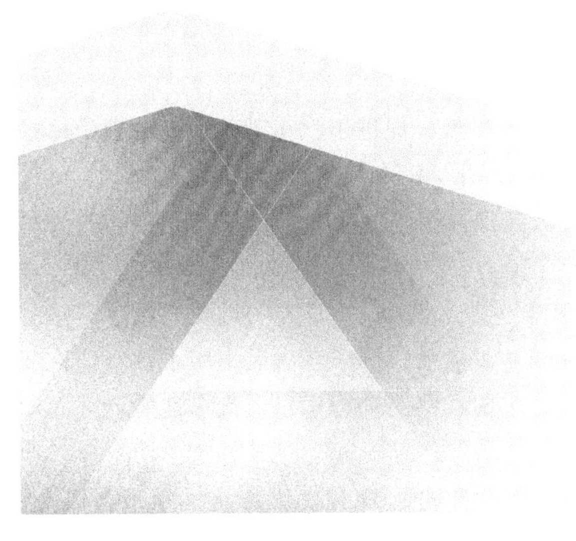

第1章 绪论

汽车在道路上行驶，受到重力、空气阻力以及作用在轮胎上的力，会产生加速、减速、转向、俯仰、侧倾和上下振动等运动。汽车动力学通过研究这些力的产生机理、性质及与车辆运动之间的内在联系和规律，为汽车产品设计、评价及新技术研发提供指导。

1.1 汽车动力学的发展历程

在20世纪初，随着汽车速度的提高，特别是在快速转向和紧急制动时，许多动力学问题逐渐显现，并受到了汽车研究人员的关注。Huth在1907年德国汽车技术协会的报告中总结到：①增大地面摩擦力不仅有利于车辆驱动，而且有利于其操纵和制动；②车辆的四个车轮最好都能转向；③车辆的四个车轮最好都能驱动，这在某些工况下很有必要；④与后轮驱动相比，前轮驱动由于还要实现车辆转向功能，因此增加了结构复杂性，优点并不突出；⑤车辆的质心应尽可能位于中间位置；⑥需要深入研究轮胎在不同道路条件下摩擦系数与载荷之间的关系。英国的Lanchester在1908年针对一些舵柄操纵的汽车出现“过多转向”现象进行了初步分析。法国的Broulheit于1925年指出汽车转向轮摆振的能量来源于轮胎侧偏。

在20世纪30年代，Broulhiet、Lanchester和Olley等开始研究独立悬架运动学及其对车辆性能的影响，设计了不同结构形式的独立悬架，以解决前轮摆振问题。然而，早期研究因缺乏轮胎力学知识，还不能深刻认识车辆转向特性和摆振等问题。1931年，随着轮胎测力计问世，通过测量充气轮胎的力学特性，可以对轮胎加以改进。

1932年，Olley在美国凯迪拉克公司建立前后簧载质量可调的“K^2”试验台，研究了前后悬架匹配及“轴距滤波”效应等问题。通过主观评价，Olley提出了改善平顺性的基本方法，即前悬架必须比后悬架要“软”一定的比例。许多研究人员还对诸如车身垂向和俯仰运动的固有频率及其与前、后悬架刚度匹配关系等重要问题进行了深入研究。

1940年，德国的Riekert和Schunk发表了《橡胶轮胎车辆的运动学》论文，通过考虑横摆和侧偏运动，建立了二自由度的汽车单辙双轮模型，并对运动方程进行求解。之后，法国的Schlippe和Dietrich提出充气轮胎的基本理论，建立起轮胎侧偏力、侧偏角和侧偏刚度之间的关系。

进入20世纪50年代，车辆操纵动力学研究快速发展，促进了汽车动力学基础理论体系的建立。英国机械工程师学会于1956年在伦敦组织召开了汽车稳定性及轮胎性能学术会议，会上发表了许多高水平研究成果。Milliken将这次会议称作车辆动力学发展过程中的一个里程碑。

20世纪50年代至70年代，苏联的ЗИМЕЛЕВ（西米列夫）、日本的近藤政市、英国的Ellis、德国的Mitschke（米奇克）、加拿大的Wong（黄祖永）等学者先后出版了汽车理论及汽车动力学方面的著作，在轮胎力学和车辆纵向、垂向和侧向动力学以及汽车性能等方面做了系统总结。

1993年，在由英国机械工程师学会组织召开的汽车舒适性和操纵稳定性学术会议上，Segel回顾了这门学科的发展历程，并对其早期成就进行了概括，见表1.1。

表1.1　汽车动力学研究的早期阶段划分及代表性成就

阶段划分	代表性成就
阶段一 （至20世纪30年代初期）	1）对汽车动态性能的经验性观察 2）开始注意到车轮摆振问题 3）认识到平顺性是汽车的重要性能之一
阶段二 （20世纪30年代初期—1952年）	1）开发前桥独立悬架 2）进行汽车行驶特性的试验研究，建立了“K^2”试验台，提出“平顺性”概念 3）初步分析轮胎力学特性，定义侧偏角 4）对不足转向和过多转向的深入分析 5）初步研究车辆稳态转向特性 6）建立简单的二自由度操纵动力学方程
阶段三 （1952年—1993年）	1）通过试验结果分析和建模，加深对轮胎特性的了解 2）深入研究汽车操纵动力学，包括稳定性和转向响应特性分析 3）应用随机振动理论对行驶平顺性进行分析

在随后的几十年，由于行驶平顺性和操纵稳定性在汽车产品竞争中的重要作用，汽车动力学研究得以迅速发展。一方面，汽车行驶平顺性的室内和道路测试日趋完善；另一方面，汽车操纵稳定性的研究逐渐向着高侧向加速度非线性作用域方向发展。近年来，由于计算机技术的进步，汽车动力学建模的复杂程度不断提高，特别是多体系统动力学分析软件在汽车领域的应用，使复杂的模型得到了明确的表达和方便的求解。同时，先进控制理论与技术的应用也极大地推动了车辆动力学的发展，各种车辆底盘控制系统开始出现。日本的安部正人着重从侧向、垂向和纵向动力学等方面分析了现代底盘控制系统与汽车动力学的关系，如图1.1所示。

在长期发展过程中，汽车动力学在理论研究和工程应用方面都取得了很多成果。然而，尽管功能强大的计算机软件可以求解复杂多自由度的车辆模型，但在新车型的设计开发中，汽车制造商仍然需要依赖具有丰富测试经验与优异主观评价能力的工程师队伍。另外，不同国家和地区的用户，对行驶平顺性和操纵稳定性之间的协调关系仍有着不同的观点，这也反映了主观评价的重要性。同时亦应看到，和以往相比，汽车动力学在现代车辆设计和开发中都起着更为重要的作用。

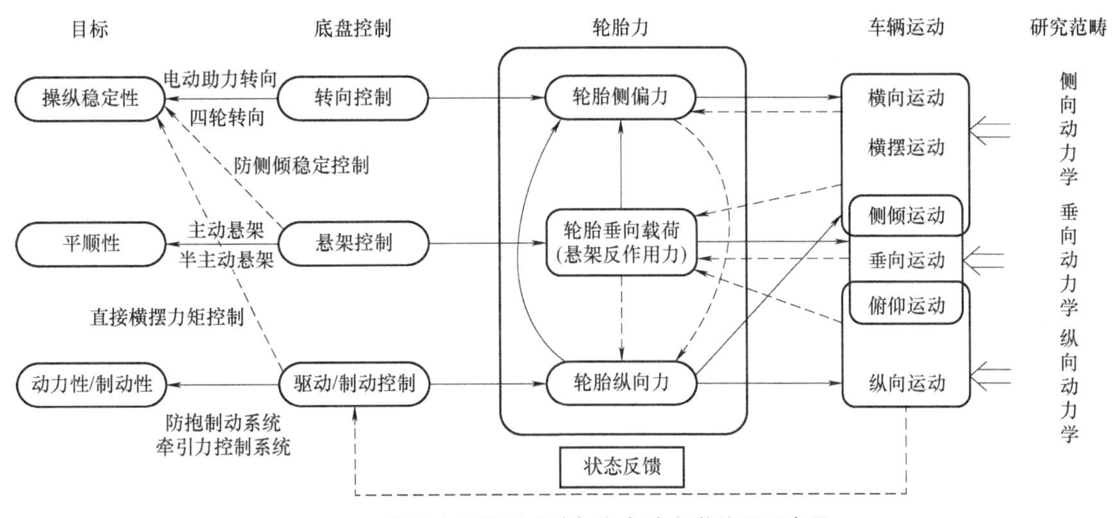

图 1.1　现代底盘控制系统与汽车动力学关系示意图

随着汽车工业的发展，我国于 20 世纪 70 年代开始对汽车动力学问题进行系统的研究。中国工程院院士郭孔辉教授是我国最早将近代系统动力学及控制理论引入汽车研究的学者，其团队在轮胎力学模型以及人-汽车闭环操纵动力学等方面取得了一系列的研究成果。吉林大学庄继德教授编著的《汽车轮胎学》、清华大学余志生教授主编的《汽车理论》以及同济大学张洪欣教授编著的《汽车系统动力学》等著作，为我国汽车动力学发展、产品开发以及人才培养发挥了重要作用。

1.2　汽车动力学的研究内容

汽车受到重力、空气作用于汽车的力和力矩、地面对汽车的力和力矩等作用，会产生各种运动响应。汽车动力学就是在分析作用于汽车上外力的基础上，通过建立车辆运动的物理模型和数学方程，分析车辆的运动规律及使用性能，并进一步研究如何评价和改善这些性能。其研究内容主要包括以下 6 个方面：

（1）地面轮胎力学　汽车在行驶过程中，其充气轮胎会受到多种来自地面的力和力矩作用，对汽车动力学性能产生重要影响。轮胎力学主要研究轮胎在与地面运动过程中表现出来的重要力学特性——轮胎的滚动阻力、附着力、侧偏力、回正力矩和垂向刚度等的产生机理及影响因素，并建立相关力学特性模型，为汽车动力学研究提供理论基础。

（2）驱动动力学　汽车驱动动力学属于汽车纵向动力学研究范畴，主要研究汽车驱动时受到的力和运动之间的关系，内容包括汽车的驱动力、行驶阻力、行驶方程、能源消耗及动力性能（如最高车速、加速时间、爬坡能力）等。汽车的动力性能主要取决于驱动力和行驶阻力的平衡关系，并受道路附着条件限制。

（3）制动动力学　汽车制动动力学也属于汽车纵向动力学研究范畴，主要研究汽车制动时受到的力和运动之间的关系，内容包括制动车轮的受力、制动力的合理分配、汽车制动过程分析和制动性能（如制动效能及其恒定性、制动时汽车的方向稳定性）计算等，它直接关系到汽车的安全行驶。提高汽车制动性能始终是汽车设计制造和使用部门的重要任务。

（4）操纵动力学　汽车操纵动力学是汽车动力学研究的重要内容之一，主要研究汽车操纵动力学模型在转向输入下的稳态响应和瞬态响应、操纵稳定性及其影响因素和评价方法。最基本的单辙二轮操纵模型虽然较为简单，但它反映出的车辆“不足/中性/过多”转向特性，为分析操纵稳定性提供了十分重要的基础。近年来，研究人员在人-车闭环系统操纵稳定性和主观评价方面做了大量工作。

（5）乘载动力学　汽车乘载动力学与车辆垂向振动特性密切相关，主要研究汽车在不平路面激励下车辆垂向振动的受力与运动之间的关系，内容包括路面不平度、汽车垂向振动模型、汽车振动特性分析、人对汽车垂向振动的反应及汽车平顺性评价等。它对指导汽车行驶系统设计，从而减轻汽车振动和提高乘员舒适性、载运货物完好性及汽车零部件使用寿命有重要意义。

（6）侧倾动力学　当汽车受到道路横向坡度、侧风、转弯过程中离心力等作用，地面对轮胎法向作用力会在左、右车轮之间横向转移，汽车将产生侧倾运动，严重时会造成侧翻事故。汽车侧倾动力学主要内容包括侧倾中心、车轮侧倾外倾、侧倾转向、侧倾动力学模型、汽车侧翻运动及抗侧倾性的评价指标等。目前，汽车侧倾动力学在客车、货车等高质心商用车研究和开发中受到更多重视。

1.3　车辆坐标系及术语

为了对汽车进行动力学建模，首先需要建立用于描述汽车运动的相关坐标系，如图 1.2 所示。相关坐标系的定义见表 1.2。

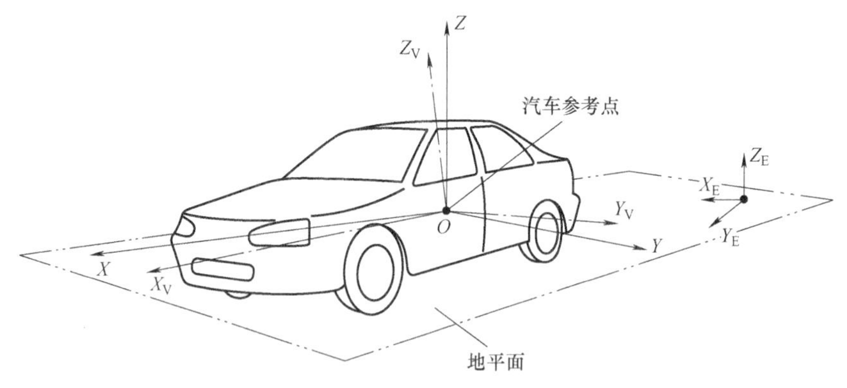

图 1.2　车辆相关坐标系

表 1.2　车辆相关坐标系的定义

名称	定义
地面固定坐标系(X_E,Y_E,Z_E)	固定在地面上的右手直角坐标系。原点为地平面上的某一点，X_E 轴和 Y_E 轴位于水平平面内，Z_E 轴指向上方。汽车运动的轨迹用该坐标系描述

（续）

名称	定义
汽车坐标系(X_V,Y_V,Z_V)	以汽车上某参考点为原点的右手直角坐标系。该坐标系随同簧载质量一起运动。在静止状态下，X_V 轴在水平平面内，平行于汽车的纵向对称平面，指向前方；Y_V 轴垂直于纵向对称平面，指向左方；Z_V 轴指向上方
运动坐标系(X,Y,Z)	固定在汽车上的右手直角坐标系。X 轴为汽车的纵向对称平面与通过汽车质心的水平面的交线，沿汽车的主运动方向指向前方；Y 轴垂直于纵向对称平面，水平指向左方；Z 轴垂直于 X-Y 平面，指向上方
汽车参考点	固定在簧载质量上的点。根据分析或测试需要，常采用整车质心、簧载质心、整车质心高度处的轴距中点、前桥中心等

汽车欧拉角(ψ,θ,φ)用于表示汽车坐标系(X_V,Y_V,Z_V)相对于地面固定坐标系(X_E,Y_E,Z_E)的位置，由三个方向上的依次旋转角度构成。汽车旋转运动位置术语及定义见表 1.3。其中，方位角（ψ）、侧偏角（β）和行进方向（航向）角（υ）在平面坐标系中的示意如图 1.3 所示。

表 1.3　汽车旋转运动位置术语及定义

术语	定义
方位角(ψ)	又称横摆角，从 X_E 轴到 X 轴之间绕 Z_E 轴的夹角
纵倾角(θ)	又称俯仰角，从 X 轴到 X_V 轴之间绕 Y 轴的夹角
侧倾角(ϕ)	从 Y 轴到 Y_V 轴之间绕 X_V 轴的夹角
侧偏角(β)	从 X 轴在路面上的投影到车速（质心处）在路面上的投影之间绕 Z 轴的夹角
行进方向角(υ)	从 X_E 轴到车速在 X_E-Y_E 平面内投影线的夹角。它等于方位角与侧偏角的代数和，即 $\upsilon=\psi+\beta$

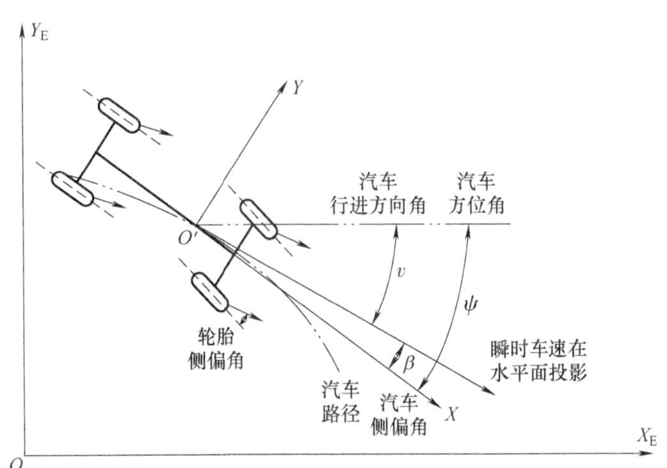

图 1.3　汽车方位角、侧偏角和行进方向角

汽车速度是指将地球固定坐标系(X_E,Y_E,Z_E)中速度矢量分解到运动坐标系(X、Y、Z)中的分量。汽车运动速度术语及定义见表 1.4。

表 1.4　汽车运动速度术语及定义

术语	定义
车速($\boldsymbol{v}$)	汽车参考点的三维速度矢量
纵向速度(v_X)	车速矢量沿 X 轴的分量
侧向速度(v_Y)	车速矢量沿 Y 轴的分量
垂向速度(v_Z)	车速矢量沿 Z 轴的分量
水平车速(v_H)	纵向速度和侧向速度的合速度
汽车角速度($\boldsymbol{\omega}$)	在汽车坐标系中的三维角速度矢量
侧倾角速度(ω_X)	车辆角速度矢量绕 X 轴的分量
纵倾角速度(ω_Y)	车辆角速度矢量绕 Y 轴的分量
横摆角速度(ω_Z)	车辆角速度矢量绕 Z 轴的分量

与汽车所受力和力矩有关的术语及定义见表 1.5。

表 1.5　与汽车所受力和力矩有关的术语及定义

术语	定义
纵向力（F_X）	作用在汽车上的力矢量沿 X 轴方向的分量
侧向力（F_Y）	作用在汽车上的力矢量沿 Y 轴方向的分量
垂直力（F_Z）	作用在汽车上的力矢量沿 Z 轴方向的分量
侧倾力矩（M_X）	作用在汽车上的力矩矢量使汽车绕 X 轴旋转的分量
纵倾力矩（M_Y）	作用在汽车上的力矩矢量使汽车绕 Y 轴旋转的分量
横摆力矩（M_Z）	作用在汽车上的力矩矢量使汽车绕 Z 轴旋转的分量

1.4　汽车动力学的发展趋势

1）传统汽车动力学是针对机械结构进行车辆性能研究，近年来通过主动控制来改善车辆动态性能，为汽车动力学开辟了新的研究领域。开发安全可靠的线控技术（即 X-by-wire）以及车辆动力学集成控制将成为汽车动力学控制发展的必然趋势。

2）随着多体动力学的发展，一些公司开发的商用软件能够有效地模拟复杂的车辆运动，汽车动力学模型从集中质量模型向多刚体、多柔体及刚-柔耦合模型等方向发展，模型的复杂程度和精度不断提高。同时，汽车动力学研究也从线性域向非线性域方向发展。

3）在汽车动力学研究中，驾驶人既发挥控制作用，又是车辆性能的最终评价者。因此，汽车新技术的研发将更加重视驾驶人的主观评价，力求使车辆系统在各种工况下都能有一种让驾驶人较易适应的特性。

4）先进测试技术、控制技术和仿真技术的应用将推动汽车系统动力学的发展。

5）相比传统汽车，新能源汽车、智能网联汽车有着诸多优点，正在受到重视并得到推广，与它们相关的动力学问题，已经成为新的研究热点。

1.5 本课程的学习方法

1. 用系统论思想指导课程的学习

汽车是由上万个零件组成的复杂机电系统，并可分成若干个子系统。显然，汽车不是各个零部件的机械组合或简单相加，而是一个有机的整体，各零部件起着特定的作用，使汽车能够正常行驶。例如，轮胎力学特性对汽车受力和运动以及使用性能有重要影响；悬架导向机构的运动学对操纵和制动等性能有着不容忽视的影响；传动系的扭振和行驶系的振动之间也有相互作用。另外，汽车作为一种交通运输工具，其动力学特性还受到驾驶人以及外界环境（如道路、空气等）的作用，故有时也从驾驶人-汽车-环境系统的角度分析汽车动力学特性，如图 1.4 所示。因此，需要用系统论思想指导汽车动力学的学习，研究整车、组成、环境三者的相互关系和变化的规律性，全面地分析和解决汽车动力学问题。

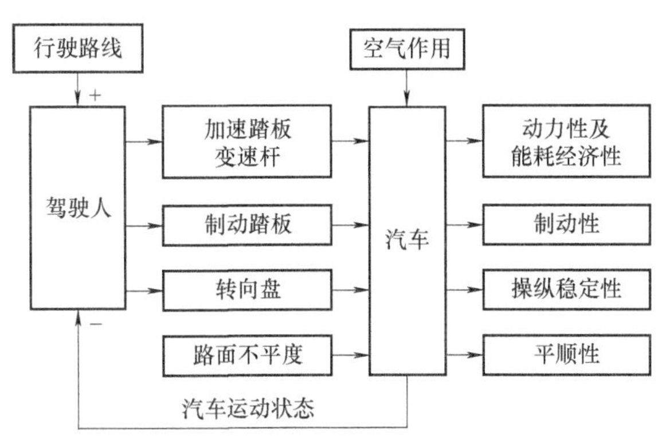

图 1.4 驾驶人-汽车-环境系统

2. 从动力学角度分析和解决问题

本课程着重对汽车动力学进行研究，并进一步分析汽车主要使用性能及其影响因素，从而为汽车产品开发和使用提供依据。在学习过程中，需要善于抓住汽车动力学研究的本质，这个本质就是牛顿第二定律 $F=ma$ 和动力学基本方程 $m\ddot{x}+c\dot{x}+kx=F$，其物理模型分别如图 1.5a 和图 1.5b 所示。由于汽车在各方向上的运动和受力存在上述关系，才使汽车具有各种性能。另外，还需知道汽车所受力 F 的来源，如地面对轮胎各方向的作用、空气对车身的作用等。车辆运动过程中，法向载荷的纵向或横向转移会引起汽车受力的动态变化。

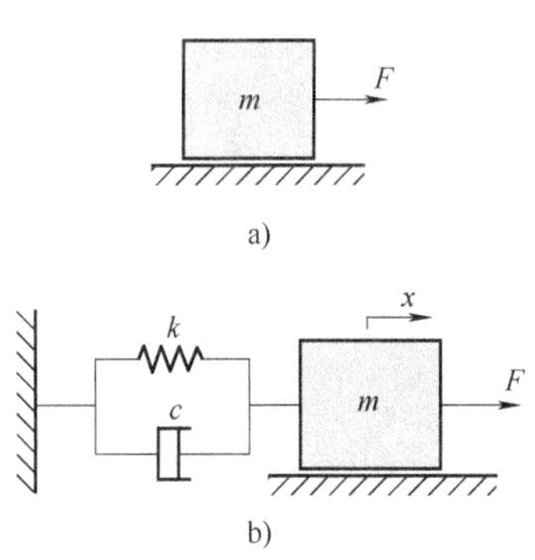

图 1.5 动力学分析基本物理模型

3. 辩证分析汽车动力学主次矛盾

汽车既是大众化的产品，也是个性化的产品，不同人群对汽车产品性能有不同的需求，有的人希望汽车经济实用、平顺舒适，而有的人希望汽车动力强劲、操控流畅，这就会造成汽车能耗经济性与动力性、汽车平顺性与操纵稳定性之间的矛盾。汽车研发部门应根据用户需求，确定主要矛盾和次要矛盾。例如，如果用户希望汽车动力强劲，则可选用大功率动力装置，但会提高使用成本，反之，则选用小功率动力装置，但会牺牲汽车动力性；若用户希望两者兼备，则需要通过动力装置和传动装置参数的合理匹配，对两种性能进行折中。同样，对于汽车平顺性和操纵稳定性这对矛盾，可以通过调整汽车悬架特性予以解决。在汽车产品和新技术研发过程中，类似这样的动力学问题和矛盾有很多，需要学会辩证地分析和解决它们。

4. 重视汽车动力学理论联系实际

汽车动力学理论来源于实践，并指导着汽车产品开发和合理使用，因此，学习汽车动力学，不仅要学习理论，还要参加实践活动，培养知识应用能力。与汽车动力学相关的实践活动主要包括实物试验和虚拟仿真，实物试验又分为台架试验和道路试验。应该在保证安全的前提下，尽可能地参与实物试验（特别是道路试验），可以获得汽车动力学知识的直接体会。汽车产品在前期开发阶段，往往需要利用计算机进行汽车动力学的虚拟仿真，目前有不少商业化软件，如 CarSim、Cruise、Advisor、Adams/Car 等，使用较为方便，仿真结果也很直观。在课程学习时，常采用美国 MathWorks 公司的 MATLAB 软件，通过编写 m 代码文件或建立 Simulink 模型进行仿真分析，会有助于理解汽车动力学基本原理和掌握建模方法。近年来许多高校还鼓励学生制作大学生方程式燃油赛车或电动赛车，并参加比赛，在车辆制作过程中，既有台架试验，又有道路试验，还需使用各种软件进行仿真分析，以及对实车进行参数调校，这是难得的将汽车动力学理论应用于实践的机会。

5. 关注本领域国内外科技新进展

汽车动力学伴随着汽车技术进步而不断发展，其研究成果不仅提升了汽车产品的性能和品质，还促进了新技术的发明，例如，20 世纪 70 年代德国 Bosch 和 Benz 公司合作研发的汽车防抱制动系统（ABS）、20 世纪 80 年代日本 Suzuki 公司研制的电动助力转向系统（EPS）、瑞典 Volvo 公司开发的牵引力控制系统（TCS）、20 世纪 90 年代德国 Bosch 和 Benz 公司继续合作研发的电子稳定程序（ESP）、20 世纪末美国 Delphi 公司开始推出的自动稳定杆系统（ASBS）等，这背后都离不开大量的汽车动力学基础研究。近年来，新能源汽车和智能网联汽车的迅速发展，推动了汽车工业的科技革命，也促进了与信息技术相融合的汽车底盘技术的创新，如分布式电驱动底盘、汽车状态参数估计与辨识、动力学集成控制等，国内外学术期刊、会议、著作也发表了许多这方面的研究成果。通过阅读汽车科技期刊、报告、书籍以及浏览相关网站，了解这些汽车新技术，分析其内在动力学原理，是深入学习汽车动力学的有效途径。

习 题

1.1 汽车动力学的定义是什么？它的主要研究内容有哪些？

1.2 汽车动力学研究有哪些阶段？各阶段的代表性成就有哪些？

1.3 分析不同汽车坐标系的含义及区别。

1.4 现代汽车底盘控制系统与汽车动力学之间有何联系？

1.5 汽车动力学的主要发展趋势有哪些？

参考文献

[1] HARRER M, PFEFFER P. Steering handbook [M]. Cham: Springer International Publishing Switzerland, 2017.

[2] LANCHESTER F W. Some problems peculiar to the design of the automobile [J]. Proceedings of Institution of Automobile Engineers, 1908, 2 (1): 187-192.

[3] BROULHIET G. Suspension of the automobile steering mechanism：shimmy and tramp [J]. Societe des Ingenieurs Civils de France Bulletin, 1925, 78：540-554.

[4] BROULHIET G. Independent wheel suspension [C]. SAE Technical Paper 330029, 1933.

[5] LANCHESTER F W. Motor car suspension and independent springing [J]. Proceedings of the Institution of Automobile Engineers, 1936, 30 (2)：668-762.

[6] OLLEY M. Independent wheel suspension：its whys and wherefores [C]. SAE Technical Paper 340080, 1934.

[7] RIEKERT P, SCHUNK T E. Zur fahrmechanik des gummibereiften kraftfahrzeugs [J]. Ingenieur-Archiv, 1940, 11 (3)：210-224.

[8] SCHLIPPE B, DIETRICH R. Shimmying of a pneumatic wheel [J]. NACA Report-TM1365, 1954：125-147.

[9] MILLIKEN W F, MILLIKEN D L. Race car vehicle dynamics [M]. Warrendale：SAE International, 1995.

[10] ЗИМЕЛЕВ Г В. Теория автомобиля [M]. Москва：Воениздат, 1951.

[11] 近藤政市. 基礎自動車工学：前期编 [M]. 東京：養賢堂，1965.

[12] 近藤政市. 基礎自動車工学：后期编 [M]. 東京：養賢堂，1967.

[13] ELLIS J R. Vehicle dynamics [M]. London：London Business Books Ltd., 1969.

[14] MITSCHKE M. Dynamik der kraftfahrzeuge [M]. Berlin：Springer-Verlag, 1972.

[15] SEGEL L. An overview of developments in road vehicle dynamics：past, present and future [C]. London：Proceedings of IMechE conference on vehicle ride and handling, 1993：1-12.

[16] 喻凡，林逸. 汽车系统动力学 [M]. 2 版. 北京：机械工业出版社，2017.

[17] YOSHIMI F, MASATO A, Advanced chassis control systems for vehicle handling and active safety [J]. Vehicle System Dynamics, 1997, 28 (2/3)：59-86.

[18] 郭孔辉. 汽车轮胎动力学 [M]. 北京：科学出版社，2018.

[19] 郭孔辉. 汽车操纵动力学原理 [M]. 南京：江苏科学技术出版社，2011.

[20] 庄继德. 汽车轮胎学 [M]. 北京：北京理工大学，1996.

[21] 余志生. 汽车理论 [M]. 6 版. 北京：机械工业出版社，2018.

[22] 张洪欣. 汽车系统动力学 [M]. 上海：同济大学出版社，1996.

[23] 中华人民共和国工业和信息化部. 汽车操纵稳定性术语及其定义：GB/T 12549—2013 [S]. 北京：中国标准出版社，2013.

[24] International Organization for Standardization. Road vehicles-Vehicle dynamics and road-holding ability-Vocabulary:ISO 8855：2011 (E) [S]. Geneva：International Organization for Standardization, 2011.

[25] Society of American Engineers. Vehicle dynamics terminology：SAE J670-2008 [S]. Warrendale：SAE International, 2008.

[26] 陈无畏，王其东，肖寒松，等. 汽车系统动力学与集成控制 [M]. 北京：科学出版社，2014.

[27] 李力，王跃. 智能汽车：先进传感与控制 [M]. 北京：机械工业出版社，2016.

[28] 李克强，罗禹贡，陈慧. 先进电动汽车状态估计与辨识 [M]. 北京：机械工业出版社，2019.

[29] 余卓平，熊璐，陈辛波，等. 分布式电驱动汽车及其动力学控制 [M]. 上海：同济大学出版社，2021.

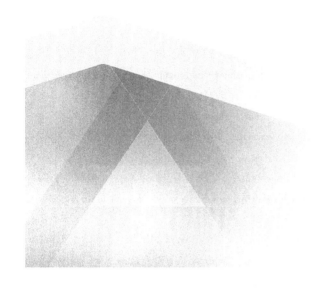

第 2 章 地面轮胎力学

轮胎作为汽车与地面之间发生作用的主要部件，具有三个基本功能：①支承汽车重量并缓和路面引起的冲击；②提供汽车加速和制动所需的纵向力；③提供汽车转向所需的侧向力，保证转向稳定性。因为轮胎接地区域承担着各种行驶工况下轮胎与路面之间的载荷转换，所以轮胎的力学特性会直接影响汽车的性能。

地面轮胎力学主要是研究地面为何与如何对轮胎产生力和力矩作用，定性及定量地分析轮胎的受力、变形和运动响应之间的关系。

2.1 作用在轮胎上的力和力矩

安装在轮辋上的轮胎胎体由于受到内部充气压力而成为环状的弹性体，任何外力引起的胎体变形都会使轮胎产生反作用力。

为了准确描述轮胎的工作状况和力学特性（力和力矩），分别建立轮胎坐标系(X_T,Y_T,Z_T)和车轮坐标系(X_W,Y_W,Z_W)，如图 2.1 所示。轮胎坐标系是以轮胎接地中心为原点的右手直角坐标系，X_T 轴为车轮中心平面与道路平面的交线，车轮中心平面朝向为正；Z_T 轴垂直于路面，指向上方；Y_T 轴在道路平面内。车轮坐标系是以车轮中心为原点的右手直角坐标系，$X_WO_WZ_W$ 平面与车轮中心平面一致；X_W 轴平行于道路平面，车轮中心平面朝向为正；Z_W 轴指向车轮中心平面上方；Y_W 轴与车轮旋转轴平行。

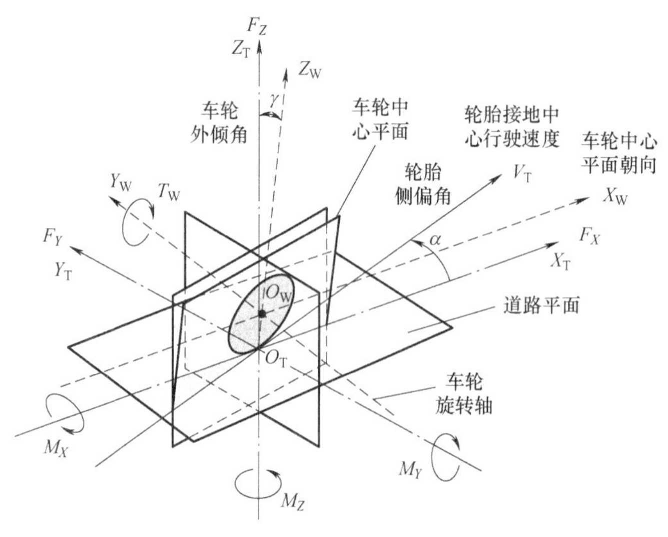

图 2.1　轮胎与车轮坐标系及轮胎所受的力和力矩

与轮胎几何结构有关的重要术语及定义如下：

1）车轮中心平面：与车轮轮辋两侧内边缘等距的平面，其法线为车轮旋转轴线。

2）车轮中心：车轮中心平面与车轮旋转轴线的交点。

3）接地线：车轮中心平面与路面的交线。

4）接地中心：车轮接地线与车轮旋转轴线在路面上投影线的交点。

5）接地面：又称接地印迹，轮胎与路面相接触的部分。

6）静力半径 r_s：静态轮胎在垂直负荷作用下，车轮中心到轮胎接地中心的距离。

7）滚动半径 r_d：在规定试验条件下，轮胎滚动一周，轮胎接地中心移动的距离（即滚动周长）除以 2π 所得的数值。

由于静力半径 r_s 和滚动半径 r_d 相差不大，在对汽车进行动力学分析时，为简化起见，一般统称为车轮半径，用 r_w 表示。

8）轮胎侧偏角 α：从 X_T 轴转到车轮行驶速度在 X_T-Y_T 平面内投影线的夹角，图 2.1 所示方向为正。

9）车轮外倾角 γ：从 Z_T 轴到 Z_W 轴的夹角，图 2.1 所示方向为正。

根据试验测量结果，在滚动状态下，轮胎在其接地面内的压力在纵向和横向均呈不对称分布，如图 2.2 所示。如果将接地面上各点的力向轮胎接地中心（轮胎坐标原点）简化，可得到图 2.1 所示轮胎坐标系中作用在轮胎上的力和力矩。相关力和力矩的术语及定义如下：

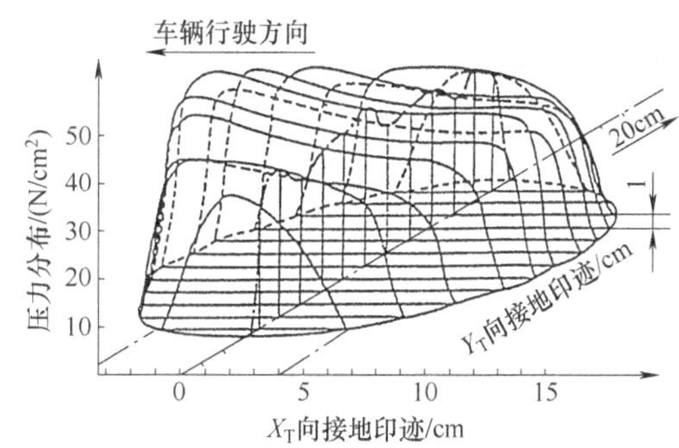

图 2.2　轮胎接地面内的压力分布

1）轮胎纵向力 F_X：路面作用在轮胎上的力沿 X_T 轴方向的分量。按照作用方向或作用形式的不同，纵向力可以成为驱动力（牵引力）或制动力。

2）轮胎侧向力 F_Y：路面作用在轮胎上的力沿 Y_T 轴方向的分量。当车轮外倾角为零时，为保持侧偏角，由路面作用在车轮上的侧向力常称为轮胎侧偏力。

3）轮胎法向力 F_Z：路面作用在轮胎上的力沿 Z_T 轴方向的分量，与轮胎垂直载荷大小相等，方向相反。

4）轮胎翻转力矩 M_X：又称侧倾力矩，是路面作用在轮胎上的力矩矢量使轮胎绕 X_T 轴旋转的分量。

5）轮胎滚动阻力矩 M_Y：路面作用在轮胎上的力矩矢量使轮胎绕 Y_T 轴旋转的分量。

6）轮胎回正力矩 M_Z：路面作用在轮胎上的力矩矢量使轮胎绕 Z_T 轴旋转的分量。

7）车轮扭矩 T_W：作用在车轮上绕其旋转轴的外力矩，包括驱动力矩和制动力矩。

2.2　滚动阻力

2.2.1　滚动阻力的形成机制

轮胎在坚硬地面上滚动时的阻力，主要是由于胎体变形而在轮胎材料中产生弹性迟滞所引起的。另外，轮胎与路面间滑动所引起的摩擦、轮胎内部空气流动、旋转的轮胎对外界空气所形成的泵风作用，也会产生轮胎滚动阻力。试验测试结果表明，汽车行驶速度在 130~150km/h 范围内的轮胎能量损失由内部的弹性迟滞引起的占 90%~95%，由轮胎与地面间的摩擦引起的占 2%~10%，由空气阻力引起的占 1.5%~3.5%。

图 2.3 所示为轮胎在硬路面上滚动受径向载荷时的轮胎变形曲线。由图可知，加载变形曲线 *OCA* 与卸载变形曲线 *ADE* 并不重合，说明加载与卸载不是可逆过程，存在着能量损失。面积 *OCABO* 为加载过程中对轮胎所做的功，面积 *ADEBA* 为卸载过程中轮胎恢复变形时释放的功，两面积之差 *OCADEO* 即为加载与卸载过程的能量损失。这一部分能量消耗在轮胎各组成部分相互间的摩擦以及橡胶、帘线等物质分子间的摩擦，最后转化为热能被消耗。这种损失称为弹性物质的迟滞损失。

轮胎滚动时，胎体在其接地面上产生变形，压力分布情况如图 2.4 所示。由于轮胎的黏弹迟滞导致能量耗散，作用在接地面前半部的等效集中法向压力会大于作用在后半部的力，这样，总的集中法向压力 F_Z 与轮胎承载 W 大小相等、方向相反，但其位置与车轮中心在滚动方向上向前偏移一定距离 e，这就会产生一个绕轮胎转轴的力矩 F_Ze，称为滚动阻力矩。在轮胎接地面上，还需要存在一个水平力，它与车轴对车轮的纵向作用力 F_p 保持平衡，这一水平力通常称为滚动阻力，用 F_f 表示。究其物理本质，滚动阻力是轮胎行驶在单位距离内的自身能量损失（或所需要的能量）。

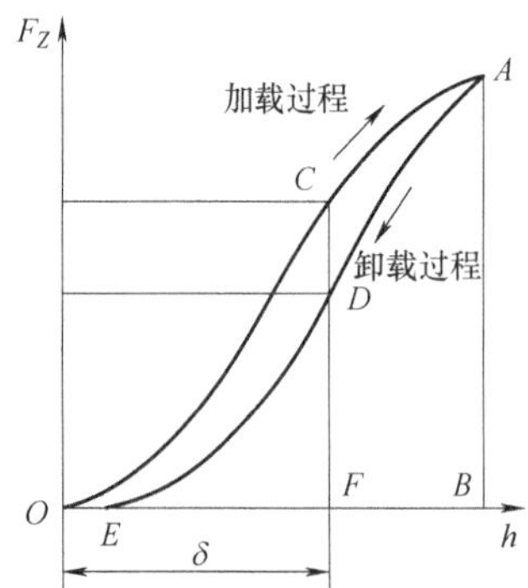

图 2.3 轮胎受径向载荷时的变形曲线

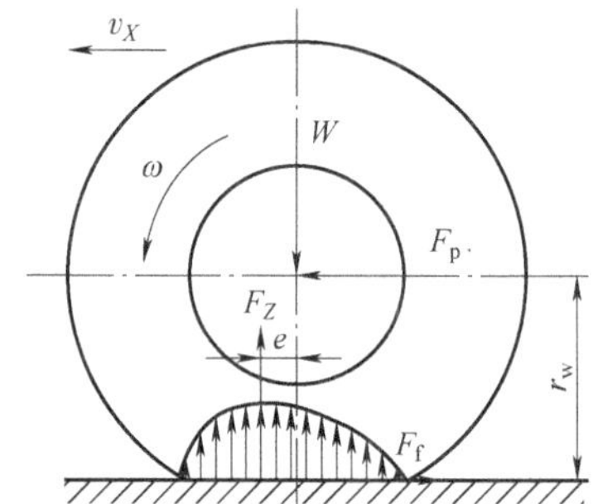

图 2.4 从动车轮在硬路面上滚动时的受力情况

由车轮接地中心的力矩平衡条件，得

$$F_p r_w = F_Z e \tag{2.1}$$

由车轮在水平方向力的平衡关系，得

$$F_p - F_f = 0 \tag{2.2}$$

若令 $f_R = e/r_w$，且考虑到 F_Z 与 W 的大小相等，则

$$F_f = f_R W \quad 及 \quad f_R = \frac{F_f}{W} \tag{2.3}$$

通常，将 f_R 称为轮胎滚动阻力系数，表示单位车轮负荷所需克服的滚动阻力。

2.2.2 滚动阻力的影响因素

滚动阻力系数与路面条件、行驶车速以及轮胎的结构、材料、气压、工况等有关，其数值通常通过试验确定。

1. 路面条件

表2.1列出了汽车在各种路面上以中低速行驶时滚动阻力系数的大致数值。良好的沥青或混凝土路面滚动阻力系数很小，高低不平的硬路面或松软路面滚动阻力系数较大。同一种路面不同状态时的滚动阻力系数也不同。

表2.1 不同路面对应的滚动阻力系数（车速为50km/h）

路面状况	滚动阻力系数	路面状况	滚动阻力系数
良好沥青或混凝土	0.01~0.018	压紧土路（干燥）	0.025~0.035
一般沥青或混凝土	0.018~0.02	压紧土路（雨后）	0.05~0.15
碎石	0.02~0.025	干沙	0.1~0.3
良好卵石	0.025~0.05	湿沙	0.06~0.15
坑洼卵石	0.035~0.05	结冰路面	0.015~0.03
泥泞土路（雨季）	0.1~0.25	压紧雪路	0.03~0.05

在松软路面上，轮胎和路面均发生变形，都会消耗能量。虽然轮胎变形量相对于硬路面小些，但是两者变形消耗的能量之和比较大，因而松软路面滚动阻力系数比硬路面要大，如图2.5所示。

2. 行驶速度

轮胎的滚动阻力随车速而变化，其原因是轮胎变形而引起内摩擦、胎面局部滑移以及驻波而造成的能量损失。此外，高速时，由于空气阻力增加而引起滚动阻力也随之增加。图2.6显示了各类型轮胎滚动阻力系数和车速的关系。车速在100km/h以下时，滚动阻力系数逐渐增加但变化不大，但在高速行驶时，由于轮胎的惯性影响，迟滞损失随变形速度的提高而加大，滚动阻力系数迅速增长。当车速达到某一临界车速（如200km/h）时，轮胎会发生驻波现象——轮胎由于来不及恢复原来形状，其周缘不再是圆形而呈明显的波浪形。这不但会使滚动阻力系数显著增加，轮胎的温度也很快上升到100℃以上，使胎面与轮胎帘布层脱落，几分钟内就会出现爆胎现象。

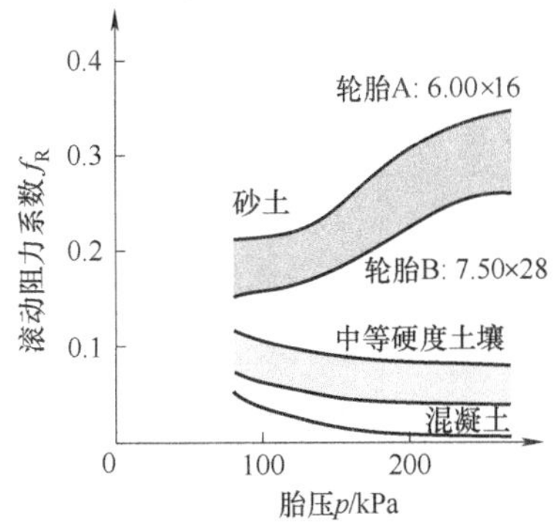

图2.5 不同路面条件滚动阻力系数随胎压的变化

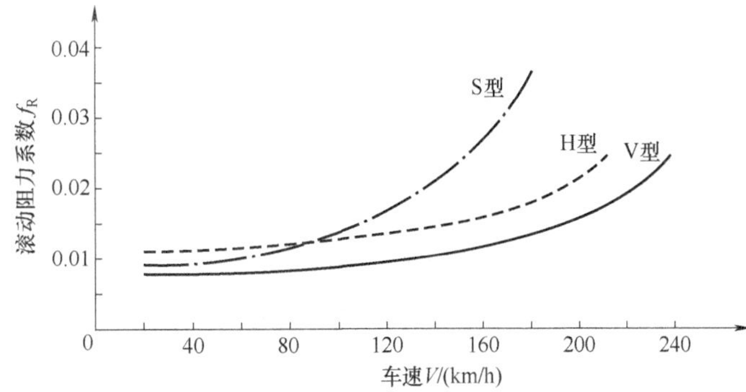

图2.6 轮胎滚动阻力系数和车速的关系

对于高速 H 型轮胎（速度可高达 210km/h）和超高速 V 型轮胎（速度可高达 240km/h）而言，轮胎周向刚度的增加削弱了驻波的影响，其滚动阻力系数在更高车速下才会显著增加，且变化趋势更为平缓，但是当 H 型轮胎在低速使用时，滚动阻力系数反而高于低速 S 型轮胎；对于 S 型轮胎，其周向刚度要小一些，因此滚动阻力系数随速度增大就快些。这些变化规律与轮胎结构类型和设计特点（如高宽比、胎面重量和胎体刚度等）有关。

在进行动力性分析时，若无试验得到的准确滚动阻力系数值，可利用经验公式大致估算。对于良好道路上以不高于 100km/h 车速行驶的货车，其斜交轮胎滚动阻力系数

$$f_R = 0.007 + 0.45\times10^{-6}V^2 \tag{2.4}$$

式中，V 为汽车行驶车速（km/h）。[⊖]

对于良好道路上以不高于 150km/h 车速行驶的乘用车，其子午线轮胎滚动阻力系数

$$f_R = 0.0136 + 0.4\times10^{-7}V^2 \tag{2.5}$$

3. 轮胎充气压力/载荷

轮胎的充气压力对滚动阻力系数影响很大，如图 2.5 所示。在硬路面上行驶的汽车，胎压降低，其接地面积增大，在滚动过程中变形增大，迟滞损失增加，轮胎滚动阻力系数增大。在松软路面上行驶的汽车，降低胎压可增大轮胎接地面积，从而降低轮胎对地面的单位压力，减小土壤变形，轮辙深度变浅，这样由于土壤变形而引起的滚动阻力减小，滚动阻力系数较小。但过多地降低胎压，会使轮胎变形过大，反而导致滚动阻力系数增加。故在松软路面上行驶的轮胎，应具有合适的胎压。

轮胎所受到的垂直载荷增加会使轮胎变形增加，加大迟滞损失，故滚动阻力系数随垂直载荷增大而有所增加，但所受影响很小，所以一般认为轮胎的滚动阻力随垂直载荷的增大而成比例增加。

4. 轮胎温度

轮胎温度对滚动阻力系数具有很大影响。在通常情况下，随着轮胎滚动，温度将逐渐升高，胎压增大，迟滞损失减少，从而轮胎滚动阻力系数减小，如图 2.7 和图 2.8 所示。在正常行驶过程中，每增加 1℃，滚动阻力减少约 0.6%。需要说明的是，当轮胎滚动超过 30km 距离后，温度和滚动阻力系数会趋于稳定。

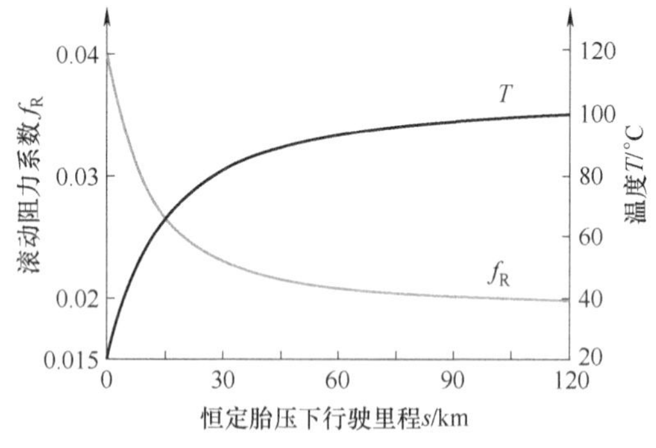

图 2.7　轮胎温度、滚动阻力系数随车辆行程的变化关系

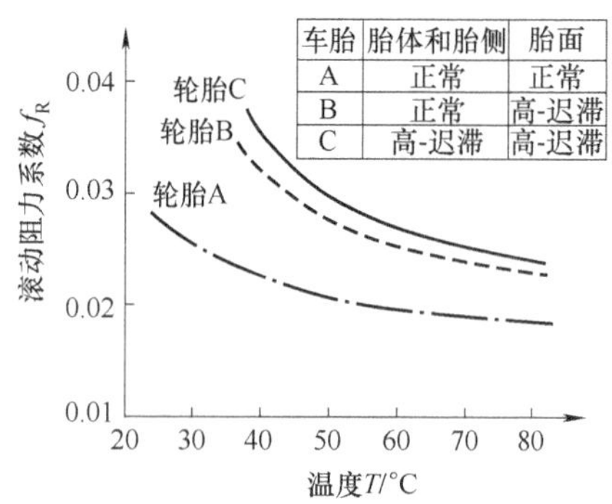

图 2.8　不同聚合物轮胎的滚动阻力系数和温度的关系

⊖ 本书表示车速时，若无特殊说明，单位为 km/h 时采用 V，单位为 m/s 时采用 v。

5. 驱动力和制动力

对于驱动和制动工况下的轮胎，胎面相对于路面有一定的滑动，会增加轮胎滚动时的能量损耗。图 2.9 所示是由试验得到的滚动阻力系数（包含胎面滑动损失）与驱动力系数（驱动力/径向载荷）的关系曲线。可以看出，随着驱动力系数的增加，斜交轮胎和子午线轮胎滚动阻力系数均迅速增加。

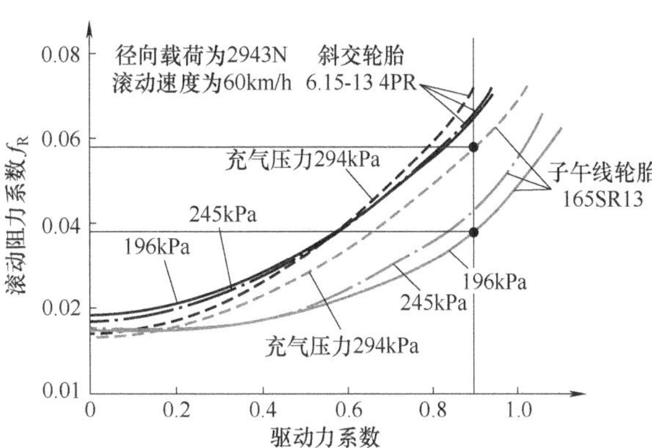

图 2.9 滚动阻力系数与驱动力系数的关系曲线

6. 轮胎结构与材料

子午线轮胎与斜交轮胎相比，具有较低的滚动阻力系数，如图 2.9 所示。

在松软路面上行驶的汽车，若采用大直径宽轮缘的轮胎，其与路面的接触面积增加，能够减小路面变形，因而可得到较小的滚动阻力系数。

轮胎胎侧以及胎面的材料和厚度会影响轮胎的刚度和迟滞阻力。图 2.8 给出了胎侧和胎面采用不同橡胶材料的轮胎滚动阻力系数。

磨损严重、胎面光滑的轮胎显示出比新轮胎降低了约 20%的滚动阻力系数，细密的叠层增加了约 25%的滚动阻力系数，胎侧的帘线材料对滚动阻力系数影响较小，而帘线角度和轮胎带束特性（带束斜交与子午线轮胎）则对其具有显著的影响。

在进行轮胎设计选型时，需要综合考虑轮胎的能量损失与其他性能（如轮胎寿命、附着性能、侧偏特性以及缓冲作用等）之间的关系。从滚动阻力角度看，合成橡胶材料虽不如天然橡胶材料优越，但由于前者具有在胎面寿命、湿路面上的附着性能和降低轮胎噪声方面的巨大优势，因此在实际上它们已经取代了天然橡胶。对于高性能车辆，采用胎面材料为丁基橡胶的轮胎时，虽然由于材料的迟滞特性较差，导致轮胎滚动阻力较大，但在抓地性和噪声等方面性能却得到了显著改善。

7. 车轮前束

车轮存在前束时，滚动阻力消耗的能量将急剧增加。试验表明，当车轮前束角为 4°~5°时，车轮滚动所消耗的能量比没有前束角行驶时大 2 倍。

2.2.3 滚动阻力对车辆性能的影响

滚动阻力是车辆在行驶过程中轮胎与路面接触发生变形而产生的阻碍轮胎滚动的力。随着轮胎滚动阻力系数的增加，车辆百公里加速时间有所增加，最高车速有所降低。

滚动阻力也是影响汽车能耗经济性的主要因素之一。针对传统燃料汽车的研究表明，滚动阻力所造成的燃料消耗占整车燃料消耗量的 12% ~20%，滚动阻力降低率与燃料消耗节约率约为 5∶1 的数值关系，即滚动阻力减小 20%，节约燃料约 4%。因此，减小轮胎的滚动阻力对汽车节能减排起着重要作用。

2.3 轮胎附着力

2.3.1 轮胎附着力的产生机理

轮胎附着力（或称抓地力）是指当车轮受驱动、制动或转向作用时，轮胎相对于地面产生一定程度的弹性滑动变形（对于刚度较大的物体，由于变形很小，常称为蠕动变形），在该状态下地面所能提供给轮胎接地面的最大切向反作用力。附着力与摩擦作用有着密切联系，故有时也被称作摩擦力，但实际上两者存在区别，摩擦力实质是不同运动状态（静摩擦、动摩擦或滚动摩擦、滑动摩擦）下物体受到的切向反作用力，在语义上常表示运动阻力；附着力是指轮胎在弹性滑动状态时受到的最大切向作用力，用于保证车辆的正常行驶。

当胎面橡胶与凹凸不平的路面接触时，在胎面接触区域产生三种摩擦作用（图 2.10）：

1）与真实接触面积成比例的黏着力。轮胎所受负载增加会使其接地面积增大，进而形成更多的分子结合，最终使摩擦力增加，这是干燥路面能够驱动和制动轮胎的主要作用力。

2）橡胶轮胎在路面上滑动时会在接地面发生法向变形，并因为迟滞损失而引起在滑动方向的分力，称为形变摩擦力。路面有足够的粗糙度或者胎面使用低刚度材料，能够提高轮胎的形变摩擦力。

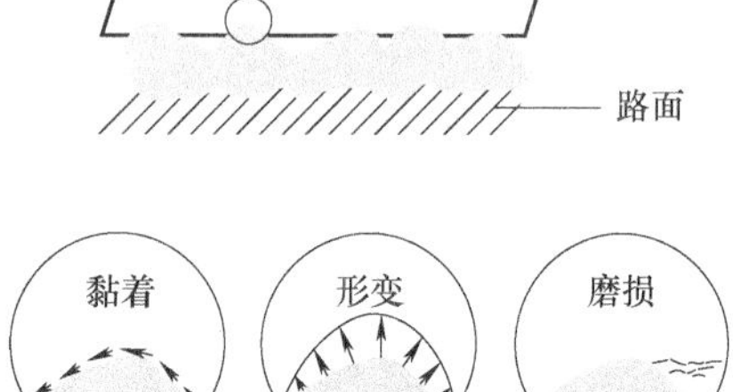

图 2.10 轮胎与路面间摩擦的机理

3）很高的局部应力使轮胎的表面结构产生变形并超过其弹性极限，橡胶聚合物黏结被破坏，产生分子链断裂，形成磨损摩擦力。负载增加会加剧轮胎磨损，并增大摩擦力。

显然，轮胎在路面上受到的三种摩擦作用越强，则轮胎附着力越大。

当车轮驱动和制动时，可以观察到轮胎胎面上橡胶微元的滑动增大。制动时轮胎接地面的变形及受力情况如图 2.11 所示。滚动的胎面微元最初进入接触区时，由于橡胶具有黏弹性，这些微元不能立即产生向后的制动力，只有当轮胎滑动速度比胎面圆周线速度更快时，胎面微元受地面附着作用而弹性滑动变形后，才能提供制动力。随着胎面微元在接触面内向后运动，其局部滑动变形和所承受的法向力都显著增大，路面对轮胎将提供更大的制动力。但随着胎面微元运动至接触区的后部，载荷减小，达到某一点后胎面微元在轮胎表面明显滑动引起制动力迅速下降，到离开路面时制动力降到零。因此，车轮驱动和制动所需要的地面纵向作用力都来源于轮胎滚动速度和行驶速度之间的差值，而该差值正是造成接触区内轮胎滑动的原因。

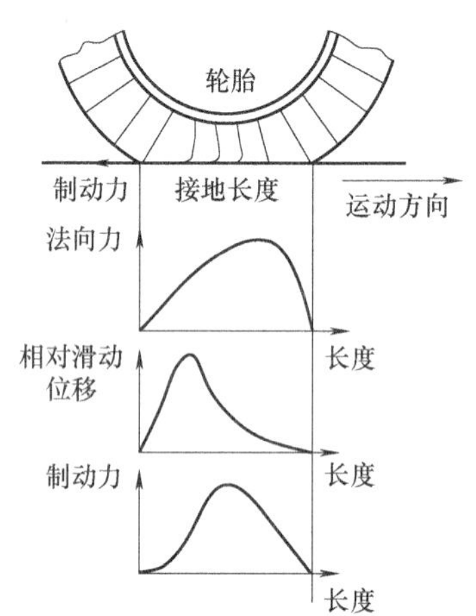

图 2.11 制动工况下轮胎接地面的变形及受力

2.3.2 轮胎纵向滑动率

以图2.12所示前轮制动的车辆为例，说明轮胎受力及运动情况。前轮受制动力矩 T_w 作用，实际角速度为 ω_w；后轮不受力矩作用而做自由滚动，角速度为 ω_{w0}（又称自由滚动车轮参考角速度）。显然，前、后车轮的平移速度是相同的，都等于车辆的行驶速度 v。由于 $\omega_w<\omega_{w0}$，前轮会相对地面有一定程度滑移。同理，当前轮受到驱动力矩作用时，由于 $\omega_w>\omega_{w0}$，前轮会相对地面有一定程度的滑转。

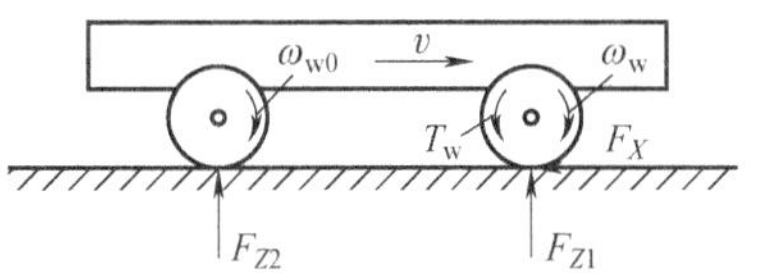

图2.12 前轮制动车辆的受力及运动简图

定义轮胎纵向滑动率 S_X 为两个角速度之差与其中较大角速度的比值。

$$S_X=\frac{\omega_w-\omega_{w0}}{\max(\omega_{w0},\omega_w)}=\begin{cases}\dfrac{\omega_w-\omega_{w0}}{\omega_w} & （驱动工况）\\[2ex] \dfrac{\omega_w-\omega_{w0}}{\omega_{w0}} & （制动工况）\end{cases} \tag{2.6}$$

有时，在驱动工况下 S_X 又称作滑转率，在制动工况下 S_X 又称作滑移率。

由于自由滚动车轮的角速度 ω_{w0} 与车轮半径 r_w 相乘即为车速 v，故轮胎纵向滑动率

$$S_X=\begin{cases}\dfrac{\omega_w r_w-v}{\omega_w r_w}\times100\% & （驱动工况）\\[2ex] \dfrac{\omega_w r_w-v}{v}\times100\% & （制动工况）\end{cases} \tag{2.7}$$

由式（2.7）可知，在驱动工况下，当车轮处于纯滚动时，$\omega_w r_w=v$，滑动率 $S_X=0$；在完全滑转时，$v=0$，$S_X=100\%$；边滚动边滑转时，$\omega_w r_w>v$，$0<S_X<100\%$。显然，在驱动工况下，滑动率的数值说明了车轮运动中滑转成分所占的比例，滑动率越大，滑转成分越多。

在制动工况下，当车轮处于纯滚动时，$\omega_w r_w=v$，滑动率 $S_X=0$；在完全滑移时，$\omega_w=0$，$S_X=-100\%$；边滚动边滑移时，$\omega_w r_w<v$，$-100\%<S_X<0$。显然，在制动工况下，滑动率的绝对值说明了车轮运动中滑移成分所占的比例，滑动率绝对值越大，滑移成分越多。

2.3.3 附着系数

若不考虑地面对轮胎在 X_T-Y_T 平面内附着力 F_φ 的方向，定义 F_φ 与轮胎所受地面法向反作用力（简称法向力）F_Z 的比值为附着系数，用符号 φ 表示（在一些文献中也称摩擦系数）。

$$\varphi=\frac{F_\varphi}{F_Z} \tag{2.8}$$

车辆在加速或减速过程中轮胎与路面之间的附着系数 φ 随滑动率 S_X 的变化曲线如图2.13所示。在 $|S_X|=0\sim15\%$ 之间，φ 随 $|S_X|$ 基本呈线性增长；在 $|S_X|=15\%\sim30\%$ 之间，附着系数 φ 可到达最大值，最大

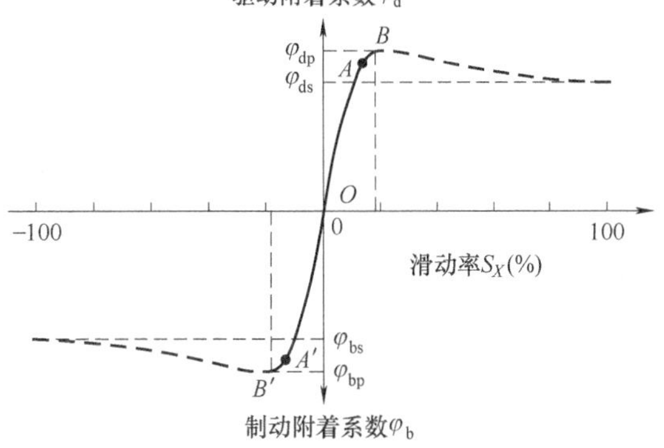

图2.13 附着系数随滑动率的变化曲线

的 φ 称为峰值附着系数 φ_p；此后，$|S_X|$ 再增加，轮胎附着系数 φ 有所下降，直至 $|S_X|=100\%$；$|S_X|=100\%$时的轮胎附着系数称为滑动附着系数 φ_s。在干燥路面上，φ_p 与 φ_s 差别较小，而在湿路面差别较大。

2.3.4 轮胎附着力的影响因素

提高附着系数可以增大轮胎的附着力，从而增大汽车的有效驱动力和制动力，对改善汽车其他使用性能也有重要意义。影响附着系数的主要因素有以下几方面。

1. 路面

各种路面的附着系数见表 2.2。路面越坚硬、微观越粗糙，附着系数越高。因为硬路面的变形远小于轮胎的变形，路面上坚硬微小凸起部分嵌入轮胎的接触面，使得附着系数增大。

表 2.2 各种路面的附着系数

路面	φ_p	φ_s	路面	φ_p	φ_s
沥青或混凝土	0.8~0.9	0.75	土路（干）	0.68	0.65
沥青（湿）	0.5~0.7	0.45~0.6	土路（湿）	0.55	0.4~0.5
混凝土（湿）	0.8	0.7	雪（压紧）	0.2	0.15
砾石	0.6	0.55	冰	0.1	0.07

路面潮湿时，轮胎与路面间的水起着润滑作用，会使附着系数下降，如图 2.14 所示。所以，路面的宏观结构应具有自动排水功能，微观结构应粗糙且有一定的尖锐棱角，以穿透水膜直接与轮胎接触。

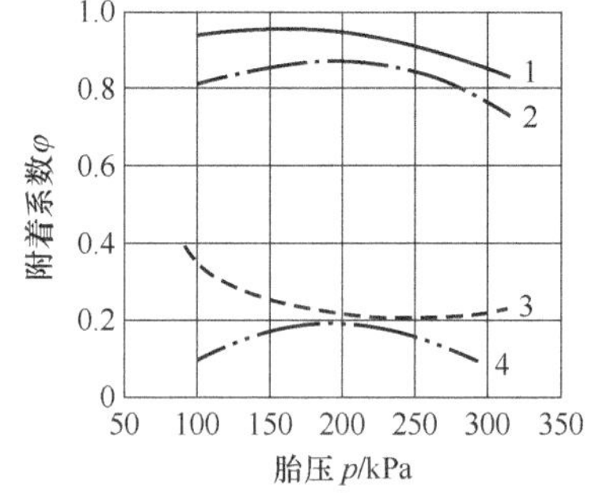

图 2.14 不同路面的附着系数随胎压变化情况

1—干燥混凝土路面 2—潮湿混凝土路面
3—软路面 4—积雪路面

路面的清洁程度对附着系数也有影响。路面被细砂、尘土、油污、泥土等覆盖时，附着系数会降低，特别是在刚下雨时，附着系数会更低，有时会和冰雪路面一样滑。但经过较长时间雨水冲刷后，附着系数会有所回升。

汽车在松软土壤上行驶时，土壤变形大且抗剪强度较低，附着系数较小。潮湿、泥泞的土路抗剪强度更低，附着系数有明显的下降。

2. 轮胎

轮胎的花纹、结构尺寸、橡胶成分及帘线材料等对附着系数都有影响。

轮胎花纹可提高附着系数。具有细而浅花纹的轮胎在硬路面上，由于在接地过程中的微小滑动，有较好的附着系数；在潮湿路面行驶时，能够擦去接触面间的水膜，轮胎接地面积后部可以与路面直接接触，亦有较好的附着系数。具有宽而深花纹的轮胎在松软路面上可以增大嵌入轮胎花纹内土壤的剪切断面，提高附着系数。胎面上的纵向曲折大沟槽和胎面边缘的横向沟槽，不仅使轮胎具有较好的纵向力和侧向力特性，而且能提高在潮湿路面上的排水效果。

子午线轮胎纵向力性能优于斜交轮胎，宽断面轮胎由于增大了轮胎与地面的接触面积而提高了纵向力，故其附着系数要比一般轮胎高。

合成橡胶轮胎的附着系数约比天然橡胶轮胎高5%左右。

在硬路面和松软路面上，降低胎压可增大轮胎的接地面积，从而增大附着系数，如图2.14所示。

轮胎的磨损程度会影响附着能力。新轮胎的附着系数很高，随着胎面花纹深度的减小，附着系数将显著降低。

3. 垂直载荷

增加垂直载荷会减小峰值附着系数和滑动附着系数。通常当轮胎载荷接近额定载荷时，载荷每增加10%，上述两个系数就会减小0.01。轿车用轮胎在干燥路面上的附着系数范围与载荷的关系如图2.15所示。货车轮胎的附着系数一般要小一些，这是由于货车轮胎接触面的单位载荷更大，而且胎面橡胶的成分也不尽相同。

4. 车速

汽车的行驶速度对附着系数有一定的影响。随着车速的提高，多数情况下附着系数是降低的，如图2.16所示。

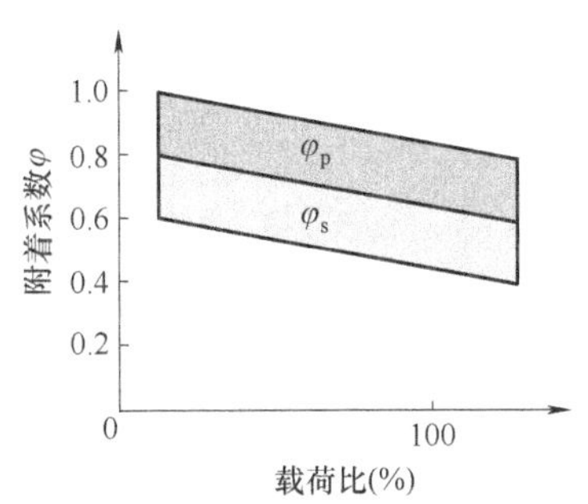

图2.15　附着系数与载荷的关系

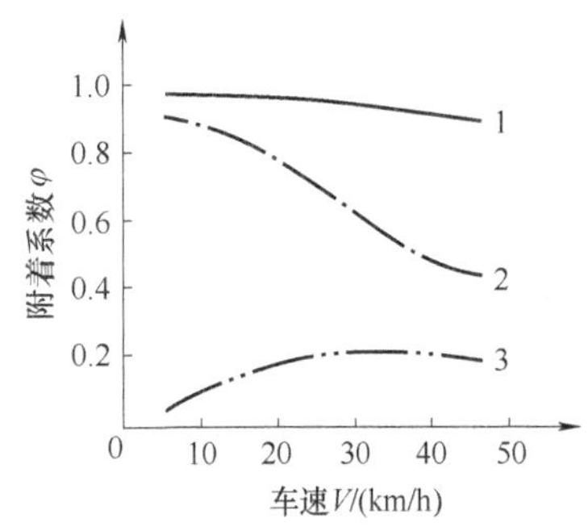

图2.16　不同路面上附着系数与车速的关系

1—干燥路面　2—潮湿路面　3—结冰路面

在硬路上汽车行驶速度增大时，由于胎面来不及与路面微观凹凸构造很好地嵌合，附着系数会有所下降；在松软路面上，由于高速行驶的车轮极容易破坏土壤的结构，同时土壤也不能和胎面花纹很好地嵌合，所以提高行驶速度也会使附着系数降低。

在潮湿路面上高速行驶的汽车，轮胎与路面间的水不易排出，附着系数明显降低。当汽车高速通过有积水层的路面时，接触区的排水会遇到困难，若车速足够高且水膜厚度也足够大时，轮胎的胎面就会与路面失去接触，出现“滑水现象”，从而使轮胎与路面间的附着系数明显降低。在结冰路面上，若适当提高行驶速度，由于冰面受轮胎瞬间挤压，局部温度升高而趋于融化，但尚未形成水膜，将有利于胎面与冰面的嵌合，附着系数会略有提高。需要注意的是，在结冰路面上车速还受到行车安全的限制。

2.3.5　附着系数对车辆性能的影响

轮胎的纵向力特性决定车辆的制动性能与制动距离。峰值附着系数φ_p决定车轮在不抱死时车辆的制动极限。由于减速时垂直载荷的转移，装备常规制动系统的车辆，各个车轮不可能同时达到各自的峰值纵向力。当一个或多个车轮抱死以后，地面所能提供的制动力就由滑动附着系数φ_s决定，所以滑动附着系数φ_s是传统制动系统的一个重要的性能参数。在使用防抱制动系统（anti-lock braking system，ABS）以后，车轮能够保持在纵向力曲线的峰值点附近，有利于提高车辆的制动性能。因此，对于 ABS 而言，轮胎最重要的性能参数就是峰值附着系数 φ_p。

轮胎纵向力特性也是车辆加速或爬坡性能的限制条件。同样，最重要的仍然是峰值附着系数 φ_p。熟练的驾驶人或使用驱动防滑控制系统（accelerate slip regulation，ASR）都能很有效地利用轮胎峰值附着系数 φ_p。而车轮打滑空转时，地面所能提供的最大驱动力则依赖于滑动附着系数 φ_s。

轮胎附着力还会通过轮胎侧偏特性，在侧向上影响车辆的转向性能，这将在后面章节中详细介绍。

2.4 轮胎侧偏力

2.4.1 轮胎侧偏力的定义

汽车在行驶中，由于路面的侧向倾斜、侧风或曲线行驶所产生的离心力等的作用，车轮中心沿 Y_T 轴方向将作用有侧向力 F_y，地面上就会对轮胎接地面产生相应的侧向反作用力 F_Y，称为轮胎侧偏力，如图 2.17 所示。

2.4.2 轮胎侧偏角的定义

当滚动的充气轮胎受到地面侧偏力 F_Y 作用时，由于轮胎弹性，车轮行驶方向将偏离车轮平面方向。定义车轮中心平面与车轮行驶方向之间的夹角 α 为侧偏角，如图 2.17 所示。

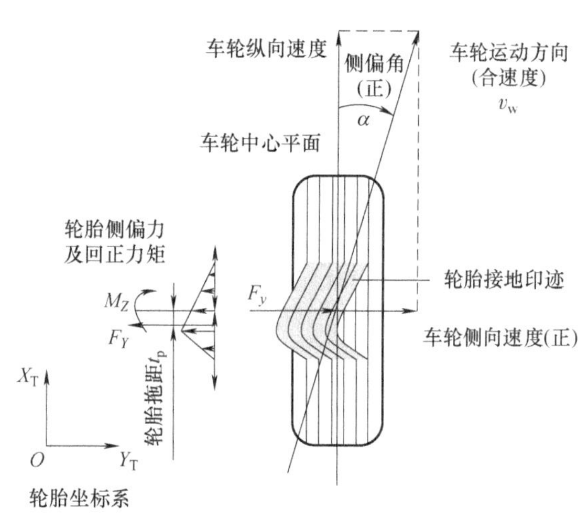

图 2.17 滚动轮胎在侧偏力作用下的变形

当车轮在前进过程中受到侧向力 F_y 作用，轮胎胎面微元最初与路面接触时，保持其正向位置不变（即只有拉伸变形而没有侧向变形），此时胎面微元不能提供侧偏力。但随着轮胎继续沿着车轮行驶方向前进，胎面微元仍停留在原先与路面接触的位置，于是相对于轮胎就产生了一个侧向变形。随着微元在接触区内往后移动，侧偏力 F_Y 逐渐增大，直到某一点，微元所承受的侧偏力 F_Y 超过路面所能提供的侧向附着力，滑动开始出现。在接地区域内轮胎侧偏力 F_Y 的前后分布大致呈图 2.17 所示形状。

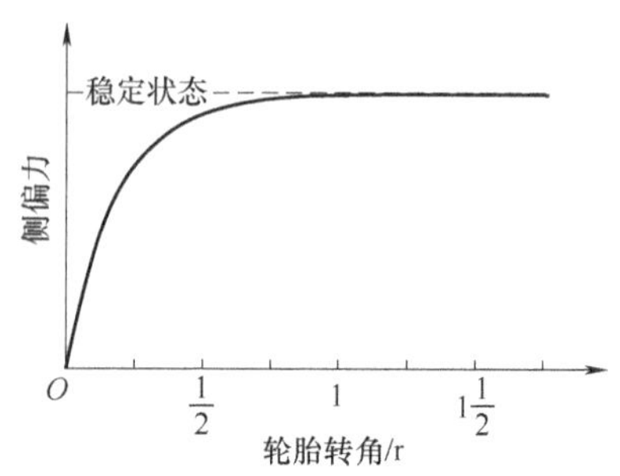

图 2.18 轮胎侧偏力的阶跃输入响应近似曲线

另外，由于轮胎胎侧需要在侧向上发生变形，侧偏力的形成会滞后于侧偏角 α 一段时间，该滞后时间与轮胎的滚动长度有关。图 2.18 给出了侧偏力的阶跃输入响应近似曲线，当有转向角输入后，轮胎将滚动半圈至一圈才能达到稳定状态侧向变形和侧偏力，该距离通常称为“松弛长度”。侧偏力形成的滞后时间取决于轮胎的转速。在高速公路上车轮以10r/s 的速度滚动时，滞后时间约0.05s。

2.4.3 侧偏刚度的定义

在大多数情况下，只研究轮胎在稳态工况（载荷和侧偏角保持恒定）下的侧偏力特性。侧偏力随侧偏角变化的关系如图2.19所示。当侧偏角 α 为0°时，侧偏力 F_Y 为零；当侧偏角 α 由0°增加到5°~10°时，侧偏力 F_Y 迅速成比例地增大；当侧偏角增大到15°~20°时，侧偏力 F_Y 达到最大值（名义上等于 $\varphi_p F_Z$），随后由于接触区内侧向滑动的加剧，侧偏力 F_Y 开始减小。

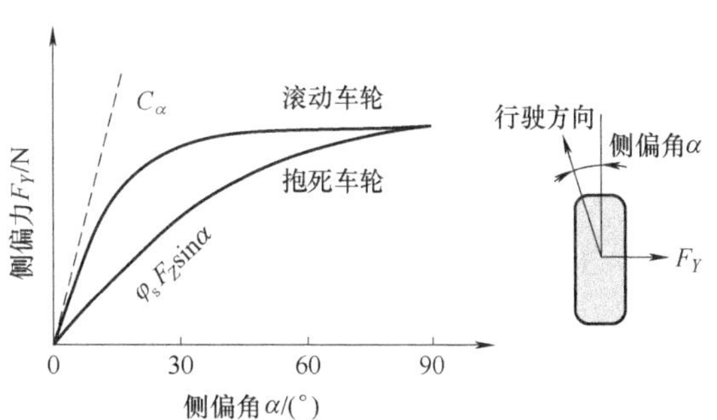

图2.19 侧偏力随侧偏角变化的关系

决定车辆操纵动力学性能最重要的轮胎特性参数是轮胎侧偏力-侧偏角曲线起始阶段的斜率。该曲线在侧偏角原点处的斜率称为侧偏刚度，通常以符号 C_α 表示。

$$C_\alpha = \left.\frac{\partial F_Y}{\partial \alpha}\right|_{\alpha=0} \tag{2.9}$$

需要指出的是，轮胎的正侧偏角对应着数值为负的侧偏力，因此侧偏刚度应该为负值，在一些文献中也是这样使用的。但是在许多研究中，为了方便应用，常将侧偏角和侧偏力均取绝对值，故侧偏刚度 C_α 取作正值。这在使用时需要注意区分。

2.4.4 侧偏刚度的影响因素

轮胎侧偏刚度取决于多个参数，主要包括轮胎尺寸和类型、帘布层的层数、帘线方向角、轮胎宽度、胎面的设计。对于一个给定的轮胎，垂直载荷和充气压力为其重要影响因素。

1. 轮胎类型

图2.20所示为子午线和斜交轮胎的侧偏特性。对比两条特性曲线可以看出，子午线轮胎曲线的位置总是在斜交轮胎曲线的上方，即在同一侧偏角下，子午线轮胎所获得的地面侧向反作用力（即侧偏力 F_Y）总是大于斜交轮胎，故子午线轮胎具有较高的侧偏刚度。这主要是由于子午线轮胎带束层帘线为钢丝和高模量低收缩纤维，轮胎接地面不易侧向变形，从而减小了侧偏角。

2. 垂直载荷

汽车在行驶过程中，轮胎垂直载荷常有变化，如汽车转向时，内侧车轮的垂直载荷减小，外侧车轮的垂直载荷增大。图2.21表明，侧偏力和侧偏刚度随垂直载荷的增加而增大，但垂直载荷过大时，轮胎接触面内的压力变得极不均匀，导致轮胎侧偏

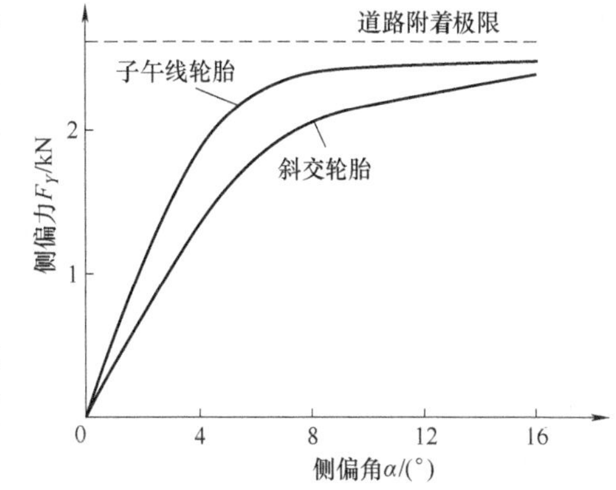

图2.20 子午线和斜交轮胎的侧偏特性

刚度反而有所减小。

3. 充气压力

因为增大充气压力在提高胎体刚度的同时也会减小接地长度，所以其对侧偏刚度的影响因轮胎具体情况而有所不同。一般认为提高轿车用轮胎的充气压力会增大其侧偏刚度，但气压过高后，侧偏刚度不再变化，如图 2.22 所示。图中，轮胎型号为 640-13，速度 11m/s，垂直载荷 4000N。由于侧偏刚度随充气压力有上述较为简单的变化关系，故过去常通过规定前、后车轮不同充气压力来控制轿车的转向特性。但对于货车轮胎，由于胎体设计不同，充气压力对转向特性的影响相当复杂。

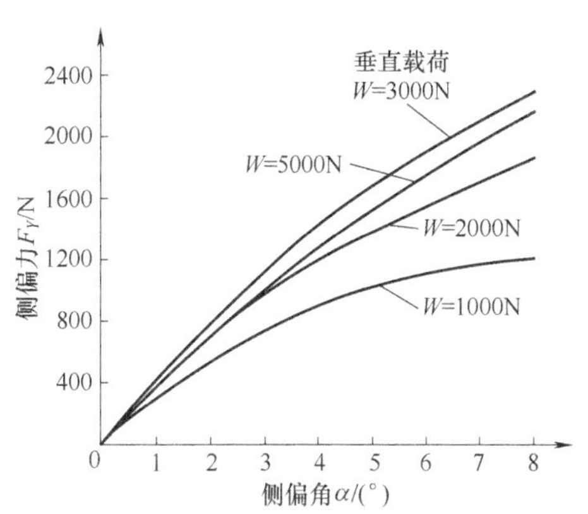

图 2.21　垂直载荷对侧偏特性的影响

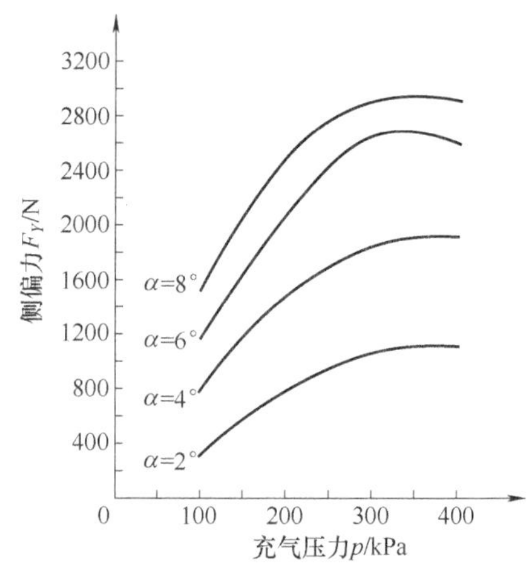

图 2.22　充气压力对轮胎侧偏特性的影响

4. 轮胎结构

影响轮胎侧偏特性的一个重要参数就是高宽比，即轮胎断面高度与宽度的比值。多年来，轿车用轮胎的高宽比通常都介于 0.70~0.78 之间，但伴随着轿车轮胎的更加扁平化（高宽比仅为 0.6，甚至更低），侧偏刚度较以前已有大幅度提高，这使得轿车的转向变得更加灵敏、精准。在给定载荷情况下，增大轮胎的直径或宽度均能增大接地面积，使其侧偏刚度增大。

橡胶轮胎在侧偏过程中，其胎面类似于若干个弹簧，因此，胎面花纹的设计会影响侧偏刚度。就斜交轮胎而言，通常认为雪花状胎面轮胎的侧偏刚度要比肋状胎面轮胎的侧偏刚度小。

5. 外倾角

当汽车的两个前轮有正的外倾角时，车轮将具有绕各自旋转轴线与地面的交点 O' 滚动的趋势（图 2.23）。若车轮不受约束，则车轮将偏离正前方而各自向左、右侧滚动（如图 2.23 中虚线所示，图中仅绘出右侧车轮）。实际上，由于前轴的约束，两个车轮只能一起向前行驶。因此，车轮中心必作用有一侧向力 $F'_{Y\gamma}$ 把车轮拉回至同一方向向前滚动。

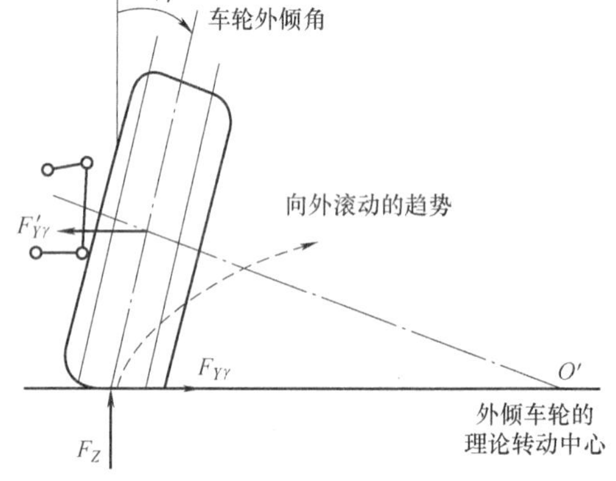

图 2.23　车轮外倾角与外倾推力

与此同时，地面将对轮胎产生与 $F'_{Y\gamma}$ 方向相反的侧向反作用力，这就是外倾推力 $F_{Y\gamma}$，它与地面法向力 F_Z 有以下近似关系：

$$F_{Y\gamma} \approx F_Z \sin\gamma \tag{2.10}$$

由于车轮外倾角通常较小，外倾推力与外倾角基本呈线性关系，因此定义车轮外倾刚度［camber stiffness，单位为 N/rad 或 N/(°)］为

$$C_\gamma = \frac{F_{Y\gamma}}{\gamma} \tag{2.11}$$

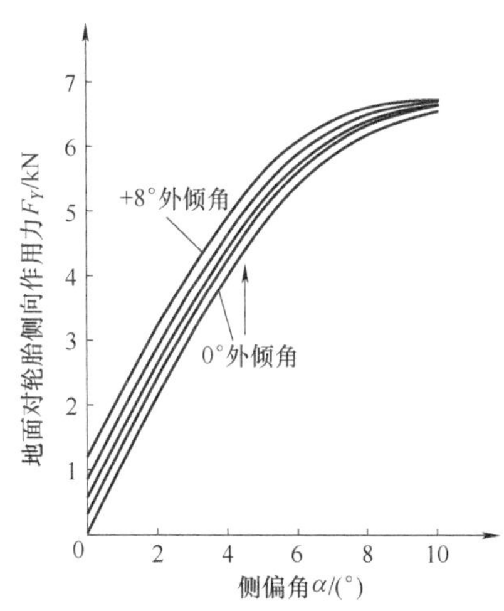

图 2.24　不同外倾角轮胎的侧偏特性

图 2.24 所示为试验得到的不同外倾角轮胎的侧偏特性。当侧偏角相等时，随着外倾角增大，外倾推力 $F_{Y\gamma}$ 增大，相当于增大了地面对轮胎的侧向作用力 F_Y。它们与纯侧偏状态下（$\gamma<0$）侧偏力 $F_{Y\alpha}$ 有如下关系：

$$F_Y = F_{Y\alpha} + F_{Y\gamma} = C_\alpha \alpha + C_\gamma \gamma \tag{2.12}$$

应当指出，随着外倾角的增大，胎面与路面的接触情况越来越差，而且外倾推力相当于占耗了一部分轮胎附着力，会减小轮胎的最大侧偏力，从而降低车辆转向能力。所以，对于高速车辆特别是赛车，应采用宽断面轮胎，并且在静态时设置为负外倾角，这样有利于在转弯时承受大部分侧向力的外侧前轮尽可能地垂直于地面，即外倾角 $\gamma=0$。

6. 路面条件

车辆在干燥路面上行驶时，由于坚硬的路面不易发生大的剪切变形，故而车速变化对轮胎侧偏刚度没有明显影响。在粗糙不平的潮湿路面上，路面结构可以刺破水膜，所能提供的轮胎侧向力要比光滑路面大许多。在覆有薄水层的路面上，则会因滑水现象而出现侧偏力完全丧失的情况，图 2.25 所示为干、湿路面对侧偏特性的影响。另外，试验数据表明，滑水现象的出现与轮胎速度、轮胎胎面、路面粗糙度和水层厚度有关。如某轮胎在水层厚度为 1mm 时，在粗糙路面上，开有 4 条沟槽的胎面能防止滑水现象；而在水层厚为 7.6mm 时，不论胎面有无沟槽、路面是否粗糙，当车速为 80km/h 时均会出现滑水现象，此时最大侧偏力为零。

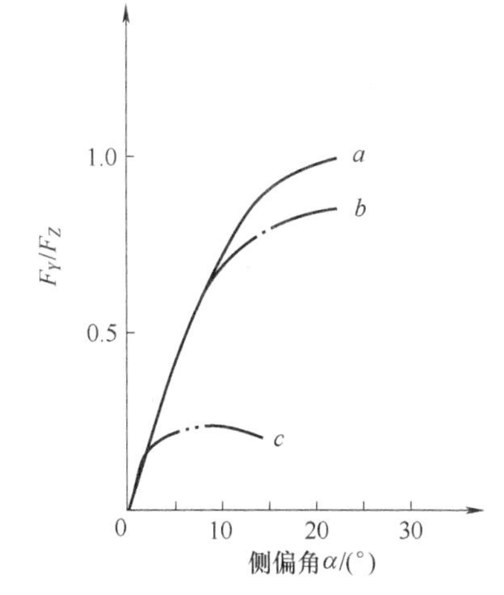

图 2.25　干、湿路面对侧偏特性的影响

a—干沥青路面，速度为 16.5km/h　*b*—湿混凝土路面，速度为 32.2km/h　*c*—湿沥青路面，速度为 14.5km/h

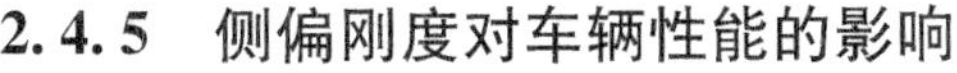

2.4.5　侧偏刚度对车辆性能的影响

轮胎侧偏刚度是影响车辆稳态和瞬态转向特性的重要参数。要使车辆具有不足转向特性，后轮的侧偏刚度就需要相对大一些。若前轮侧偏刚度过大，会造成车辆具有过多转向特性，一旦超过临界车速，车辆转向就将变得不稳定。

2.5 轮胎回正力矩

2.5.1 回正力矩的形成机理

轮胎因转向行驶而在接地面内产生侧偏剪切力，将接触区内分布的剪切力积分后可得到侧偏合力，如图2.17所示。由于在接触长度上剪切力分布不对称，使得合力的作用点位于轮胎接地中心的后方，该偏移距离称为轮胎拖距。这些剪切力就会对垂直轴产生回正力矩 M_Z，其数值等于侧偏力 F_Y 乘以轮胎拖距 t_p。

尽管回正力矩比汽车横摆力矩小得多，但由于它影响转向系统，从而对整车的横摆运动产生实质性的影响。需要指出的是，数值为正的回正力矩总是倾向于将轮胎转回到直线行驶的方向上，对车辆直线行驶能起到稳定作用。

2.5.2 回正力矩的影响因素

1. 侧偏角

轮胎回正力矩与侧偏角的关系如图2.26所示，这与图2.27所示的不同侧偏角时轮胎侧偏力及拖距变化情况有密切关系。

在开始时，随着侧偏角 α 的增大，侧偏力 F_Y 增大，轮胎拖距 t_p 增大，回正力矩 M_Z 相应增大，当侧偏角为4°~6°时回正力矩达到最大值；随着侧偏角不断增大，轮胎接地面后部相较于前部侧偏力增大程度减弱，轮胎拖距 t_p 减小为零，甚至变为负值，回正力矩的变化情况也与之相似。

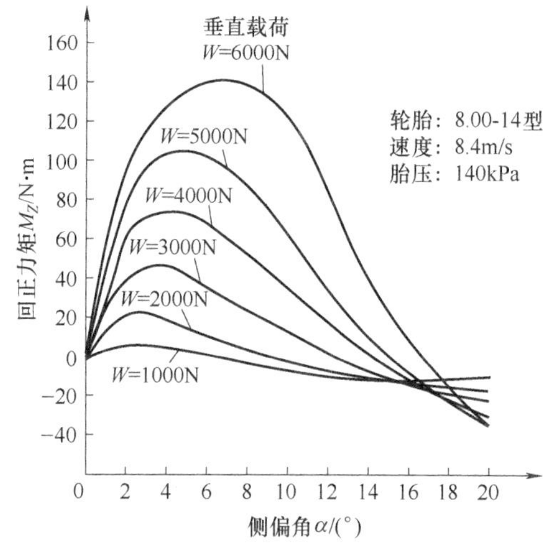

图2.26 轮胎回正力矩与侧偏角的关系

2. 垂直载荷

从图2.26中还可发现，垂直载荷对回正力矩的影响非常明显，这与轮胎的接地面积有关。载荷增加1倍后，虽然接地面积名义上也会增大1倍，但所有增加的区域都在接地面的端部，即对回正力矩影响最大的区域，这样轮胎拖距 t_p 会相应增大，最终导致回正力矩随垂直载荷的增加而显著增大。

3. 轮胎结构

图2.28所示为子午线轮胎和斜交轮胎的回正力矩特性。在侧偏角小于2°时，两种轮胎的回正力矩特性曲线的斜率基本一样，与侧偏角基本呈线性关系；在2°~5°的正常侧偏角范围内，子午线轮胎所获得的回正力矩总是大于斜交轮胎，因而更有利于车辆的操纵稳定性。

4. 轮胎气压

轮胎气压增大，接地面就减小，拖距减小，回正力矩相应减小。轮胎气压每增大（减小）

10kPa，回正力矩相应减小（增大）9%～12%。若轮胎气压减小50kPa，将使回正力矩增加超过50%，驾驶人可明显感觉到力矩的变化。

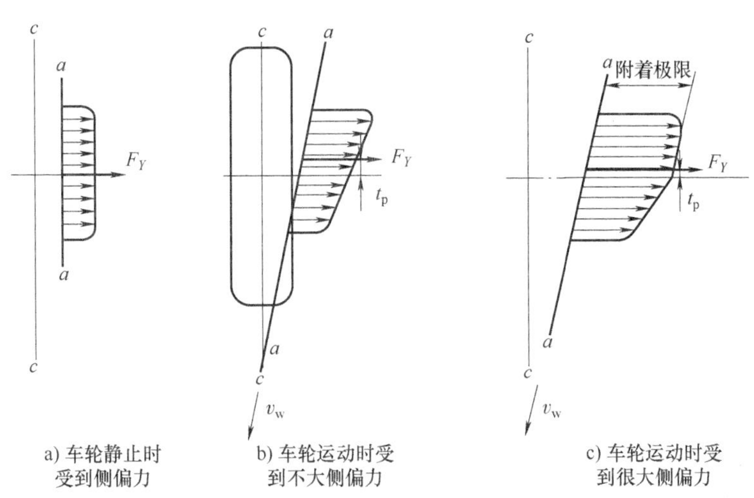

图2.27 不同侧偏角时轮胎侧偏力及拖距变化情况图

5. 外倾角

图2.29表明，轮胎滚动时，其非零外倾角会增加地面对轮胎的侧向作用力，从而产生相应的回正力矩。斜交轮胎由外倾角产生的回正力矩，为由侧偏角产生的回正力矩的10%左右，而子午线轮胎由外倾角产生的回正力矩会小许多。

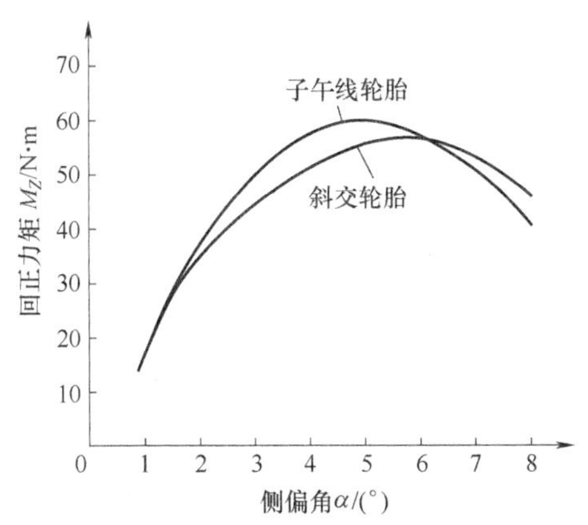

图2.28 子午线轮胎和斜交轮胎的回正力矩特性

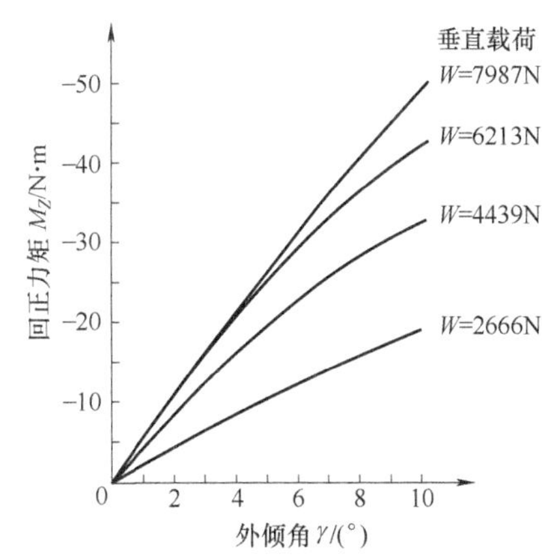

图2.29 外倾角和垂直载荷对回正力矩影响

（轮胎型号为7.60-15，胎压为196kPa）

6. 其他因素

路面状况的影响仅限于改变附着极限。当轮胎在低附着路面上受到较大的垂向力和侧向力作用时，也会由于轮胎的侧偏，产生一定的回正力矩。

轮胎旋转速度（车速）增大，由于离心力的作用，轮胎帘线所受的应力增大，带束层张紧，难以变形，轮胎的回正力矩会略有减小。

2.5.3　回正力矩对车辆性能的影响

回正力矩对车辆转向的主要影响是它对转向轮的作用，通常该力矩的方向与转向轮原有转动方向相反，它对车辆回正能力的影响等于甚至大于主销后倾角。另外，回正力矩还会使驾驶人对行驶的车辆产生转向感觉。

车辆在静止时转向或非常低速行驶时进行转向，回正力矩作为摩擦阻力矩会阻碍车轮的转动，且数值相当大，这就需要相应的转向力矩加以克服，才能使车轮转向。

2.6　纵向/侧向滑动复合工况下轮胎的特性

2.6.1　轮胎的复合滑动特性

当轮胎在同时具有纵向和侧向滑动的工况下运行时，所受纵向力和侧向力均明显小于单独方向滑动时的作用力。在给定侧偏角的工况下，纵向滑动通常会使最大侧偏力减小；反之，在给定驱动或制动工况下，侧偏角通常会使纵向附着力减小，如图 2.30 所示。

当车轮驱动或制动时，轮胎会在接地面内引起附加的滑动，导致侧偏力的减小。不同侧偏角下侧偏力 F_Y 与纵向力 F_X 的关系如图 2.31 所示。

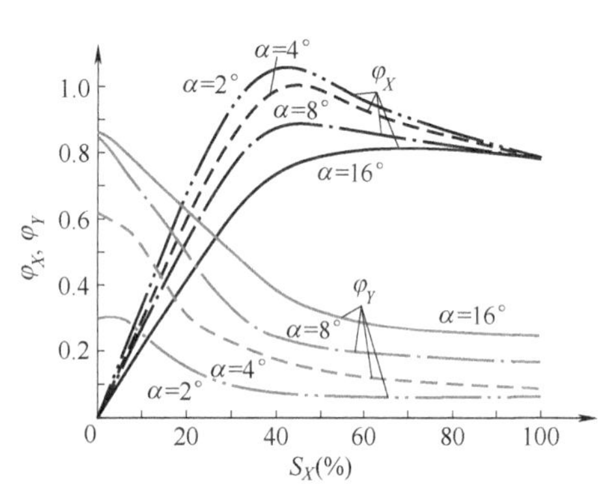

图 2.30　纵向附着系数 φ_X 和侧向附着系数 φ_Y 与纵向滑动率 S_X 的关系

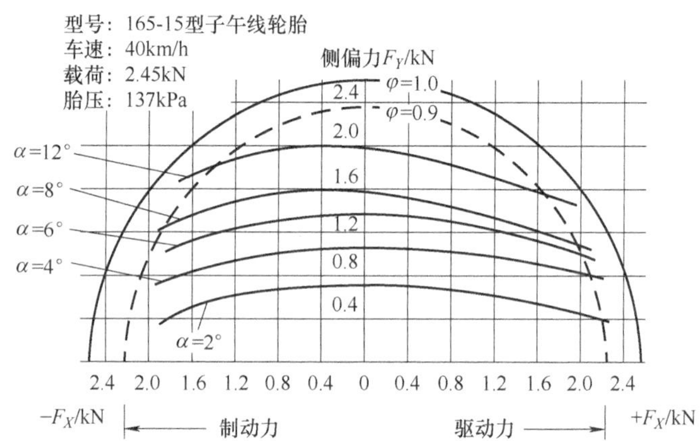

图 2.31　不同侧偏角下的侧偏力与纵向力的关系

因为轮胎附着极限是由载荷 F_Z 乘以附着系数 φ 决定，而与地面对轮胎切向作用力的方向无关，显然，该切向作用力可用于侧偏力、纵向力或二者的合力。但无论哪种情况，两种力的合力都不会超过附着极限。在一定侧偏角和纵向加速度（或减速度）工况下，若轮胎的最大侧偏力和纵向附着力相等时，附着极限曲线就呈圆形（图 2.31 中两个半圆）。但由于轮胎材料在纵向和侧向上的特性并不一致，这些附着极限曲线往往不是圆形，而是椭圆形，故常称作附着椭圆。

图 2.32 所示为某斜交轮胎侧偏力和回正力矩与纵向力的关系。与纵向力为零时的侧偏力相比，当有制动力（负值）施加在轮胎上时，侧偏力会略有增大，而回正力矩则会减小。这是由于轮胎在有制动力作用后，轮胎的结构（侧壁和/或胎面）变硬，刚度增大，胎地接触长

度缩短，拖距减小，使得回正力矩减小。当制动力达到极限值时，由于轮胎侧偏剪切力的重新分布，合力中心位于接地中心前方，回正力矩变为负值。因此，若在该工况下试图增大车轮的侧偏角，将会对制动稳定性产生负面影响。

当纵向力为中等大小的驱动力（正值）时，所产生的效果就完全相反，侧偏力略有减小，但回正力矩显著增大。在接近附着极限时，侧偏力和回正力矩均减小。与制动工况不同的是，即使驱动力达到其极限值，回正力矩也不会出现负值。

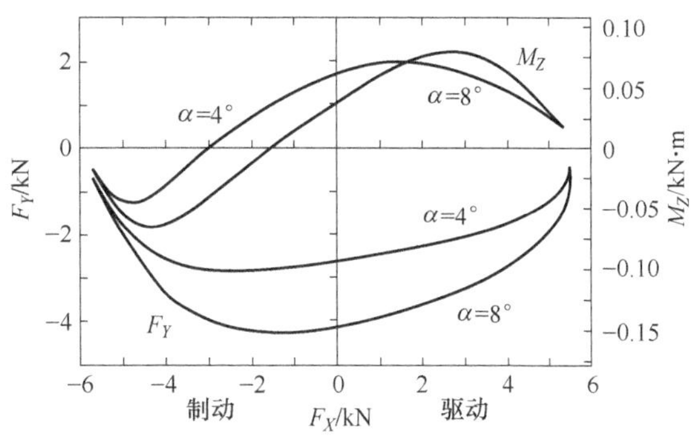

图 2.32 某斜交轮胎侧偏力和回正力矩与纵向力的关系

2.6.2 轮胎复合滑动特性的影响因素

虽然轮胎的类型（子午线轮胎或斜交轮胎）和充气压力对侧偏刚度能产生明显的影响，但定性而言，轮胎在同时有纵向和侧向滑动时，其特性的影响因素与上面的分析基本相似，速度变化不会对轮胎的这一特性产生影响，路面状况的影响也仅限于改变附着系数。

2.6.3 轮胎复合滑动特性对车辆性能的影响

当对稳态转向的车辆进行驱动（或制动）时，由于轮胎纵向滑动增大而造成轮胎侧偏力减小，与单纯制动或转向工况相比，车辆加速（或减速）和转向性能均相对下降。

车辆在制动的同时，若转向侧向加速度达到 0.3g 左右时，汽车制动性能降至最低。车轮若处于抱死状态，汽车将失去转向能力或发生侧滑。

2.7 轮胎的振动特性

2.7.1 轮胎垂向刚度

充气轮胎的一个基本功能是在车辆驶过不平路面时起缓冲作用，这与充气轮胎的弹性有关。在法向载荷作用下，充气轮胎会发生垂向变形，通常以轮胎所受的载荷和变形的曲线来表示轮胎的刚度特性，轮胎载荷与垂向变形基本呈线性关系。因此在最基本的乘载动力学模型中，经常将轮胎简化为一个刚度恒定的线性弹簧。试验表明，非滚动轮胎垂向刚度比滚动轮胎垂向刚度要大，且滚动轮胎刚度呈现更明显的非线性。

根据测试条件的不同，轮胎垂向刚度可分为：静刚度、非滚动动刚度及滚动动刚度。

1. 静刚度

轮胎静刚度表示轮胎在垂向静载荷作用下发生垂向变形的程度。轮胎的静刚度由静载荷-变形曲线的斜率来确定。

图 2.33 所示为 165×13 型子午线轮胎在不同胎压下静载荷与垂向变形的关系曲线。曲线表明，除较小载荷外，在一定胎压下，轮胎的载荷-变形特性接近于线性。因此可以认为在有实际载荷范围内，轮胎垂向刚度与载荷无关。图中每一条曲线的原点均沿横轴偏移了一段距

离，其偏移量与充气压力成正比。由图 2. 33 作出该子午线轮胎的静刚度与充气压力的关系曲线，如图 2. 34 所示。

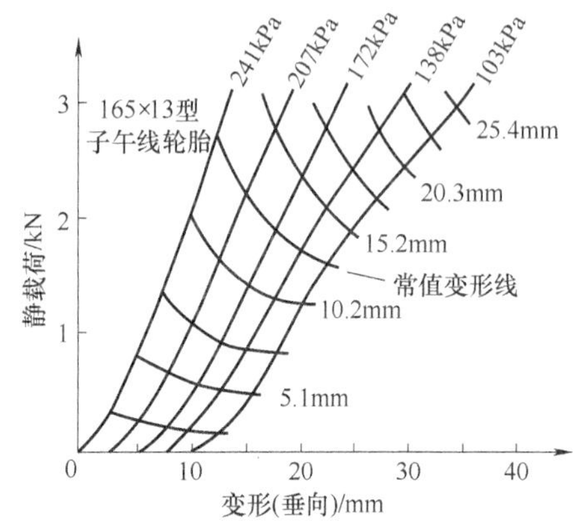

图 2. 33　轮胎在不同胎压下静载荷与垂向变形的关系曲线

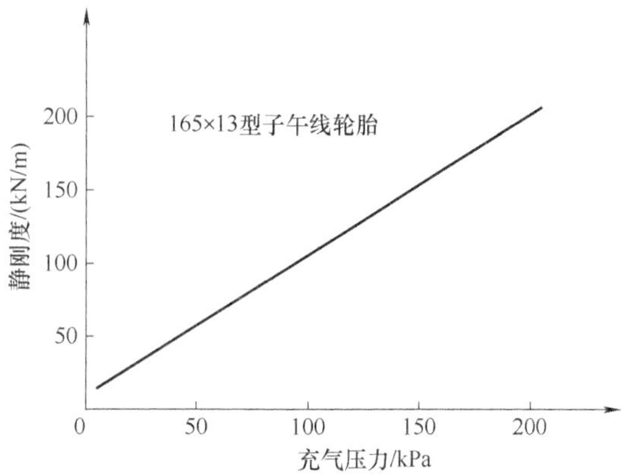

图 2. 34　轮胎的静刚度与充气压力的关系曲线

2. 非滚动动刚度

非滚动轮胎的动刚度可用不同方法获得。最简单的方法就是所谓的“下抛”试验。测试中，受一定载荷作用的轮胎自某一高度自由落下，使得轮胎刚好与地面接触后上下振动且胎面不脱离地面，记录轮胎的瞬态响应，如图 2. 35 所示。

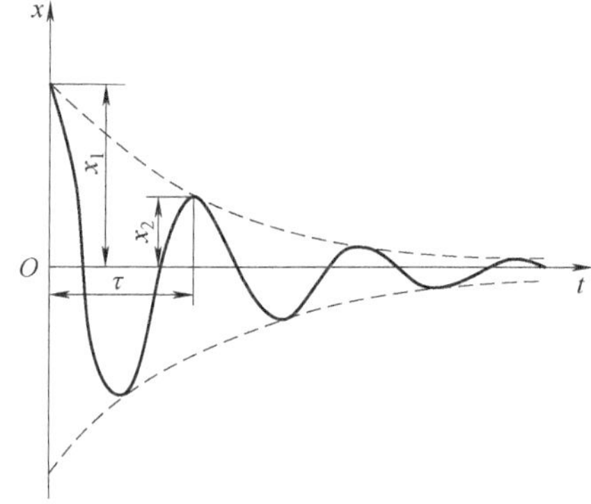

图 2. 35　非滚动轮胎动刚度测试及其振动衰减过程

轮胎的动刚度 k_T 以及等效阻尼系数 c_T 可根据衰减曲线通过简单的单自由度系统自由振动分析得出，即

$$k_T = \frac{m\omega_d^2}{1-\delta^2/(\delta^2+4\pi^2)} \tag{2. 13}$$

$$c_T = \sqrt{\frac{4m^2\omega_d^2\delta^2(\delta^2+4\pi^2)}{1-\delta^2/(\delta^2+4\pi^2)}} \tag{2. 14}$$

式中，$\omega_d = 2\pi/\tau$ 为质量为 m 的轮胎的有阻尼固有频率，它可由图 2. 35 中所示的振动衰减轨迹得出；τ 为衰减振动周期；δ 为以对数形式表示的衰减率，为两个相邻幅值比值的自然对数，即 $\delta = \ln(x_1/x_2)$。

表 2. 3 所列为 165×13 型子午线轮胎在不同胎压下的阻尼系数。

表 2. 3　165×13 型子午线轮胎在不同胎压下的阻尼系数

充气压力/kPa	阻尼系数/(kN · s/m)
103. 4	4. 45
137. 9	3. 68
172. 4	3. 44
206. 9	3. 43
241. 3	2. 86

3. 滚动动刚度

将轮胎压向滚动的转鼓，并对胎面进行简谐信号扫频激振，在轮毂处测量响应，根据测得的系统频响特性，可获得滚动轮胎的动刚度和阻尼系数。由该方法测得的不同类型轿车轮胎的动刚度如图 2.36 所示。结果表明，在车速 0~20km/h 范围内，轿车轮胎的滚动动刚度随车速升高而下降明显，但车速超过 20km/h 后，变化较小。

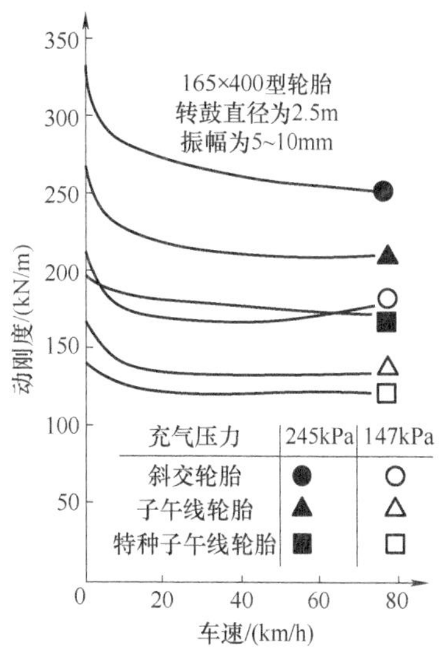

图 2.36　不同类型轿车轮胎的动刚度

研究表明，尽管轮胎静刚度与动刚度之间关系尚不明确，但轿车的轮胎滚动动刚度通常比静刚度小 10%~15%；重型货车的轮胎滚动动刚度比静刚度约小 5%。在车辆动力学仿真中，常采用滚动动刚度作为计算参数。

轮胎充气压力、车速、法向载荷以及磨损程度，对轮胎刚度均有着重要的影响。另外，轮胎的结构参数（如胎冠帘线角、胎面宽度、胎面花纹深度、帘布层数量）及轮胎材料对刚度也有较大的影响。

充气轮胎的阻尼主要来源于轮胎材料的迟滞性，其大小取决于轮胎的设计、结构、工况等。一般说来，它不是简单的库仑阻尼或黏性阻尼，而是两者的综合，通常可由先前介绍的动态测试方法获得等效的黏性阻尼系数。由于目前常用的合成橡胶充气轮胎的阻尼远小于悬架减振器所能提供的阻尼值，因此在车辆动力学仿真中，常对此忽略不计。

2.7.2　轮胎垂直振动的力学模型

在进行汽车乘载动力学研究时，可用许多种数学模型来表示轮胎的缓冲特性。图 2.37 所示为最简单且最常用的单点接触轮胎模型，它由质量、线性弹簧以及与弹簧平行布置的黏性阻尼器所组成。

由轮胎静刚度和非簧载质量估计得到车轮垂直振动的固有频率一般为 8~14Hz。在实际行驶工况下，轮胎垂直刚度还会因受到行驶参数的影响而发生变化。由于橡胶的黏滞性，当路面不平度激励频率增加时，轮胎的刚度也会相应地增大。当车速增加时，轮胎圆周上所受的离心力会随之增加，从而引起轮胎刚度的增加，车轮垂直振动的固有频率会略有增大。

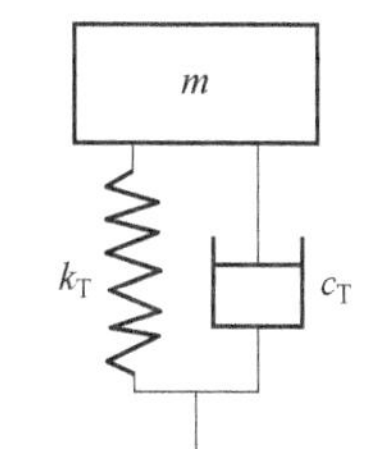

图 2.37　单点接触轮胎模型

2.7.3　轮胎振动对汽车性能的影响

1. 对汽车平顺性的影响

由于轮胎的振动会与悬架振动耦合，这就要求在汽车设计时综合考虑轮胎参数与悬架参数，以获得良好的汽车平顺性。例如，用子午线轮胎匹配好的汽车，在其他汽车参数不变的情况下，将轮胎换成斜交胎后，汽车平顺性将变差。

2. 对汽车操纵稳定性的影响

当汽车在转弯行驶时，若轮胎发生振动，有时会引起车辆的异常振动（如摆振），使得汽车的操纵稳定性变差，驾驶人将难以操纵汽车行驶。

3. 对汽车动力性的影响

由于轮胎振动引起汽车操纵稳定性变差，驾驶人需要将汽车减速，以确保安全行驶，这会降低汽车的动力性和运输效率。

4. 对汽车能耗经济性的影响

轮胎振动必然会将汽车行驶中的一部分动能转变成轮胎的变形，并以热量形式传到大气中，从而使汽车能耗经济性变差。

5. 对汽车安全性能的影响

汽车在行驶过程中轮胎发生振动，也将影响到轮胎与路面的附着能力，还会导致轮毂轴承的异常磨损，从而影响汽车行驶安全。

另外，轮胎的振动还会影响汽车的制动性、转向轻便性以及轮胎的使用寿命等。

2.8 轮胎力学模型

轮胎力学模型描述了轮胎受力与车轮运动参数之间的数学关系，即轮胎在特定工作条件下的输入和输出之间的关系，如图 2.38 所示。

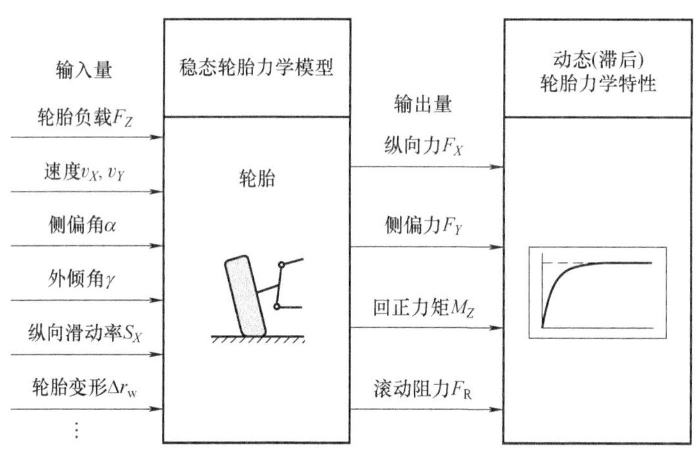

图 2.38 轮胎在特定条件下的输入与输出之间关系

根据车辆动力学研究内容的不同，轮胎力学模型主要分为：

（1）轮胎纵滑模型　该模型用于预测车辆在驱动和制动工况时的纵向力。

（2）轮胎侧偏模型　该模型用于预测轮胎的侧偏力和回正力矩，评价转向工况下低频转角输入响应。

此外，轮胎力学模型还可以按照建模方法分为：

（1）经验模型　根据轮胎试验数据，通过插值或函数拟合方法给出预测轮胎特性的公式。

（2）物理模型　根据轮胎与路面之间的相互作用机理和力学关系建立模型，旨在模拟力或力矩产生的机理和过程。

（3）半经验模型　在试验数据的基础上，结合理论模型，拟合出的轮胎特性模型。

2.8.1　轮胎理论模型

轮胎理论模型是在简化的轮胎物理模型基础上建立的对轮胎力学特性的一种数学描述。根据轮胎的力学特性，用物理结构去代替轮胎结构，将物理结构变形看作轮胎的变形。其优点是具有解析表达式，能探讨轮胎特性的形成机理；缺点是模型精度和计算效率较低，表达形式较为复杂，在描述轮胎特性的实际应用中有很大的局限性。轮胎理论模型主要有 Fiala 轮胎模型、UA 轮胎模型、Dugoff 轮胎模型等。

1. Fiala 轮胎模型

1954 年，德国学者 Fiala 建立了第一个轮胎理论力学模型，用于研究轮胎的稳态侧偏特性，并不断发展完善。假定轮胎只在接触区域内产生侧向变形，并将胎体简化为弹性基础上的梁模型，通过弹性刷实现胎体与路面间的接触。在小侧偏角及小滑动率的稳定区，Fiala 轮胎模型的理论值与试验结果趋势一致，但偏差较大。

Fiala 轮胎模型为

$$\begin{cases}\dfrac{F_Y}{\varphi F_Z}=\phi-\dfrac{1}{3}\phi^2+\dfrac{1}{27}\phi^3\\[2ex]\dfrac{M_Z}{\varphi F_Z l}=\dfrac{1}{6}\phi-\dfrac{1}{6}\phi^2+\dfrac{1}{18}\phi^3-\dfrac{1}{162}\phi^4\\[2ex]\phi=\dfrac{C_\alpha\tan\alpha}{\varphi F_Z}\end{cases}\tag{2.15}$$

式中，F_Y 为轮胎侧偏力；F_Z 为轮胎垂直载荷；M_Z 为轮胎回正力矩；φ 为轮胎附着系数；ϕ 为无量纲滑动率；l 为轮胎接地长度；α 为轮胎侧偏角；C_α 为轮胎侧偏刚度。

2. UA 轮胎模型

UA 轮胎模型是美国亚利桑那大学（University of Arizona）的 G. Gim 与 P. E. Nikravesh 提出的轮胎稳态模型，通过将轮胎简化为一系列的三维弹簧，然后根据弹簧变形和轮胎与路面纵向、侧向和法向力间的关系，建立起轮胎与路面之间接触的动态方程，从而求解出轮胎的纵向力、侧向力和回正力矩。

在 UA 轮胎模型中，驱动和制动工况下轮胎纵向滑动率定义如下，其正负号与式（2.7）相反。

$$S_X=\begin{cases}\dfrac{v-\omega_w r_w}{\omega_w r_w}\times100\%<0 & （驱动工况）\\[2ex]\dfrac{v-\omega_w r_w}{v}\times100\%>0 & （制动工况）\end{cases}\tag{2.16}$$

式中，ω_w 为车轮角速度；r_w 为车轮半径；v 为车辆行驶速度。

制动和驱动工况下的轮胎侧向滑动率定义为

$$S_Y=\begin{cases}|\tan\alpha| & （制动工况）\\(1-|S_X|)\,|\tan\alpha| & （驱动工况）\end{cases}\tag{2.17}$$

假设轮胎与路面之间附着系数随滑动率的变化发生线性变化，即

$$\varphi=\varphi_p-(\varphi_p-\varphi_s)\sqrt{S_X^2+S_Y^2} \tag{2.18}$$

式中，φ_p 为峰值附着系数；φ_s 为滑动附着系数。

轮胎纵向附着系数和侧向附着系数分别为

$$\begin{aligned}\varphi_X&=\frac{\varphi S_X}{\sqrt{S_X^2+S_Y^2}}\\ \varphi_Y&=\frac{\varphi S_Y}{\sqrt{S_X^2+S_Y^2}}\end{aligned} \tag{2.19}$$

UA 轮胎模型根据轮胎在路面的运动状态随滑动率的变化而发生滚动和滑动变化这一事实，求解得到轮胎纵向临界滑动率、侧向临界滑动率和无量纲滑动率分别为

$$\begin{aligned}S_{Xc}&=\frac{3\varphi_X F_Z}{C_X}\\ S_{Yc}&=\frac{3\varphi_Y F_Z}{C_\alpha}\\ S_n&=\frac{1}{3\varphi F_Z}\sqrt{(C_X S_X)^2+(C_\alpha S_Y)}\end{aligned} \tag{2.20}$$

式中，S_{Xc}为轮胎纵向临界滑动率；S_{Yc}为轮胎侧向临界滑动率；S_n 为轮胎无量纲滑动率；C_X 为轮胎纵向刚度；C_α 为轮胎侧偏刚度。

定义轮胎与路面无量纲接触长度为 $l_n=1-S_n$，则

轮胎纵向力 $$F_X=\begin{cases}C_X S_X l_n^2+\varphi_X F_Z(1-3l_n^2+2l_n^3) & (S_X<S_{Xc})\\ \varphi_X F_Z & (S_X\geqslant S_{Xc})\end{cases} \tag{2.21}$$

轮胎侧偏力 $$F_Y=\begin{cases}C_\alpha S_Y l_n^2+\varphi_Y F_Z(1-3l_n^2+2l_n^3) & (S_Y<S_{Yc})\\ \varphi_Y F_Z & (S_Y\geqslant S_{Yc})\end{cases} \tag{2.22}$$

回正力矩为 $$M_Z=\begin{cases}\left[C_\alpha S_Y\left(-\frac{1}{2}+\frac{2}{3}l_n\right)+\frac{3}{2}\varphi_Y F_Z S_n^2\right]l_n^2 l & (S_Y<S_{Yc})\\ \dfrac{3\varphi_X\varphi_Y F_Z^2}{5C_\alpha} & (S_Y\geqslant S_{Yc})\end{cases} \tag{2.23}$$

式中，l 为轮胎接地长度。

3. Dugoff 轮胎模型

Dugoff 轮胎模型假设轮胎接地面内垂直力均匀分布，并考虑到轮胎在纵向和横向特性差异较大，通过在各方向上定义独立的轮胎刚度，建立轮胎纵向力和侧偏力与附着系数 φ、纵向滑动率 S_X 及侧偏角 α 等参数之间的关系，表达式简单明了，但是，Dugoff 轮胎模型不能反映路面接地区长度和回正力矩特性。

轮胎纵向力和侧偏力分别为

$$F_X=C_X\frac{S_X}{1+S_X}f(\lambda) \tag{2.24}$$

$$F_Y = C_\alpha \frac{\tan\alpha}{1+S_X} f(\lambda) \tag{2.25}$$

式中，C_X 为轮胎纵向刚度；C_α 为轮胎的侧偏刚度；S_X 为轮胎纵向滑动率，驱动工况下的轮胎纵向滑动率 $S_X>0$，制动工况下 $S_X<0$，λ 和附着系数 φ 及轮胎所受法向载荷 F_Z 等参数有关，它与函数 $f(\lambda)$ 分别定义为

$$f(\lambda) = \begin{cases} (2-\lambda)\lambda & (\lambda<1) \\ 1 & (\lambda \geqslant 1) \end{cases} \tag{2.26}$$

$$\lambda = \frac{\varphi F_Z(1+S_X)}{2\sqrt{(C_X S_X)^2 + (C_\alpha \tan\alpha)^2}} \tag{2.27}$$

2.8.2 “魔术公式”轮胎模型

目前得到广泛使用的轮胎模型是由 Pacejka 和 Bakker 建立的“魔术公式（magic formula）”经验模型。他们根据试验数据，发现多种轮胎力学特性具有相似的曲线形状，因此采用由正弦函数和反正切函数组合而成的数学公式，建立准稳态条件下轮胎纵向力 F_X、侧偏力 F_Y 和回正力矩 M_Z 与滑动率 S_X 或侧偏角 α 等变量之间函数关系，其表达形式如下：

$$y(x) = D\sin(C\arctan(Bx - E(Bx - \arctan(Bx)))) \tag{2.28a}$$

$$Y(X) = y(x) + S_v \tag{2.28b}$$

$$x = X + S_h \tag{2.28c}$$

“魔术公式”中的相关参数如图 2.39 所示。其中，$x=X+S_h$ 为考虑水平偏移因子 S_h 的组合自变量，X 为纵向滑动率或侧偏角；Y 为轮胎纵向力 F_X、侧偏力 F_Y 和回正力矩 M_Z；$D=y_m$ 为曲线峰值；C 为曲线形状系数，由它控制“魔术公式”中正弦函数的范围，决定所得曲线的形状，其值可由曲线峰值 y_m 以及稳态值 y_a 确定，即 $C=(2/\pi)\arcsin(y_a/D)$；系数 B、C、D 的乘积对应于原点($x=0, y=0$)处的斜率，即 $BCD=\tan\theta$；当 C 和 D 确定后，即可由与 $\tan\theta$ 的关系式求出 B，即 $B=\tan\theta/(CD)$，因此 B 也称为刚度因子；E 为曲率因子，用来控制曲线峰值处的曲率以及峰值水平位置，表示曲线峰值附近的形状，$E=\{Bx_m-\tan[\pi/(2C)]\}/[Bx_m-\arctan(Bx_m)]$；$S_h$ 和 S_v 分别为曲线的水平和垂直方向偏移因子。

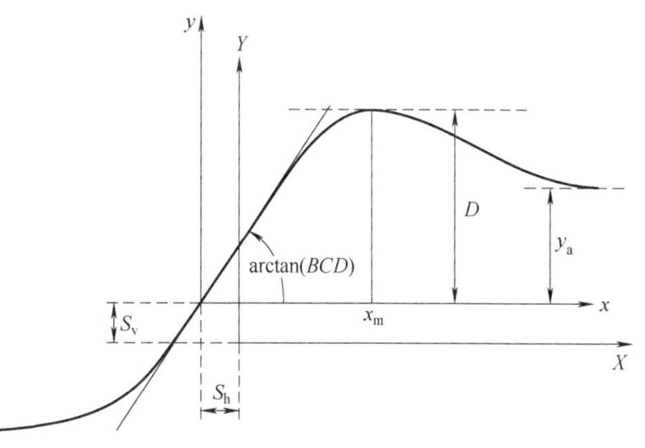

图 2.39 “魔术公式”中相关参数

该公式具有以下特点：

1）用一套公式可以表达出轮胎的各向力学特性，统一性强，编程方便，需拟合参数较少。

2）各个参数都有明确的物理意义，容易确定其初值。

3）无论对侧偏力、纵向力还是回正力矩，拟合精度都比较高。

4）不能反映轮胎接地区长度变化对纵向力、侧向力和回正力矩的影响，而且“魔术公式”是非线性函数模型，参数太多，因此根据试验数据进行参数拟合估计非常困难。

若考虑轮胎所受法向载荷 F_Z 及外倾角 γ，则各轮胎力学特性的“魔术公式”具体公式和参数含义如下：

在纯制动或驱动工况下，轮胎纵向力

$$F_X = D\sin(C\arctan(Bx-E(Bx-\arctan Bx)))+S_v \tag{2.29}$$

其中，$x=s+S_h$，s 为纵向滑动率（滑动率为百分数，正值出现在驱动状态，100 表示车轮完全滑转，负值出现在制动状态，-100 表示车轮抱死）；$C=a_0$；$D=a_1F_Z^2+a_2F_Z$；$BCD=(a_3F_Z^2+a_4F_Z)e^{-a_5F_Z}$，$B=BCD/(CD)$；$E=a_6F_Z^2+a_7F_Z+a_8$；$S_h=a_9F_Z+a_{10}$；$S_v=0$；$a_1,a_2,\cdots,a_{10}$为曲线拟合系数。

在纯转向工况下，轮胎侧偏力

$$F_Y = D\sin(C\arctan(Bx-E(Bx-\arctan Bx)))+S_v \tag{2.30}$$

其中，$x=\alpha+S_h$，α 为侧偏角（°）；$C=a_0$；$D=a_1F_Z^2+a_2F_Z$；$BCD=a_3\sin[a_4\arctan(a_5F_Z)](1-a_{12}|\gamma|)$；$B=BCD/(CD)$，$E=a_6F_Z^2+a_7F_Z+a_8$；$S_h=a_9\gamma$；$S_v=(a_{10}F_Z^2+a_{11}F_Z)\gamma$；$a_1,a_2,\cdots,a_{12}$为公式拟合系数。

在纯转向工况下，轮胎回正力矩

$$M_Z = D\sin(C\arctan(Bx-E(Bx-\arctan Bx)))+S_v \tag{2.31}$$

其中，$x=\alpha+S_h$，α 为侧偏角；$C=a_0$；$D=a_1F_Z^2+a_2F_Z$；$BCD=(a_3F_Z^2+a_4F_Z)(1-a_{12}|\gamma|)e^{-a_5F_Z}$，$B=BCD/(CD)$；$E=(a_6F_Z^2+a_7F_Z+a_8)/(1-a_{13}|\gamma|)$；$S_h=a_9\gamma$；$S_v=(a_{10}F_Z^2+a_{11}F_Z)\gamma$；$a_1,a_2,\cdots,a_{13}$为曲线拟合系数。

表 2.4 为 Pacejka 等提供的某型轮胎“魔术公式”模型的拟合系数。

表 2.4　某型轮胎“魔术公式”模型的拟合系数

拟合系数	a_1	a_2	a_3	a_4	a_5	a_6	a_7
F_X	-21.3	1144	49.6	226	0.069	-0.006	0.056
F_Y	-22.1	1011	1078	1.82	0.208	0	-0.354
M_Z	-2.72	-2.28	-1.86	-2.73	0.110	-0.070	0.643
拟合系数	a_8	a_9	a_{10}	a_{11}	a_{12}	a_{13}	
F_X	0.486	—	—	—	—	—	
F_Y	0.707	0.028	0	14.8	0.022	—	
M_Z	-4.04	0.015	-0.066	0.945	0.030	0.070	

当轮胎处于转向及制动的联合工况下，会产生侧偏角和滑移，上述公式并不足以表征轮胎行为。为了体现侧偏角和滑移对轮胎力学特性的组合效应，引入经验加权系数 G，将其乘以原始函数，并加上偏离因子 S_v'，即

$$Y(X)=Gy(x)+S_v' \tag{2.32}$$

式中，加权函数 $G=D'\cos[C'\arctan(B'x)]$；B'、C'和 D'为经验系数；x 为侧偏角或滑动率。

若轮胎在工作过程中仅有滑移或侧偏时，加权函数 G 的取值为 1。

现在，越来越多的轮胎制造企业以“魔术公式”系数的形式为整车厂提供轮胎数据，可对轮胎性能进行准确预测，甚至对于极限值以外的一定范围也有较高的置信度。

例题 2.1 根据表 2.4 所示轮胎的“魔术公式”模型的拟合系数，编制 MATLAB 程序，对该轮胎力学特性进行仿真。为简化计算，外倾角为零，C 分别取 1.65、1.3 和 2.4，用于纵向力、侧偏力和回正力矩的计算。

解： MATLAB 程序代码详见本章附录中例题 2.1 的程序代码。轮胎力学特性仿真结果如图 2.40 所示。

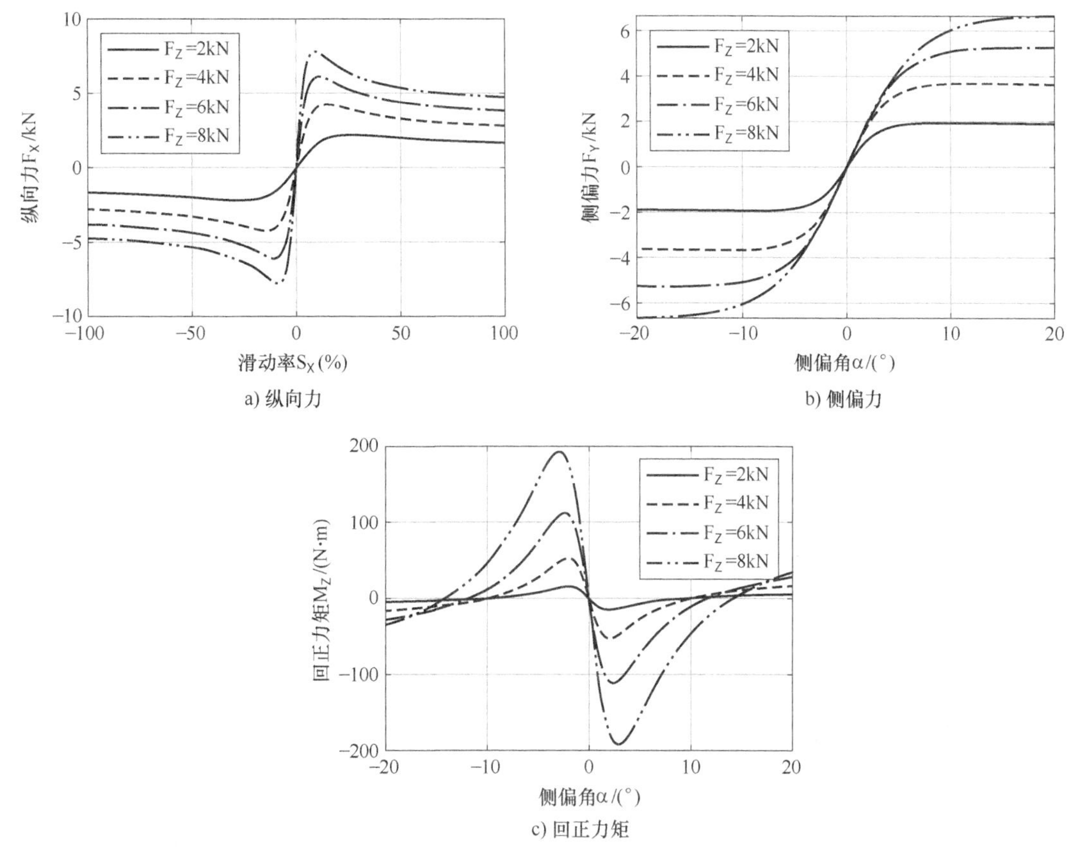

图 2.40 轮胎力学特性仿真结果

2.8.3 幂指数统一轮胎模型

我国郭孔辉院士在 Fiala 轮胎理论模型的基础上，结合试验数据分析，提出了一种半经验的幂指数统一轮胎模型，可用于对轮胎稳态侧偏、纵滑及纵滑-侧偏联合工况下纵向力、侧偏力及回正力矩的计算。

在稳态纯纵滑、纯侧偏工况下，轮胎的纵向力、侧偏力及回正力矩计算公式如下。

（1）稳态纯纵滑工况纵向力

$$F_X=-\frac{\phi_X}{|\phi_X|}\varphi_X F_Z \overline{F}_X (\text{若 } S_X=0,\text{则 } F_X=0) \tag{2.33}$$

式中，ϕ_X 为相对纵向滑动率，$\phi_X=C_XS_X/(\varphi_XF_Z)$；$\varphi_X$ 为纵向附着系数，$\varphi_X=b_1+b_2F_Z+b_3F_Z^2$；$\overline{F}_X$为无量纲纵向力，$\overline{F}_X=1-\exp\left[-|\phi_X|-E_1|\phi_X^2|-\left(E_1^2+\frac{1}{12}\right)|\phi_X^3|\right]$。其中，$C_X$ 为纵向刚度；S_X 为车轮纵向滑动率；E_1 为曲率系数，且 $E_1=0.5/\{1+\exp[-(F_Z-a_1)/a_2]\}$。

（2）稳态纯侧偏工况侧偏力

$$F_Y=-\frac{\phi_Y}{|\phi_Y|}\varphi_YF_Z\overline{F}_Y(若\ \varphi_Y=0,则\ F_Y=0) \tag{2.34}$$

式中，ϕ_Y 为相对侧向滑动率，$\phi_Y=C_\alpha\tan\alpha/(\varphi_YF_Z)$；$\varphi_Y$ 为侧向附着系数，$\varphi_Y=a_1+a_2F_Z+a_3F_Z^2$；$\overline{F}_Y$为无量侧偏力，$\overline{F}_Y=1-\exp\left[-|\phi_Y|-E_1|\phi_Y^2|-\left(E_1^2+\frac{1}{12}\right)|\phi_Y^3|\right]$。其中，$C_\alpha$ 为侧偏刚度；α 为轮胎侧偏角。

（3）稳态纯侧偏工况回正力矩

$$M_Z=-F_YD_X(若\ \varphi_Y=0,则\ F_Y=0) \tag{2.35}$$

式中，D_X 为回正力臂，$D_X=(D_{X0}+D_e)\exp(-D_1|\phi_Y|-D_2|\phi_Y^2|)-D_e$。其中，$D_{X0}$、$D_e$、$D_1$ 和 D_2 为与垂直载荷有关的参数，计算公式分别为 $D_{X0}=c_1+c_2F_{ZT}+c_3F_Z^2$，$D_e=c_4+c_5F_Z+c_6F_Z^2$，$D_1=c_7\exp(-F_Z/c_8)$，$D_2=c_9\exp(F_Z/c_{10})$。

轮胎处于稳态纵滑-侧偏联合工况时，轮胎的纵向力 F_X、侧偏力 F_Y 和回正力矩 M_Z 的表达式如下：

$$\begin{cases}F_X=-\varphi_XF_Z\overline{F}\phi_X/\phi\\F_Y=-\varphi_YF_Z\overline{F}\phi_Y/\phi\\M_Z=-F_YD_X-F_XD_Y\end{cases} \tag{2.36}$$

式中，$\overline{F}$ 为无量纲总切向力，$\overline{F}=1-\exp\left[-\phi-E_1\phi^2-\left(E_1^2+\frac{1}{12}\right)\phi^3\right]$；$\phi$ 为相对总滑动率，$\phi=\sqrt{\phi_X^2+\phi_Y^2}$；$D_Y$ 为轮胎的侧向偏距，$D_Y=F_Y/C_{CY}$，其中，C_{CY}为侧向刚度，$C_{CY}=d_1F_Z+d_2F_Z^2$。

以上公式中出现的参数 $a_1,a_2,\cdots,b_1,b_2,\cdots,c_1,c_2,\cdots,d_1,d_2$ 均由轮胎试验数据拟合求得。

幂指数统一轮胎模型的特点是：

1）采用了无量纲表达式，其优点在于由纯工况下一次台架试验得到的试验数据可应用于各种不同的路面。当路面条件改变时，只要改变路面的附着特性参数，代入无量纲表达式，即可得到该路面下的轮胎特性。

2）无论是纯工况，还是联合工况，其表达式是统一的。

3）可表达各种垂直载荷下的轮胎特性。

4）可用较少的模型参数实现全域范围内的计算精度，参数拟合方便，计算量小。在联合工况下，其优势更加明显。

5）能拟合原点刚度。

习 题

2.1 运动的轮胎受到哪些力和力矩作用？会产生什么样的运动？

2.2 滚动轮胎接地面内的压力分布有什么特点？

2.3 说明轮胎滚动阻力的产生机理、定义和影响因素。

2.4 何谓轮胎的垂向刚度？它受哪些因素影响？

2.5 什么是滑动率？其在驱动和制动工况下如何定义？分析附着系数与滑动率关系曲线的特点。

2.6 简述轮胎附着力的产生机理和影响因素

2.7 分析轮胎的侧偏力和侧偏角的产生机理，说明轮胎侧偏刚度含义及其影响因素。

2.8 轮胎回正力矩是怎样形成的？受哪些因素影响？

2.9 何谓附着椭圆？它有什么特点？

2.10 车辆转向时，其离心力与四个轮胎的侧偏力之和相平衡。现设四个轮胎具有相同的侧偏角，且侧偏刚度均为1.0kN/(°)，车辆质量、速度和转弯半径分别为1500kg、60km/h和140m。假定侧偏力与侧偏角成正比，试计算轮胎的侧偏角。

2.11 假设在某干燥路面上，附着系数 $\varphi=0.8$，轮胎垂直载荷为5kN，受到的制动力为3kN，试计算可产生的最大轮胎侧偏力。

参考文献

[1] GENTA G, MORELLO L. The automotive chassis: Volume 1 components design [M]. 2nd ed. Switzerland: Springer Nature Switzerland AG, 2020.

[2] 余志生. 汽车理论 [M]. 6版. 北京：机械工业出版社，2019.

[3] WONG J Y. Theory of ground vehicles [M]. 4th ed. New York: John Wiley & Sons Inc., 2008.

[4] GILLISPIE T D. Fundamentals of vehicle dynamics [M]. Warrendale: SAE International, 1992.

[5] 喻凡，林逸. 汽车系统动力学 [M]. 2版. 北京：机械工业出版社，2017.

[6] 中华人民共和国工业和信息化部. 汽车操纵稳定性术语及其定义：GB/T 12549—2013 [S]. 北京：中国标准出版社，2013.

[7] International Organization for Standardization. Road vehicles—Vehicle dynamics and road-holding ability—Vocabulary: ISO 8855: 2011 (E) [S]. Geneva: International Organization for Standardization, 2011.

[8] Society of American Engineers. Vehicle dynamics terminology: SAE J670—2008 [S]. Warrendale: SAE International, 2008.

[9] 俞淇，周锋，丁剑平. 充气轮胎性能与结构 [M]. 广州：华南理工大学出版社，1998.

[10] 庄继德. 汽车轮胎学 [M]. 北京：北京理工大学出版社，1996.

[11] GIM G. Vehicle dynamic simulation with a comprehensive model for pneumatic tires [D]. Tucson, AZ: University of Arizona, 1988.

[12] PACEJKA H B. Tire and vehicle dynamics [M]. 3rd ed. Oxford: Elsevier Ltd., 2012.

[13] GUO K H, REN L. A unified semi-empirical tire model with higher accuracy and less parameters [C]. SAE

Technical Paper 1999-01-0785, 1999.

[14] 张向文，王飞跃，高彦臣. 轮胎稳态模型的分析综述 [J]. 汽车技术，2012,（2）：1-7.

[15] RAJAMANI R. Vehicle dynamics and control [M]. 2nd ed. New York：Springer science business media，2012.

附　　录

例题 2.1 的程序代码

```
clc
clear all
ax1=-21.3;ax2=1144;ax3=49.6;ax4=226;ax5=0.069;ax6=-0.006;ax7=0.056;ax8=0.486;
ay1=-22.1;ay2=1011;ay3=1078;ay4=1.82;ay5=0.208;ay6=0;ay7=-0.354;ay8=0.707;
az1=-2.72;az2=-2.28;az3=-1.86;az4=-2.73;az5=0.11;az6=-0.07;az7=0.643;az8=-4.04;
Cx=1.65;
Cy=1.3;
Cz=2.4;

j=0;
for Fz=2:2:8
i=0;
j=j+1;
for alpha=-20:0.01:20
i=i+1;

Dx=(ax1*(Fz^2))+(ax2*Fz);
BCDx=((ax3*(Fz^2))+(ax4*(Fz^2)))/(exp(ax5*Fz));
Bx=BCDx/(Cx*Dx);
Ex=(ax6*(Fz^2))+ax7*Fz+ax8;

Dy=(ay1*(Fz^2))+(ay2*Fz);
BCDy=ay3*sind(ay4*atand(ay5*Fz));
By=BCDy/(Cy*Dy);
Ey=(ay6*(Fz^2))+ay7*Fz+ay8;

Dz=(az1*(Fz^2))+(az2*Fz);
BCDz=((az3*(Fz^2))+(az4*(Fz^2)))/(exp(az5*Fz));
Bz=BCDz/(Cz*Dz);
Ez=(az6*(Fz^2))+az7*Fz+az8;

Fx(i,j)=Dx*sind(Cx*atand(Bx*(alpha)));
Fy(i,j)=Dy*sind(Cy*atand(By*(alpha)));
Mz(i,j)=Dz*sind(Cz*atand(Bz*(alpha)));
```

```
end
end

figure(1)
ratio=-100:0.05:100;
plot(ratio,Fx(:,1)/1000,ratio,Fx(:,2)/1000,ratio,Fx(:,3)/1000,ratio,Fx(:,4)/
1000,'linewidth',2)
grid on
legend('F_Z=2 kN','F_Z=4 kN','F_Z=6 kN','F_Z=8 kN','Location','NorthWest')
xlabel('滑动率 S_X(%)','fontsize',12)
ylabel('纵向力 F_X/kN','fontsize',12)

figure(2)
alpha=-20:0.01:20;
plot(alpha,Fy(:,1)/1000,alpha,Fy(:,2)/1000,alpha,Fy(:,3)/1000,alpha,Fy(:,4)/
1000,'linewidth',2)
grid on;
legend('F_Z=2 kN','F_Z=4 kN','F_Z=6 kN','F_Z=8 kN','Location','NorthWest')
xlabel('侧偏角 α/(^o)','fontsize',12)
ylabel('侧偏力 F_Y/kN','fontsize',12)

figure(3)
plot(alpha,Mz(:,1),alpha,Mz(:,2),alpha,Mz(:,3),alpha,Mz(:,4),'linewidth',2)
grid on
legend('F_Z=2 kN','F_Z=4 kN','F_Z=6 kN','F_Z=8kN','Location','NorthEast')
xlabel('侧偏角 α/(^o)','fontsize',12)
ylabel('回正力矩 M_Z/(N·m)','fontsize',12)
```

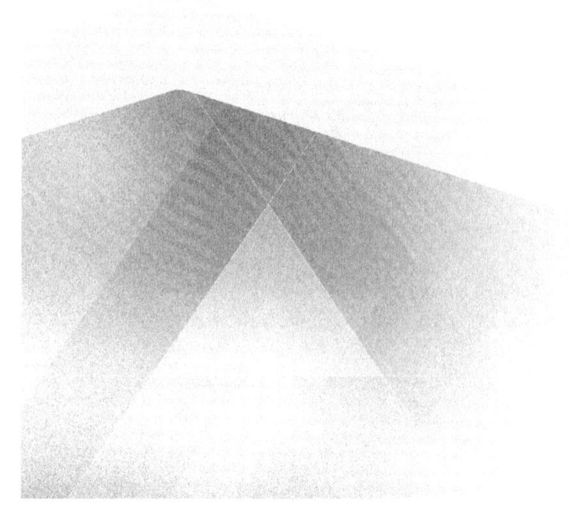

第3章 汽车驱动动力学

3.1 汽车的驱动力

3.1.1 汽车动力装置的工作特性

包括发动机、电动机在内的动力装置是使汽车运动的能量来源。描述汽车动力装置的特性常采用转矩、功率等参数随转速变化的函数关系曲线，即所谓的转速特性曲线。理想的动力装置特性应满足在全车速范围内为恒功率输出，其输出转矩与转速按双曲线规律变化，如图3.1所示。这样的工作特性就能使低速行驶的车辆以更大的驱动力进行加速、爬坡或拖带负荷。

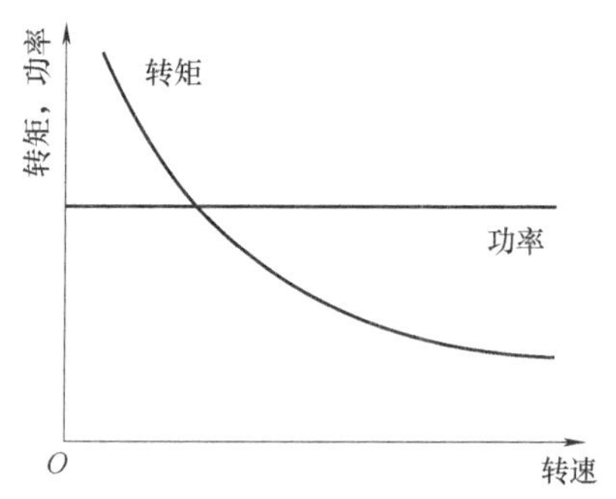

图3.1 车用动力装置的理想工作特性

目前，汽车仍然广泛采用汽油机或柴油机作为动力装置。当发动机节气门全开（或高压油泵在最大位置）时，测得的发动机转速特性曲线称作发动机外特性曲线；如果节气门部分开启（或部分供油），则测得的发动机转速特性曲线称发动机部分负荷特性曲线。图3.2和图3.3分别为典型的汽油发动机和柴油发动机外特性曲线。发动机在某一转速下开始稳定运转；当升高到一定转速时，获得最好的燃烧质量和最大的发动机转矩；若转速继续升高，则由于空气在进气歧管中的损失增加，使发动机的平均有效压力降低，转矩下降；然而发动机的输出功率是随着转速的升高而增加的，当超过最大功率点以后，由于发动机转矩的降低速率快于转速的升高速率，因此发动机的输出功率也开始下降。汽车常用发动机的最高允许转速通常限定在最大输出功率点附近。

发动机制造企业所提供的发动机特性曲线，有时是在试验台上未带水泵、发电机等条件下测得的。带上全部附件设备测得的发动机特性曲线称为发动机使用外特性曲线。一般汽油机使用外特性的最大功率比外特性的最大功率约低15%，货车柴油机约低5%，轻型汽车柴油机约低10%。

为了便于计算，常采用多项式来描述试验台测得的发动机转矩曲线，即

$$T_e=a_0+a_1n_e+a_2n_e^2+\cdots+a_kn_e^k \tag{3.1}$$

式中，系数 $a_0,a_1,a_2,\cdots,a_k$ 可由最小二乘法来确定；拟合系数 k 因特性曲线而异，一般在 2、3、4、5 中选取。

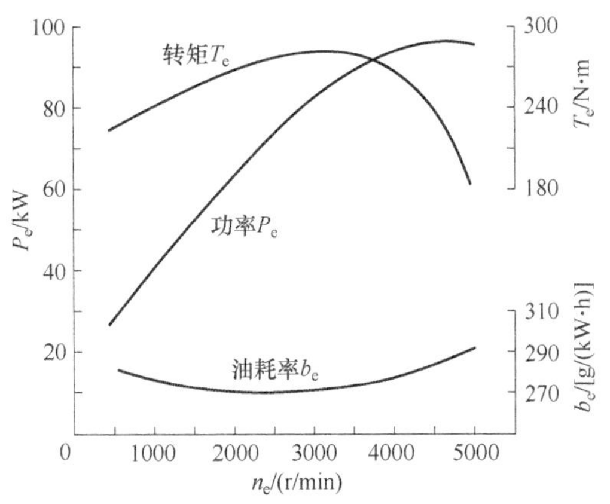

图 3.2 汽油发动机外特性曲线

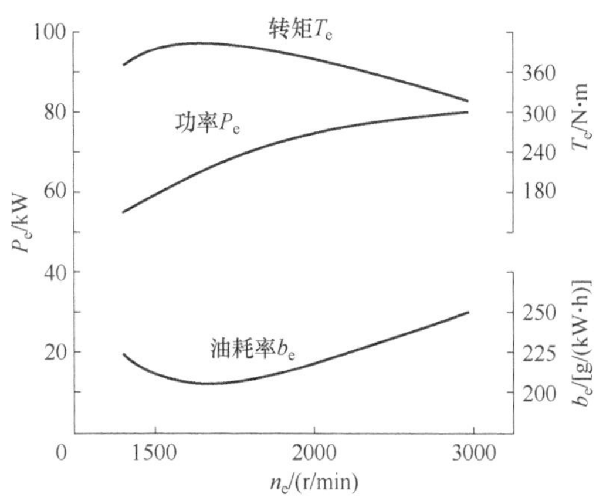

图 3.3 柴油发动机的外特性曲线

例题 3.1 根据表 3.1 所列的某发动机外特性测试数据，应用 MATLAB 软件编制程序，拟合发动机转矩特性的多项式函数，并绘制曲线。

表 3.1 发动机外特性测试数据

转速/(r/min)	1000	1500	2000	2500	3000	3500	4000	4500	5000
输出转矩/N·m	157.18	166.08	170.02	173.26	174.18	171.74	169.34	165.02	161.08

解：MATLAB 程序代码参见本章附录中例题 3.1 的程序代码，拟合发动机转矩特性的多项式为

$$T_e=131.87+0.032n_e-6.45\times10^{-6}n_e^2-1.99\times10^{-11}n_e^3+4.58\times10^{-14}n_e^4 \tag{3.2}$$

发动机转矩特性的拟合曲线如图 3.4 所示。

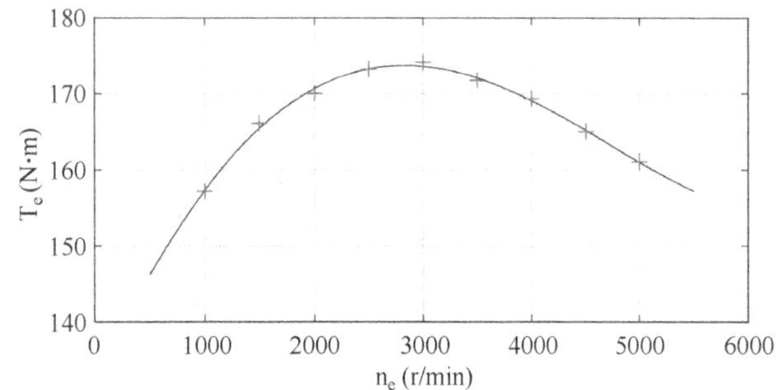

图 3.4 发动机转矩特性的拟合曲线

电动机是新能源汽车重要的动力源，它不仅转速易于调节，而且具有接近理想动力装置的工作特性。图 3.5 所示为一台永磁同步交流电动机的外特性曲线，其中，电动机最高转速 $n_{max}=5000$r/min，电动机的额定转速（也称基速）$n_0=1500$r/min，峰值转矩 $T_{mmax}=380$N·m，峰值功率 $P_{mmax}=60$kW。电动机的工作特性可分为两个区域：恒转矩区和恒功率区。在基速以下的区域称为恒转矩区，随着转速的增加，定子电压逐渐增大到额定值，并保持电流恒定，使得电动机功率上升，但输出转矩恒定，在基速 n_0 时电动机功率达到最大值 P_{mmax}；基速以上的区域称为恒功率区，随着电动机转速增

加，定子电压恒定，但电流减弱，使得电动机输出功率恒定，而转矩随转速升高呈双曲线下降。

车用动力装置的功率（单位为 kW）与转速有如下关系：

$$P_e = \frac{T_e n_e}{9549} \quad 或 \quad P_m = \frac{T_m n_m}{9549} \tag{3.3}$$

发动机和电动机由于自身转矩和转速的变化范围较小，并不能很好满足汽车起步、加速、上坡或倒车等工况的动力性和能耗经济性要求，因此需要配备合适的传动装置。

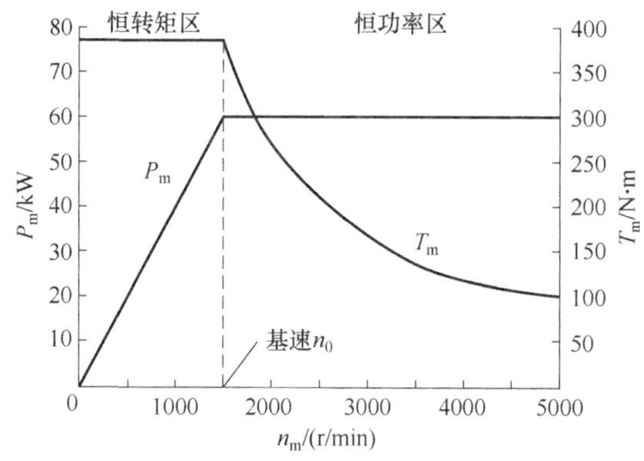

图 3.5 永磁同步交流电动机的外特性曲线

3.1.2 汽车传动装置的工作特性

由图 3.1~图 3.5 可以看出，与理想车辆动力装置特性相比，发动机在低速运转时功率较低，转矩特性平缓，因此为了改善其特性，传统汽车中需要通过变速器变换档位，使车辆的牵引特性接近理想的运行特性；电动机的运行特性与车辆理想装置的运行特性比较接近，所以可以采用两档传动装置，甚至不用变速器，仅使用减速器。

1. 机械变速器

传动系统负责将动力装置的功率传至驱动轮，如图 3.6 所示。机械变速器各档传动比通常根据特定工况确定，如 1 档专为起步设计，2 档和 3 档用于加速，4 档用于正常行驶，5 档着重考虑汽车高速行驶时的燃料经济性。通常，各档传动比接近于等比级数，即各档传动比（$i_n, n=1,2,\cdots$）之间的比值接近于一个常数。

$$\frac{i_1}{i_2} = \frac{i_2}{i_3} = \cdots = 常数 \tag{3.4}$$

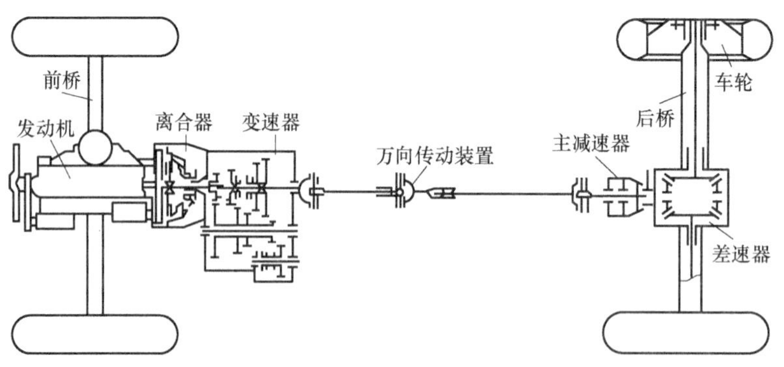

图 3.6 传动系统的主要组成

如图 3.7 所示，当机械变速器传动比为等比级数时，驾驶人可以通过听觉感知，方便地在相同发动机转速范围内（$n_{e1} \sim n_{e2}$）进行换档操作，当发动机转速增大到一定数值（n_{e2}）时升档，或当发动机转速减小到一定数值（n_{e1}）时降档。汽车以各档位行驶时，发动机可以总在最大功率点附近的同一转速范围内工作，有助于提高汽车的动力性能，这也是机械变速器采用等比级数的最主要目的。另外，采用等比级数还便于和副变速器结合，构成更多档位的等比级数变速装置。

2. 液力变矩器

与机械变速器相比，自动变速器由于在其输入端装有液力变矩器（图 3.8）而性能有所不同，使得变速器与发动机的匹配更加理想。液力变矩器利用液体循环流动过程中动能的变化来传递动力，也能实现减速增矩的作用。图 3.9 所示为带锁止离合器的液力变矩器变矩比 K、效率 η 随转速比 i（涡轮输出转速/泵轮输入转速）变化的无因次特性。在停车情况下，输出转速为零（即变速器停转，转速比为 0），效率为零，液力变矩器的输出转矩最大，约为输入转矩的 2.5 倍，可使汽车在起步时具有更好的加速性能；随着变速器转速比的增加，变矩比 K 降低，传动效率 η 相应提高；当转速比 i 进一步增加，变矩比 K 接近 1，但此时传动效率 η 下降；当传动比达到 $i_{K=1}$ 时，转为按耦合器特性工作；为避免动力流失，变矩器还可用离合器锁止，变矩比 K 为 1，效率 η 也达到最高，为 100%。

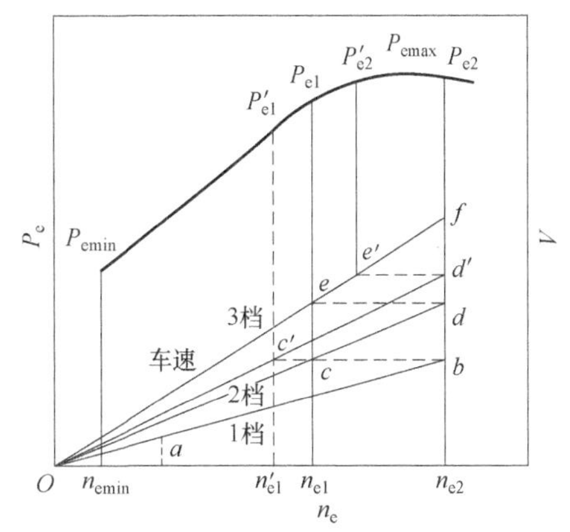

图 3.7 发动机转速-功率-各档位车速的关系曲线

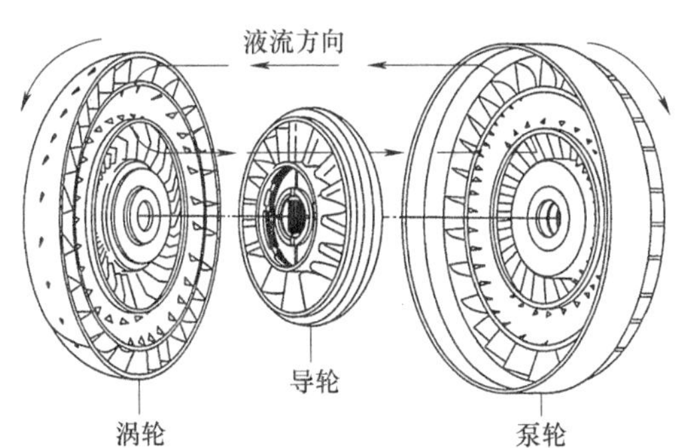

图 3.8 液力变矩器的结构及工作原理

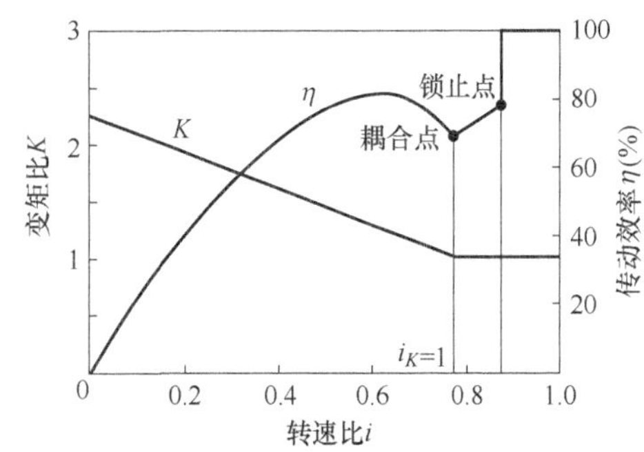

图 3.9 带锁止装置的液力变矩器的无因次特性

3.1.3 汽车驱动力图

根据发动机外特性确定的驱动力 F_t 与车速 V 之间的函数关系曲线称为汽车驱动力图（驱动力-车速曲线），可用于表示汽车的驱动力特性。若已有发动机的外特性曲线、发动机转速 n_e（单位为 r/min）、变速器的传动比 i_g、主减速器的传动比 i_0、传动效率 η_T（由传动系各部件的机械损失和黏性损失造成，通常在 80%~90%之间）、车轮半径 r_w（单位为 m）等参数后，可利用式（3.5）求出各档位的驱动力 F_t（单位为 N），利用式（3.6）求出车辆速度 V（单位为 km/h），即可求各档位的驱动力-车速曲线。

$$F_t = \frac{T_e i_g i_0 \eta_T}{r_w} \tag{3.5}$$

$$V=0.377\frac{n_e r_w}{i_g i_0} \tag{3.6}$$

例题 3.2 若某车辆发动机转矩特性同例题 3.1，车轮半径 $r_w=0.272\text{m}$，5 档变速器的传动比 $i_g=(3.416, 1.894, 1.280, 1, 0.757)$，主减速比 $i_0=4.388$，传动效率 $\eta_T=0.9$。根据式（3.5）和式（3.6）编写 MATLAB 程序，绘制该车辆的驱动力图。

解： MATLAB 程序代码参见本章附录中例题 3.2 的程序代码，该车辆的驱动力图如图 3.10 所示。

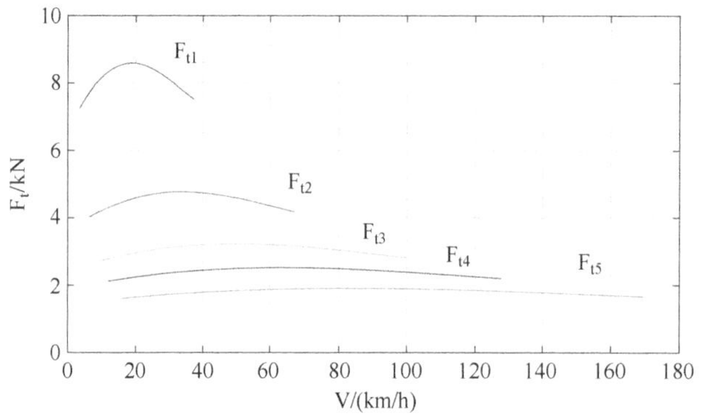

图 3.10 装有机械变速器的汽车的驱动力图

从图 3.10 中可以看出，各档的驱动力-车速曲线与发动机转矩-转速曲线相似，驱动力随车速先增大然后减小。1 档时，车辆驱动力最大，但车速范围很小；档位升高，驱动力减小，车速工作范围扩大；5 档时，尽管驱动力最小，但车速工作范围最大。在车辆升档加速过程中，相同功率点具有逐渐降低的转矩，这就使得车辆具有较理想的动力特性。

对于装备自动变速器的车辆，还应考虑液力变矩器的变速比 i、变矩比 K 及传动效率 η。其各档位的驱动力 F_t（单位为 N），车辆速度 V（单位为 km/h）的计算公式为

$$F_t=\frac{T_e K(i) i_g i_0 \eta_T \eta}{r_w} \tag{3.7}$$

$$V=0.377\frac{n_e r_w}{i i_g i_0} \tag{3.8}$$

图 3.11 所示为分别装有自动变速器和机械变速器汽车的驱动力图。当自动变速器汽车处于低速档时，由于变速器传动比 i_g 和液力变矩器变矩比 K 的增加，汽车驱动力较高速档大，且比装有机械式变速器的大。另外，自动变速器汽车从速度为零开始能连续不断地发出驱动力，起步平顺柔和无冲击；而机械变速器汽车在车速为零时，必须依靠离合器滑转才能传递驱动功率。自动变速器汽车在中、高速时，由于液力变矩器效率低，动力性并无改善。若液

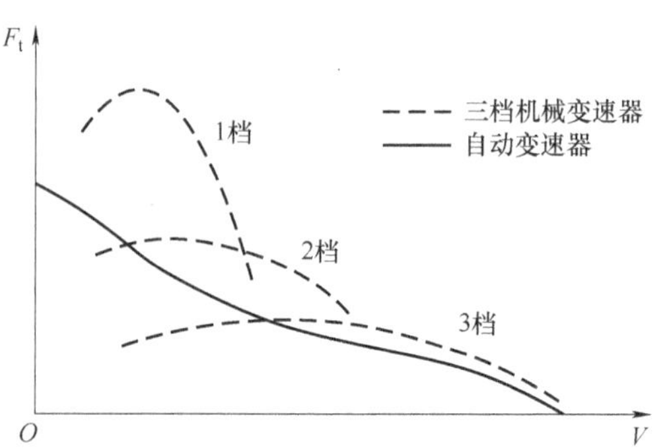

图 3.11 分别装有自动变速器和机械变速器汽车的驱动力图

力变矩器装有锁止离合器，则汽车在高速行驶时，其驱动力与机械变速器汽车相等。

3.2 汽车的行驶阻力

汽车在行驶过程中，阻止汽车前进的力有滚动阻力、空气阻力、坡度阻力和加速阻力四种，这些阻力合称为行驶阻力。

1. 滚动阻力

滚动阻力在第2章中已讨论，此处不再赘述。

2. 空气阻力

汽车行驶时受到空气的作用力在行驶方向上的分力称为空气阻力，它与车身表面的空气流场分布有关，如图3.12所示。

空气阻力主要分为五种：形状阻力、摩擦阻力、诱导阻力、干扰阻力和内循环阻力。作用在汽车外形表面上的法向压力的合力在行驶方向的分力，称为形状阻力，它与车身主体形状有关，流线型越好，形状阻力越小；摩擦阻力是由于空气的黏性在车身表面产生切向力的合力在行驶方向上的分力；诱导阻力是由于车身上下部分存在压力差引起的空气升力在车辆尾部产生涡流（图3.13）所造成的阻力；干扰阻力是汽车表面凸出的零件（如后视镜、门把、引水槽、刮水器、天线、排气管等）引起气流相互干扰而产生的阻力；内循环阻力是发动机和制动器冷却气流、座舱通风和空调的气流引起的阻力。

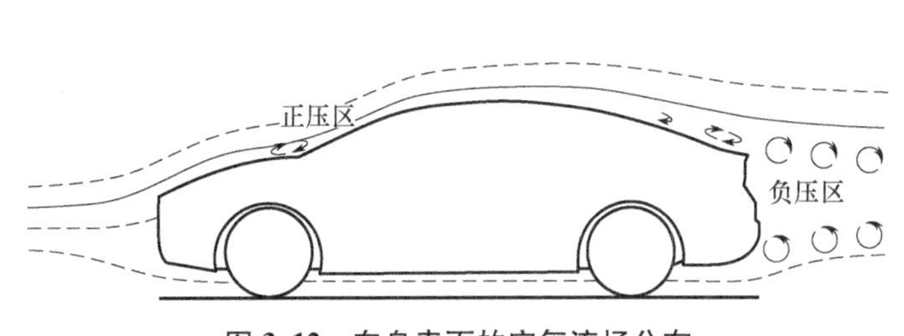

图3.12 车身表面的空气流场分布

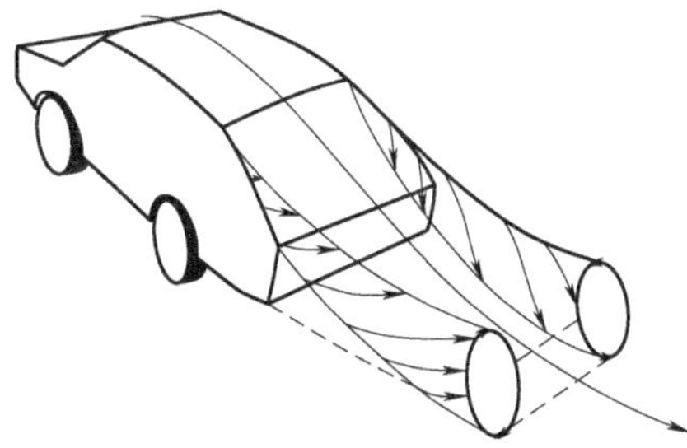
图3.13 汽车尾部涡流的形成

对于一般的轿车，形状阻力占50%~65%，摩擦阻力占6%~11%，诱导阻力占8%~15%，干扰阻力占5%~16%，内循环阻力占10%~18%。由于形状阻力占比最大，所以改善车身流线形状是减小空气阻力的关键。

汽车空气阻力（单位为N）通常表示为

$$F_w = \frac{1}{2} C_D A \rho v_r^2 \tag{3.9}$$

式中，C_D 为空气阻力系数；A 为迎风面积（m^2），即汽车在行驶方向上的投影面积；v_r 为汽车相对空气的速度（m/s）；ρ 为空气密度，在15℃时为1.2258g/m^3。

在无风条件下，且车速 V 以km/h为单位，则式（3.9）可整理为

$$F_w = \frac{C_D A V^2}{21.15} \tag{3.10}$$

由式（3.10）可知，空气阻力与汽车行驶速度的平方成正比，汽车行驶速度越高，空气阻力越大。空气阻力与 C_D 及 A 值成正比，A 值受到汽车乘坐使用空间的限制不易进一步减少，所以降低空气阻力系数 C_D 值是降低空气阻力的主要手段。在 20 世纪 70 年代初，轿车的 C_D 值维持在 0.4~0.6。自 20 世纪 70 年代后期，为了进一步减少能源消耗，各国都致力于设法降低 C_D 值。目前，不少轿车的 C_D 值已降到 0.3 左右甚至更低，如 Passat 轿车的 C_D 值为 0.28，Tesla Model 3 电动车的 C_D 值为 0.23，保时捷 Taycan 电动车的 C_D 值为 0.22（图 3.14）。

图 3.14　保时捷 Taycan 电动车的车身造型

减小 C_D 值要遵循的要点：

（1）整车　对于乘用车，整个车身应向前倾 1°~2°，从侧面上看应呈楔形；水平投影为腰鼓形，前端呈半圆形，后端稍稍收缩。对于货车与半挂车，其驾驶室上方应安装导流板等减阻装置。

（2）车身前部　发动机舱盖应向前下倾；车前端与侧面转角形状应圆滑过渡；采用大倾角的前风窗玻璃，且与车顶圆滑过渡；前立柱（A 柱）应圆滑；侧窗应与车身相平；尽量减少灯、后视镜和门把等凸出物，凸出物的形状应接近流线型；在前保险杠下面，应安装合适的扰流板。

（3）车身后部　最好采用掀背式或快背式，顶盖后缘稍呈圆形，适当增加行李舱高度，可加装鸭尾式结构。

（4）车身底部　所有零件应在车身下平面内且较平整，最好有平滑的盖板盖住底部；盖板从车身中部或后轮以后向上稍稍升高。

（5）发动机冷却进风系统　根据发动机冷却系统的需要，优化冷却气流的进风口与出风口位置，设计高效率的冷却风道。

3. 坡度阻力

如图 3.15 所示，当汽车上坡行驶时，其重力 G 沿坡道斜面的分力 F_i 表现为对汽车行驶的一种阻力，称坡度阻力。

坡度阻力 F_i 的计算公式如下：

$$F_i = G\sin\alpha \tag{3.11}$$

式中，α 为道路坡度角（°）。

道路坡度的表示方法是用坡度 i，即用坡的高度 h 与底长 s 之比表示。

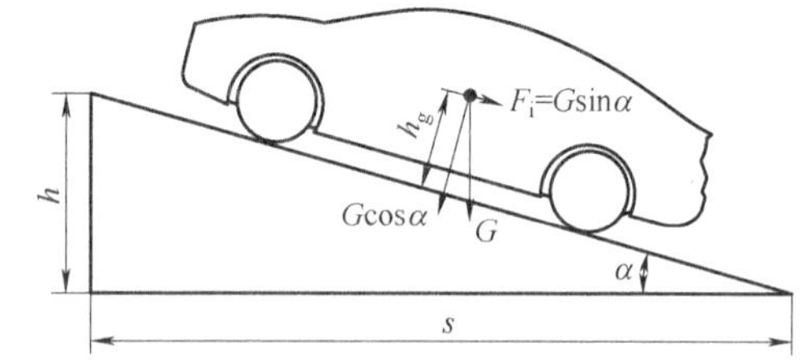

图 3.15　汽车的坡度阻力

按照我国的公路路线设计规范，公路的最大纵坡与设计车速的关系见表 3.2。

表 3.2　最大纵坡与设计车速的关系

设计车速/(km/h)	120	100	80	60	40	30	20
最大纵坡(%)	3	4	5	6	7	8	9

一般道路的坡度均较小，此时 $\sin\alpha \approx \tan\alpha = i$，则

$$F_i = G\sin\alpha \approx G\tan\alpha = Gi \tag{3.12}$$

由于坡度阻力 F_i 与滚动阻力 F_f 均与道路有关，故常把这两种阻力之和称为道路阻力 F_ψ，即

$$F_\psi = F_f + F_i = f_R G\cos\alpha + G\sin\alpha \tag{3.13}$$

当坡度角 α 不大时，$\cos\alpha \approx 1$，$\sin\alpha \approx i$，定义道路阻力系数 $\psi = f_R + i$，则

$$F_\psi = G\psi \tag{3.14}$$

4. 加速阻力

汽车加速行驶时，需克服其质量的惯性，这就是加速阻力 F_j。汽车质量分为平移质量和旋转质量两部分。加速时平移质量要产生惯性力，旋转质量要产生惯性力矩。为了便于计算，一般把旋转质量的惯性力矩，转化为平移质量的惯性力，并以 δ 作为汽车等效质量系数，则汽车加速时的加速阻力

$$F_j = \delta m \frac{\mathrm{d}v}{\mathrm{d}t} \tag{3.15}$$

式中，$\delta>1$，主要与飞轮、车轮的转动惯量，以及传动系的传动比有关；m 为汽车质量（kg）；$\mathrm{d}v/\mathrm{d}t$ 为汽车行驶加速度（$\mathrm{m/s^2}$）。

汽车上的旋转部件有发动机飞轮、各种轴、传动齿轮及车轮等。在进行汽车动力性能计算时，一般只考虑转动惯量较大的发动机飞轮和车轮这两部分旋转质量的影响，其他旋转质量的影响较小，可略去不计。

按照力学中惯性力矩的计算公式，发动机飞轮的惯性力矩 T_f（单位为 N · m）可表示为

$$T_f = I_f \frac{\mathrm{d}\omega_e}{\mathrm{d}t} \tag{3.16}$$

式中，I_f 为发动机飞轮的转动惯量（$\mathrm{kg \cdot m^2}$）；ω_e 为发动机飞轮的旋转角速度（rad/s）。

发动机飞轮的旋转角速度 ω_e 与汽车行驶速度 v 之间的关系为 $\omega_e = i_g i_0 v/r_w$，将作用在飞轮处的惯性力矩 T_f 转换到驱动轮周缘，可得

$$T_{je} = I_f \frac{\mathrm{d}\omega_e}{\mathrm{d}t} i_g i_0 \eta_T = \frac{I_f i_g^2 i_0^2 \eta_T}{r_w} \frac{\mathrm{d}v}{\mathrm{d}t} \tag{3.17}$$

式中，T_{je} 为转换到驱动轮周缘的发动机飞轮惯性力矩（N · m）；η_T 为传动系统效率。

所有车轮的惯性力矩可表示为

$$T_{jw} = \sum I_w \frac{\mathrm{d}\omega_w}{\mathrm{d}t} = \frac{\sum I_w}{r_w} \frac{\mathrm{d}v}{\mathrm{d}t} \tag{3.18}$$

式中，T_{jw} 为车轮的惯性力矩（N · m）；I_w 为车轮的转动惯量（$\mathrm{kg \cdot m^2}$）；ω_w 为车轮的旋转角速度（rad/s）。

将上述转换到车轮周缘的发动机飞轮惯性力矩 T_{je} 与车轮惯性力矩 T_{jw} 之和转换为平移质量的惯性力，并与汽车平移质量的惯性力相加，可得到汽车的加速阻力

$$F_j = m\frac{\mathrm{d}v}{\mathrm{d}t} + \frac{\sum I_w}{r_w}\frac{\mathrm{d}v}{\mathrm{d}t}\frac{1}{r_w} + \frac{I_f i_g^2 i_0^2 \eta_T}{r_w}\frac{\mathrm{d}v}{\mathrm{d}t}\frac{1}{r_w}$$

$$=m\frac{\mathrm{d}v}{\mathrm{d}t}\left(1+\frac{1}{m}\frac{\sum I_{\mathrm{w}}}{r_{\mathrm{w}}^2}+\frac{1}{m}\frac{I_{\mathrm{f}}i_{\mathrm{g}}^2i_0^2\eta_{\mathrm{T}}}{r_{\mathrm{w}}^2}\right) \tag{3.19}$$

将式（3.15）和式（3.19）相比较，显然

$$\delta=1+\frac{1}{m}\frac{\sum I_{\mathrm{w}}}{r_{\mathrm{w}}^2}+\frac{1}{m}\frac{I_{\mathrm{f}}i_{\mathrm{g}}^2i_0^2\eta_{\mathrm{T}}}{r_{\mathrm{w}}^2} \tag{3.20}$$

令 $\delta_1=\frac{1}{m}\frac{\sum I_{\mathrm{w}}}{r_{\mathrm{w}}^2}$、$\delta_2=\frac{1}{m}\frac{I_{\mathrm{f}}\eta_{\mathrm{T}}}{r_{\mathrm{w}}^2}$，则

$$\delta=1+\delta_1+\delta_2 i_{\mathrm{g}}^2 i_0^2 \tag{3.21}$$

其中，δ_1、δ_2 主要和车型有关，通常轿车 δ_1 在 0.04~0.07 之间，货车 δ_1 在 0.04~0.05 之间；一般汽车的 δ_2 约为 0.0025，纯电动汽车由于不存在发动机飞轮，其 δ_2 接近为零。

3.3 基于动力装置特性的汽车动力性能分析

3.3.1 汽车行驶方程式

汽车在行驶过程中的驱动力应当与阻力平衡，这种关系的等式称为汽车行驶方程式，即

$$F_{\mathrm{t}}=F_{\mathrm{f}}+F_{\mathrm{w}}+F_{\mathrm{i}}+F_{\mathrm{j}} \tag{3.22}$$

对于燃油车，其行驶方程可写为

$$\frac{T_{\mathrm{tq}}i_{\mathrm{g}}i_0\eta_{\mathrm{T}}}{r_{\mathrm{w}}}=Gf_{\mathrm{R}}\cos\alpha+\frac{C_{\mathrm{D}}AV^2}{21.15}+G\sin\alpha+\delta m\frac{\mathrm{d}v}{\mathrm{d}t} \tag{3.23}$$

式中，T_{tq} 为发动机转矩；f_{R} 为滚动阻力系数。

考虑到实际上正常道路的坡度角不大，$\cos\alpha\approx1$，$\sin\alpha\approx i$，常将式（3.23）写成

$$\frac{T_{\mathrm{tq}}i_{\mathrm{g}}i_0\eta_{\mathrm{T}}}{r_{\mathrm{w}}}=Gf_{\mathrm{R}}+\frac{C_{\mathrm{D}}AV^2}{21.15}+Gi+\delta m\frac{\mathrm{d}v}{\mathrm{d}t} \tag{3.24}$$

式（3.24）表示汽车驱动力与行驶阻力之间的关系。必须指出，该式只是表示各物理量之间的数量关系，有些项并不是真正作用于汽车上的外力，如虽将 $T_{\mathrm{tq}}i_{\mathrm{g}}i_0\eta_{\mathrm{T}}/r_{\mathrm{w}}$ 称为驱动力，但它实际是由驱动力矩等效得到的，且驱动轮实际所受的地面反作用力不一定等于该数值。同样，滚动阻力也不是真正作用于汽车上的阻力，而是以滚动阻力矩的形式作用于车轮上。此外，作用于汽车质心的惯性力 $\delta m\,\mathrm{d}v/\mathrm{d}t$ 则代表了平移惯性力和旋转惯性力矩的总效应。

由汽车行驶方程式，可以得到

$$\delta m\frac{\mathrm{d}v}{\mathrm{d}t}=F_{\mathrm{t}}-(F_{\mathrm{f}}+F_{\mathrm{w}}+F_{\mathrm{i}}) \tag{3.25}$$

可见，驱动力必须大于滚动阻力、空气阻力和坡度阻力后，才能加速行驶，若驱动力小于这三项之和，则汽车无法开动，或者正在行驶的汽车将减速。

3.3.2 汽车驱动力-行驶阻力平衡图

为了清晰而形象地表明汽车行驶时的受力情况及其平衡关系，一般是将汽车行驶方程式用图解法进行分析，即在汽车驱动力图上把汽车行驶中经常遇到的滚动阻力和空气阻力也算

出并画上，作出汽车驱动力-行驶阻力平衡图，并以它来确定汽车的动力性能。

针对例题3.2给出的车辆参数，若车辆质量 $m=1720\text{kg}$，空气阻力系数 $C_D=0.3$，迎风面积 $A=2.4\text{m}^2$，滚动阻力系数 $f_R=0.01+2.5\times10^{-5}V+3.5\times10^{-11}V^4$，绘制得到该汽车的驱动力-行驶阻力平衡图，如图3.16所示。

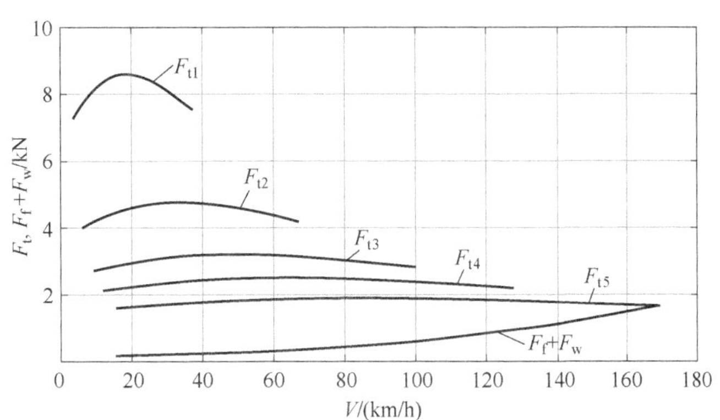

图3.16　汽车驱动力-行驶阻力平衡图

图3.16表明，当汽车驱动力等于滚动阻力及空气阻力之和时，后备驱动力为零，车辆维持等速直线行驶；当汽车驱动力大于两项阻力之和时，后备驱动力大于零，可使车辆加速或爬坡；若由于松开加速踏板导致汽车驱动力小于两项阻力之和时，那么行驶中的汽车将减速以达到平衡。

3.3.3　汽车功率的平衡

汽车行驶时，不仅驱动力和行驶阻力平衡，动力装置的功率和汽车行驶阻力的功率也总是平衡的。换而言之，在汽车行驶的每一瞬间，动力装置发出的功率始终等于机械传动损失功率与全部运动阻力所消耗的功率之和。

汽车运动阻力所消耗的功率有滚动阻力功率、空气阻力功率、坡度阻力功率及加速阻力功率。将汽车行驶方程式（3.24）两边乘以行驶车速，并经单位换算整理出汽车的功率平衡方程式为

$$P_e=\frac{1}{\eta_T}\left(\frac{Gf_RV}{3600}+\frac{C_DAV^3}{76140}+\frac{GiV}{3600}+\frac{\delta mV}{3600}\frac{dv}{dt}\right) \tag{3.26}$$

式中，P_e 为功率（kW）；V 为车速（km/h）；dv/dt 为车辆加速度（m/s^2）。

与力的平衡处理方式相同，功率平衡方程式也可用图解法表示。若以纵坐标表示功率，横坐标表示车速，将发动机功率、汽车经常遇到的阻力功率$(P_f+P_w)/\eta_T$ 与车速 V 的关系曲线均绘在坐标图上，即得到汽车功率平衡图，如图3.17所示。

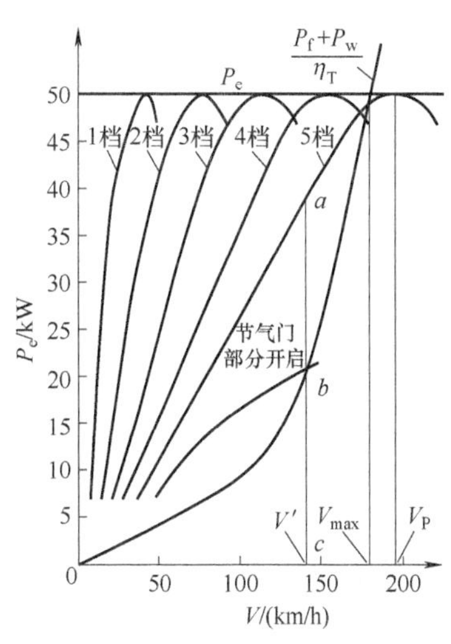

图3.17　汽车功率平衡图

可见在不同档位时，功率的大小不变，只是各档发动机功率曲线所对应的车速不同，且低档时车速低，所占速度变

化区域窄；高档时车速高，所占速度变化区域宽。

滚动阻力所消耗功率 P_f 在低速范围内近似为一斜直线，但在高速时由于滚动阻力系数 f 随车速 V 增大而增大，所以 P_f 随 V 增大以更快的速率加大；空气阻力所消耗的功率 P_w 则是车速 V 的三次函数。因此，两者叠加后，阻力功率曲线是一条斜率越来越大的曲线。高速行驶时，汽车主要克服空气阻力功率。

图中发动机功率曲线（5 档）与阻力功率曲线交点所对应的车速，便是在良好水平路面上汽车的最高车速 V_{max}。该轿车的 5 档是经济档位，其发动机最大功率相对应的车速 $V_p>V_{max}$，用该档行驶时发动机负荷率高，燃料消耗率低（详见 3.5 节）。

当汽车以低于最高车速 V_{max} 的某一车速 V' 行驶时，发动机所能输出最大功率与滚动阻力和空气阻力所消耗功率之差，称为汽车在该车速时的后备功率，即

$$P_e-\frac{1}{\eta_T}(P_f+P_w) \tag{3.27}$$

一般情况下，维持汽车等速行驶所需发动机功率并不大，此时发动机处于部分负荷特性下工作，节气门开度较小。当汽车需要爬坡或加速时，驾驶人可加大节气门开度，用部分或全部后备功率克服坡度阻力或加速阻力所消耗的功率。因此，汽车的后备功率越大，汽车的动力性越好。

利用功率平衡图可以较为方便地对汽车使用和设计中的有关动力性问题进行定性分析，还可以直观地看出汽车行驶时动力装置的负荷率，在汽车能耗经济性分析中也常用它。

3.3.4 汽车动力性指标

1. 汽车动力性的定义

汽车的动力性是指汽车依靠自身动力直线行驶时高效完成运输工作的能力。显然，作为一种交通工具，动力性是汽车最基本也是最重要的性能。

2. 汽车动力性指标及计算

汽车的动力性主要有以下三个评价指标。

（1）汽车的最高车速 V_{max}　最高车速是指在水平良好的路面（混凝土或沥青）上，汽车能达到的最高行驶车速。当汽车以最高车速行驶时，不考虑坡度阻力 F_i 和加速阻力 F_j，则根据式（3.22）和式（3.24）可得

$$F_t(V)=Gf_R(V_{max})+\frac{C_DAV_{max}^2}{21.15} \tag{3.28}$$

利用式（3.28）可以计算得到车辆最高车速 V_{max}，也可以直接在汽车驱动力-行驶阻力平衡图中找到。显然最高档驱动力曲线与 F_f+F_w 曲线的交点确定的车速便是 V_{max}，如图 3.16 所示。因为此时驱动力和行驶阻力相等，汽车处于平衡状态。

（2）汽车的加速时间 t　汽车的加速时间表示汽车的加速能力，它对平均行驶车速有很大影响，常用原地起步加速时间与超车加速时间来表明汽车的加速能力。原地起步加速时间，指汽车由 1 档或 2 档起步，并以最大的加速强度（包括选择恰当的换档时机）逐步换至最高档后，到某一预定的距离或车速所需的时间；超车加速时间，指用最高档或次高档由某一较低车速全力加速至某一较高车速所需的时间。由于超车时两车辆并行，容易发生交通事故，

所以超车加速能力越强，两车并行行程越短，行驶就越安全。一般用0→400m或0→1/4mile（0→402.5m）所需的时间来表明汽车的原地起步加速能力，或者用0→100km/h或0→60mile/h（0→96.6km/h）所需的时间来表明汽车的加速能力。对超车加速能力还没有一致的规定。中、高级燃油轿车0→100km/h的换档加速时间一般为7~11s，普通轿车在12s以上，而一些电动汽车的加速时间约为4s。

当汽车在水平良好的路面上以某个档位从速度 V_1 加速到 V_2（单位为km/h），不考虑坡度阻力 F_i，则

$$F_t(V)=Gf_R(V)+\frac{C_DAV^2}{21.15}+\frac{\delta m}{3.6}\frac{dV}{dt} \tag{3.29}$$

整理得到加速度的表达式

$$\frac{dV}{dt}=3.6\times\frac{F_t(V)-Gf_R(V)-\frac{C_DAV^2}{21.15}}{\delta m} \tag{3.30}$$

可得

$$dt=\frac{\delta m}{3.6\times\left[F_t(V)-Gf_R(V)-\frac{C_DAV^2}{21.15}\right]}dV \tag{3.31}$$

对式（3.31）在速度区间 $[V_1,V_2]$ 两边积分，则加速时间 t（单位为s）为

$$t=\frac{1}{3.6}\int_{V_1}^{V_2}\frac{\delta m}{F_t(V)-Gf_R(V)-\frac{C_DAV^2}{21.15}}dV \tag{3.32}$$

根据式（3.32）可以较准确地计算出汽车加速时间。也可以采用图解积分的方法进行计算，首先需要根据式（3.30）绘制汽车加速度-速度曲线，然后将其转化为加速度倒数曲线，则曲线下方两个速度之间的面积就是该速度区间的加速时间。

（3）汽车的最大爬坡度 i_{max}　汽车的爬坡能力是用满载（或某一装载质量）时汽车在良好路面上的最大爬坡度 i_{max} 表示的。考虑到汽车爬坡时，加速度一般为零，且通常车速较低，空气阻力可以忽略。爬坡时，汽车的最大驱动力的计算公式为

$$F_{tmax}=mgf_R\cos\alpha+mg\sin\alpha \tag{3.33}$$

设 $\sin\alpha=t_\alpha$，则 $\cos\alpha=\sqrt{1-t_\alpha^2}$，则式（3.33）变为

$$m^2g^2(1+f_R^2)t_\alpha^2-2F_{tmax}mgt_\alpha+(F_{tmax}^2-m^2g^2f_R^2)=0 \tag{3.34}$$

求解式（3.34）得

$$t_\alpha=\frac{F_{tmax}-f\sqrt{m^2g^2(1+f_R^2)-F_{tmax}^2}}{mg(1+f_R^2)} \tag{3.35}$$

汽车在1档时可达到最大爬坡度为

$$i_{max}=\tan(\arcsin t_\alpha) \tag{3.36}$$

实际上，i_{max} 代表了汽车的极限爬坡能力，它应比实际行驶中遇到的道路最大坡度超出很多，这是因为应考虑到在坡道上停车后，顺利起步加速、克服松软坡道路面的大阻力的缘故。

燃油轿车在1档时车辆加速能力强，爬坡能力也强。货车要在各种地区的各种道路上行驶，所以必须具有足够的爬坡能力，一般货车 $i_{max}\approx30\%$（约16.7°）。越野汽车要在坏路或无路条件下行驶，所以它的爬坡能力是一个很重要的指标，其 $i_{max}\approx60\%$（约31°）。电动汽车 i_{max} 要达到30%是很困难的，根据GB/T 28382—2012《纯电动乘用车　技术条件》规定，纯电动汽车的 i_{max} 应不小于20%（约11.3°）。

3.4　基于轮胎附着力的汽车动力性能分析

3.4.1　汽车行驶的附着条件

由上面的分析可知，由动力装置所确定的汽车驱动力是决定动力性的一个主要因素。驱动力越大，加速能力越好，爬坡能力也就越强。不过这个结论只在轮胎与路面之间有足够大的附着力（例如良好轮胎在干燥的水泥路面上）时才能成立。在附着性能差的泥泞路面上，过大的驱动力常会引起车轮在路面上急剧滑转，动力性并不能提高。由此可见，汽车的动力性能不仅受到驱动力的制约，它还受到轮胎与地面附着条件的限制。

动力装置经传动系统作用在驱动轮上的转矩 T_t 产生的驱动力 F_t 不能大于附着力 F_φ，否则将发生驱动轮滑转现象，这就是汽车行驶的附着条件，即

$$\frac{T_t}{r_w}=F_t\leqslant F_\varphi=\varphi F_Z \tag{3.37}$$

3.4.2　汽车的地面法向反作用力

驱动轮的地面法向反作用力与汽车的总体布置、行驶状况及道路条件有关。相对于其他阻力，滚动阻力及发动机飞轮和车轮产生的惯性阻力数值较小，可忽略不计，简化的汽车加速上坡时的受力情况如图3.18所示。其中，G 为汽车重力；F_w 为空气阻力；F_{Z1}、F_{Z2} 为作用在前、后轮上的地面法向反作用力；F_{X1}、F_{X2} 为作用在前、后轮上的地面切向反作用力；α 为道路坡度角；L 为汽车轴距；a、b 为汽车质心至前、后轴的距离；h_g 为汽车质心高度；h_w 为空气阻力作用中心的离地高度，对于轿车，$h_w\approx h_g$。

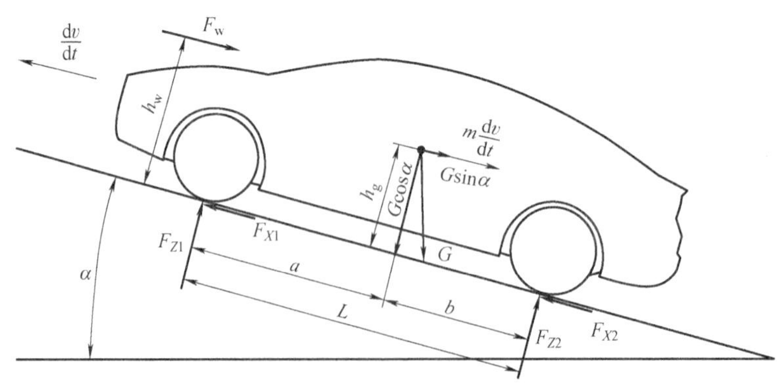

图3.18　汽车加速上坡的受力情况

将作用在汽车上的诸力对前、后轮的接地中心取力矩，可得

$$F_{Z1}=mg\frac{b}{L}\cos\alpha-\frac{h_g}{L}\left(mg\sin\alpha+m\frac{\mathrm{d}v}{\mathrm{d}t}+F_w\right) \tag{3.38a}$$

$$F_{Z2}=mg\frac{a}{L}\cos\alpha+\frac{h_g}{L}\left(mg\sin\alpha+m\frac{\mathrm{d}v}{\mathrm{d}t}+F_w\right) \tag{3.38b}$$

将式（3.38a）和式（3.38b）展开得

$$F_{Z1}=mg\frac{b}{L}\cos\alpha-\frac{h_g}{L}mg\sin\alpha-\frac{h_g}{L}m\frac{\mathrm{d}v}{\mathrm{d}t}-\frac{h_g}{L}F_w \tag{3.38c}$$

$$F_{Z2}=mg\frac{a}{L}\cos\alpha+\frac{h_g}{L}mg\sin\alpha+\frac{h_g}{L}m\frac{\mathrm{d}v}{\mathrm{d}t}+\frac{h_g}{L}F_w \tag{3.38d}$$

可以看出，式中，第一项和第二项为汽车重力分配到前、后轴的分量产生的地面法向作用力；第三项为加速过程中产生的平移惯性力造成地面法向反作用力从前轮向后轮的转移量，若减速则从后轮向前轮转移，式中符号相反；第四项是空气阻力造成的地面法向反作用力从前轮向后轮的转移量。

若忽略车辆在低速行驶时所受空气阻力 F_w 的作用，当汽车处于后仰临界状态时，$F_{Z1}=0$，由式（3.38a）可以得到汽车上坡加速时不发生后仰翻的最大允许加速度

$$\frac{\mathrm{d}v}{\mathrm{d}t}=\left(\frac{b}{h_g}\cos\alpha-\sin\alpha\right)g \tag{3.39}$$

当汽车在平直路面上加速行驶时，不发生后仰翻的最大允许加速度为

$$\frac{\mathrm{d}v}{\mathrm{d}t}=\frac{b}{h_g}g \tag{3.40}$$

可见，汽车质心越低，质心到后轴距离越长，汽车加速不发生后仰翻的最大允许加速度越大。

同理，当汽车在平直路面上紧急制动时，不发生前俯翻的最大允许减速度为

$$\frac{\mathrm{d}v}{\mathrm{d}t}=-\frac{a}{h_g}g \tag{3.41}$$

式（3.41）表明，汽车质心越低，质心到前轴距离越长，汽车制动不发生前俯翻的最大允许减速度越大。

3.4.3 作用在驱动轮上的地面切向作用力

根据式（3.38），当汽车充分利用附着力进行加速和爬坡时，汽车前后轴载荷转移达到最大值。此时，汽车附着力用于克服各项行驶阻力，考虑到滚动阻力较小，则它们之间的关系近似为

$$F_\varphi\approx F_w+mg\sin\alpha+m\frac{\mathrm{d}v}{\mathrm{d}t} \tag{3.42}$$

将式（3.42）代入式（3.38），得

$$F_{Z1}=mg\frac{b}{L}\cos\alpha-\frac{h_g}{L}F_\varphi \tag{3.43a}$$

$$F_{Z2}=mg\frac{a}{L}\cos\alpha+\frac{h_g}{L}F_\varphi \tag{3.43b}$$

对于前轮驱动（FWD）汽车，其附着力为

$$F_{\varphi 1}=\varphi F_{Z1}=\varphi\left(mg\frac{b}{L}\cos\alpha-\frac{h_g}{L}F_{\varphi}\right) \tag{3.44}$$

考虑到 $F_{\varphi}=F_{\varphi 1}$，由式（3.44）得到

$$F_{\varphi 1}=\frac{\varphi mgb\cos\alpha}{L+\varphi h_g} \tag{3.45}$$

同理，后轮驱动（RWD）汽车的附着力为

$$F_{\varphi 2}=\frac{\varphi mga\cos\alpha}{L-\varphi h_g} \tag{3.46}$$

对于四轮驱动（4WD）汽车，无论其法向载荷如何转移，总法向载荷不变，故附着力为

$$F_{\varphi}=\varphi mg\cos\alpha \tag{3.47}$$

在一定附着系数的路面上，汽车附着力与汽车驱动形式有关，只有四轮驱动的汽车才有可能充分利用汽车重力产生的附着力。常用驱动轮附着利用率来描述汽车对附着力的利用程度，其定义为汽车驱动轮受到的附着力相对于四轮驱动汽车附着力的百分比。

根据式（3.45）、式（3.46），前、后轮驱动汽车的附着利用率分别为

$$C_{\varphi 1}=\frac{b}{L+\varphi h_g}\times 100\%,\quad C_{\varphi 2}=\frac{a}{L-\varphi h_g}\times 100\% \tag{3.48}$$

图 3.19 所示为不同驱动形式汽车的附着利用率与附着系数的关系。一般情况下，后轮驱动汽车的附着利用率大于前轮驱动汽车，四轮驱动汽车的附着利用率最高。还可以看出，前轮驱动汽车的附着利用率 $C_{\varphi 1}$ 随着附着系数 φ 的增大而减小，后轮驱动汽车的附着利用率则相反。为了满足汽车的行驶附着条件，一般前轮驱动轿车的质心都偏前布置，满载时前轴负荷应在 55%以上。

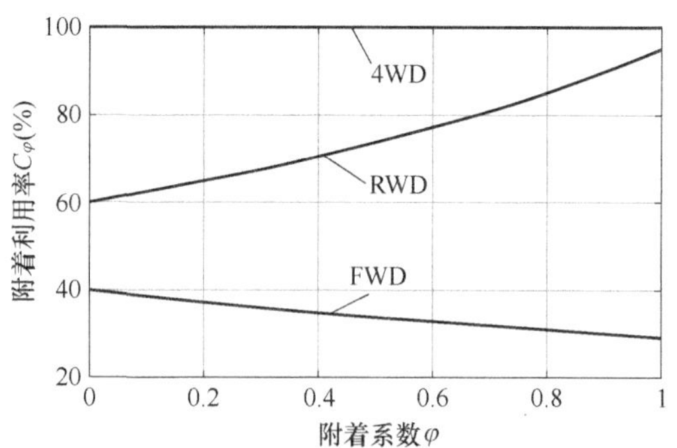

图 3.19　不同驱动形式汽车的附着利用率与附着系数的关系

3.4.4　汽车动力性指标的计算

由汽车行驶的附着条件可知，如果汽车动力装置产生的驱动力大于地面所能提供的附着力，驱动轮会出现滑转。在这种情况下，需要根据驱动轮上所受的地面附着力来计算汽车的动力性能指标。

1. 最大速度 V_{max}

车辆在平直路面匀速行驶时，滚动阻力和空气阻力是主要的行驶阻力，且随车速增加而增大。因此可认为，当地面附着力与滚动阻力及空气阻力相平衡时，车速达到最大。对于前轮驱动汽车有

$$mgf_R(V)+\frac{C_D AV^2}{21.15}=\varphi F_{Z1}=\varphi\left(mg\frac{b}{L}-\frac{C_D AV^2}{21.15}\frac{h_g}{L}\right) \tag{3.49}$$

整理式（3.49）得

$$f_R(V)+\frac{C_DAV^2}{21.15mg}\left(1+\varphi\frac{h_g}{L}\right)=\varphi\frac{b}{L} \tag{3.50}$$

同理，对于后轮驱动汽车有

$$f_R(V)+\frac{C_DAV^2}{21.15mg}\left(1-\varphi\frac{h_g}{L}\right)=\varphi\frac{a}{L} \tag{3.51}$$

对于四轮驱动汽车，由于

$$mgf_R(V)+\frac{C_DAV^2}{21.15}=\varphi F_Z=\varphi mg$$

所以

$$f_R(V)+\frac{C_DAV^2}{21.15mg}=\varphi \tag{3.52}$$

将滚动阻力系数与速度的函数$f_R(V)$及其他参数分别代入式（3.50）~式（3.52），构成高次方程，可求解得到各种驱动形式车辆所能达到的最大速度 V_{max}。

2. 最大加速度 a_{max}

由于车辆在平直路面上以低速行驶时，才能达到最大加速度，因此可不考虑滚动阻力、坡度阻力和空气阻力作用，即认为驱动轮上的附着力全部用于克服加速阻力，则对于前轮驱动汽车有

$$\delta ma_{max}=\varphi F_{Z1}=\varphi\left(mg\frac{b}{L}-\delta m\frac{h_g}{L}a_{max}\right) \tag{3.53}$$

整理式（3.53），得

$$a_{max}=\frac{\varphi gb}{\delta(L+\varphi h_g)} \tag{3.54}$$

同理，对于后轮驱动汽车有

$$a_{max}=\frac{\varphi ga}{\delta(L-\varphi h_g)} \tag{3.55}$$

对于四轮驱动汽车有

$$\delta ma_{max}=\varphi mg \tag{3.56}$$

则

$$a_{max}=\frac{\varphi g}{\delta} \tag{3.57}$$

3. 最大爬坡度 i_{max}

同样，由于车辆在坡道上以低速匀速行驶时，才能达到最大爬坡度，因此可不考虑滚动阻力、加速阻力和空气阻力作用，即认为驱动轮上的附着力全部用于克服坡度阻力，则对于前轮驱动汽车有

$$mg\sin\alpha_{max}=\varphi F_{Z1}=\varphi\left(mg\frac{b}{L}\cos\alpha_{max}-mg\frac{h_g}{L}\sin\alpha_{max}\right) \tag{3.58}$$

整理式（3.58），得

$$i_{max}=\tan\alpha_{max}=\frac{\varphi b}{L+\varphi h_g} \tag{3.59}$$

同理，对于后轮驱动汽车有

$$i_{\max}=\frac{\varphi a}{L-\varphi h_g} \tag{3.60}$$

对于四轮驱动汽车有

$$mg\sin\alpha_{\max}=\varphi mg\cos\alpha_{\max} \tag{3.61}$$

则

$$i_{\max}=\tan\alpha_{\max}=\varphi \tag{3.62}$$

汽车以低档位行驶在一些低附着系数路面时，发动机产生的驱动力容易大于地面附着力，在这种情况下，需要根据驱动轮上所受的地面附着力来计算这些档位的汽车动力性能指标。需要指出的是，通常不能将地面附着力全部用于汽车驱动，否则会影响汽车的其他性能。

例题 3.3 某旅行车通过拖车运载货物时需要进行爬坡，如图 3.20 所示，相关参数见表 3.3。

表 3.3 例题 3.3 相关参数

旅行车参数	数值	拖车及货物参数	数值
质量 m_1/kg	1211	质量 m_2/kg	544.31
前轴距 a/m	1.31	质心至挂钩距离 d/m	2.22
后轴距 b/m	1.74	质心至车轴距离 e/m	0.58
质心高度 h_1/m	0.62	质心高度 h_2/m	0.89
挂钩高度 h_3/m	0.36	挂钩至车轴距离 L_2/m	2.90
挂钩至后轴距离 c/m	0.58		

忽略滚动阻力影响，试推导这辆具有不同驱动形式的旅行车在没有发生车轮滑转情况下的最大爬坡度表达式，并计算当路面附着系数 $\varphi=0.3$ 时的车辆最大爬坡度。

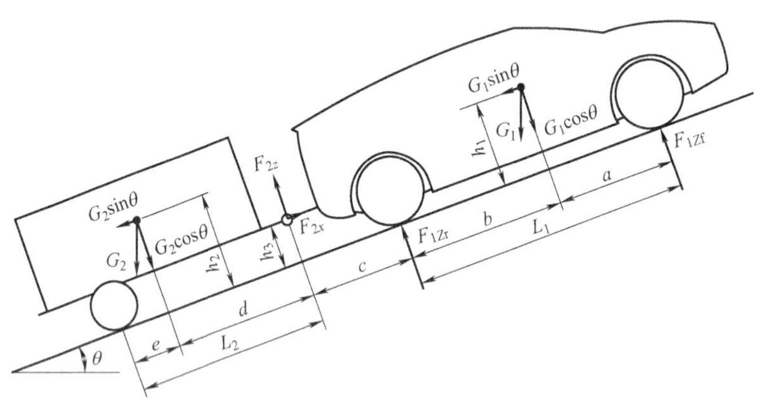

图 3.20 车辆拖挂爬坡时的受力分析图

解：以后面的拖车为对象，在纵向上，进行受力平衡分析

$$F_{2x}-G_2\sin\theta=0 \tag{3.63}$$

解得挂钩纵向作用力

$$F_{2x}\approx G_2\theta \tag{3.64}$$

取拖车车轮接地点作支点，进行力矩平衡分析有

$$G_2h_2\sin\theta+F_{2z}(d+e)-G_2e\cos\theta-F_{2x}h_3=0 \tag{3.65}$$

得到挂钩垂向作用力

$$\begin{aligned}F_{2z}&=\frac{G_2h_3\sin\theta+G_2e\cos\theta-G_2h_2\sin\theta}{L_2}\\&\approx\frac{G_2}{L_2}[e+(h_3-h_2)\theta]\end{aligned} \tag{3.66}$$

以前面的旅行车为对象，取后轮接地点作支点，进行力矩平衡分析有

$$G_1h_1\sin\theta-G_1b\cos\theta+F_{2z}c+F_{2x}h_3+F_{1Zf}L_1=0 \tag{3.67}$$

取前轮接地点作支点，进行力矩平衡分析有

$$G_1h_1\sin\theta+G_1a\cos\theta+F_{2z}(L_1+c)+F_{2x}h_3-F_{1Zr}L_1=0 \tag{3.68}$$

分别解得

$$F_{1Zf}=\frac{G_1b-F_{2x}h_3-F_{2z}c-G_1h_1\theta}{L_1} \tag{3.69}$$

$$F_{1Zr}=\frac{G_1a+F_{2x}h_3+F_{2z}(L_1+c)+G_1h_1\theta}{L_1} \tag{3.70}$$

将式（3.64）和式（3.66）代入式（3.69）和式（3.70），整理得到

$$F_{1Zf}=\frac{G_1b-G_2h_3\theta-\dfrac{G_2c}{L_2}[e+(h_3-h_2)\theta]-G_1h_1\theta}{L_1} \tag{3.71}$$

$$F_{1Zr}=\frac{G_1a+G_2h_3\theta+\dfrac{G_2(L_1+c)}{L_2}[e+(h_3-h_2)\theta]+G_1h_1\theta}{L_1} \tag{3.72}$$

对于前轮驱动（FWD）汽车，其总坡度阻力（旅行车、拖车和货物总重与坡度的乘积）与路面对前驱动轮提供的附着力相平衡，即 $F_i=\varphi F_{1zf}$，故

$$(G_1+G_2)\theta=\varphi\frac{G_1b-G_2h_3\theta-\dfrac{G_2c}{L_2}[e+(h_3-h_2)\theta]-G_1h_1\theta}{L_1} \tag{3.73}$$

整理得到受附着力限制的FWD汽车最大爬坡度

$$\begin{aligned}\theta&=\frac{\dfrac{\varphi}{L_1}G_1b-\dfrac{\varphi G_2c}{L_1L_2}e}{G_1+G_2+\dfrac{\varphi}{L_1}G_2h_3+\dfrac{\varphi G_2c(h_3-h_2)}{L_1L_2}+\dfrac{\varphi}{L_1}G_1h_1}=\varphi\frac{\dfrac{b}{L_1}-\zeta\dfrac{c}{L_1L_2}e}{1+\dfrac{\varphi}{L_1}h_1+\zeta\left[1+\dfrac{\varphi h_3}{L_1}+\dfrac{\varphi c(h_3-h_2)}{L_1L_2}\right]}\\&=0.1091\text{rad}=6.25^\circ\end{aligned} \tag{3.74}$$

式中，$\zeta=G_2/G_1$。

同理得到受附着力限制的RWD汽车最大爬坡度

$$\theta=\varphi\frac{\dfrac{a}{L_1}+\zeta\dfrac{(L_1+c)}{L_1L_2}e}{1-\dfrac{\varphi}{L_1}h_1+\zeta\left[1-\dfrac{\varphi h_3}{L_1}-\dfrac{\varphi(L_1+c)(h_3-h_2)}{L_1L_2}\right]}=0.1450\text{rad}=8.31^\circ \tag{3.75}$$

对于四轮驱动（4WD）汽车，其总坡度阻力（旅行车、拖车和货物总重与坡度的乘积）与路面对前后驱动轮提供的附着力相平衡，即 $F_i=\varphi(F_{1Zf}+F_{1Zr})$，故

$$(G_1+G_2)\sin\theta=\varphi(G_1\cos\theta+F_{2z}) \tag{3.76}$$

将式（3.66）代入，为简化计算，设 $\sin\theta\approx\theta$，$\cos\theta\approx1$，则有

$$(G_1+G_2)\theta=\varphi\left\{G_1+\frac{G_2}{L_2}[e+(h_3-h_2)\theta]\right\} \tag{3.77}$$

整理得到受附着力限制的 4WD 汽车最大爬坡度

$$\theta=\varphi\frac{G_1+\dfrac{e}{L_2}G_2}{G_1+G_2+\varphi G_2\dfrac{(h_3-h_2)}{L_2}}=\varphi\frac{1+\zeta\dfrac{e}{L_2}}{1+\zeta\left(1+\varphi\dfrac{h_3-h_2}{L_2}\right)}=0.2294\text{rad}=13.15^\circ \tag{3.78}$$

例题 3.4 整体式驱动桥的驱动力矩会引起载荷横向转移，影响驱动轮的附着特性，图 3.21 所示为某后驱动桥的受力分析简图。当传动轴对驱动桥及半轴施加力矩 T_d 时，车身侧倾使左右两侧悬架分别被拉伸和压缩，悬架会产生力矩 T_s。两力矩差值 T_d-T_s 只能靠两侧车轮之间载荷转移 ΔF_Z 形成的力矩来平衡。若差速器未锁止，则车辆的动力性能将取决于垂直载荷较小一侧车轮的附着极限。试分析不同驱动类型汽车所能获得的附着力。

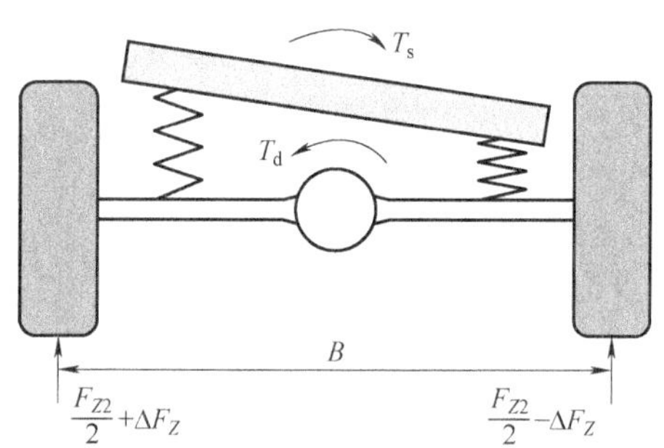

图 3.21 某后驱动桥的受力分析简图

解：绕车桥中心点的力矩平衡方程为

$$\left(\frac{F_{Z2}}{2}+\Delta F_Z-\frac{F_{Z2}}{2}+\Delta F_Z\right)\frac{B}{2}+T_s-T_d=0 \tag{3.79}$$

即
$$\Delta F_Z=\frac{T_d-T_s}{B} \tag{3.80}$$

上述方程中 T_d 与两后轮总驱动力 F_t、车轮半径 r_w 和主减速器传动比 i_0 有关，即

$$T_d=F_tr_w/i_0 \tag{3.81}$$

只有求出悬架的侧倾力矩 T_s 才能计算出驱动桥车轮垂直载荷的横向转移量 ΔF_Z。T_s 与前、后悬架的侧倾角刚度 $K_{\phi f}$ 和 $K_{\phi r}$ 有关。

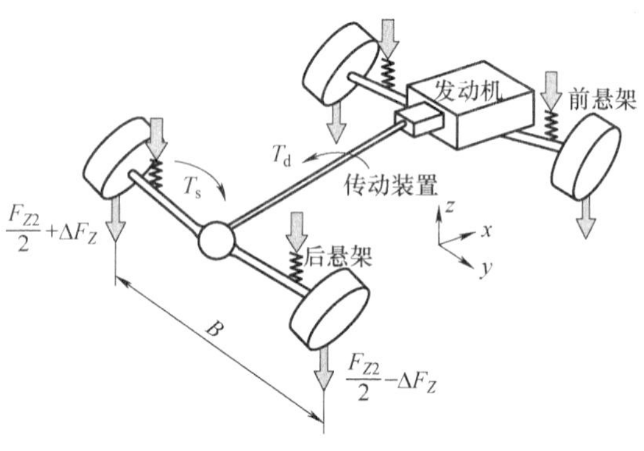

图 3.22 受驱动转矩作用的底盘受力分析图

图 3.22 所示为受驱动转矩作用的底盘受力分析图。发动机/变速器产生的驱动力矩 T_d 引起的反作用力矩 T_s 传递到车架上并分配于前后

悬架，车厢发生侧倾，侧倾的角度 ϕ 取决于驱动转矩 T_d 和前、后悬架的侧倾角刚度 $K_{\phi f}$ 和 $K_{\phi r}$。一般认为悬架的侧倾力矩 T_{sf} 和 T_{sr} 与车厢侧倾角 ϕ 成正比，此时侧倾角刚度 $K_{\phi f}$ 和 $K_{\phi r}$ 为常数，因此有

$$T_{sf}=K_{\phi f}\phi \tag{3.82a}$$

$$T_{sr}=K_{\phi r}\phi \tag{3.82b}$$

$$K_{\phi}=K_{\phi f}+K_{\phi r} \tag{3.82c}$$

因为总的恢复力矩等于车厢侧倾角乘以总的侧倾角刚度 K_{ϕ}，所以

$$\phi=\frac{T_d}{K_{\phi}}=\frac{T_d}{K_{\phi f}+K_{\phi r}} \tag{3.83}$$

将式（3.83）代入式（3.82b）得

$$T_{sr}=K_{\phi r}\phi=\frac{K_{\phi r}T_d}{K_{\phi f}+K_{\phi r}} \tag{3.84}$$

将式（3.84）代入式（3.80），结合式（3.81）关于 T_d 的表达式，有

$$\Delta F_Z=\frac{T_d-T_s}{B}=\frac{T_d}{B}\left(1-\frac{K_{\phi r}}{K_{\phi f}+K_{\phi r}}\right)=\frac{F_t r_w}{i_0 B}\left(1-\frac{K_{\phi r}}{K_{\phi f}+K_{\phi r}}\right) \tag{3.85}$$

或简写为

$$\Delta F_Z=\frac{F_t r_w K_{\phi f}}{i_0 B(K_{\phi f}+K_{\phi r})} \tag{3.86}$$

式（3.86）表明横向载荷转移的大小是驱动力及一些车辆其他参数的函数。如果坡度为零，则在一定加速度 a_X 下，后桥的垂直载荷是其静载荷加上动载荷，即

$$F_{Z2}=G\left(\frac{a}{L}+\frac{a_X}{g}\frac{h_g}{L}\right) \tag{3.87}$$

如果忽略滚动阻力和空气阻力，纵向加速度 a_X 就可简单地用驱动力除以整车质量得到，即

$$F_{Z2}=G\left(\frac{a}{L}+\frac{F_t}{mg}\frac{h_g}{L}\right) \tag{3.88}$$

而右后轮垂直载荷 F_{Z2r} 为 $F_{Z2}/2-\Delta F_Z$，因此

$$F_{Z2r}=\frac{Ga}{2L}+\frac{F_t}{2}\frac{h_g}{L}-\frac{F_t r_w}{i_0 B}\frac{K_{\phi f}}{K_{\phi}} \tag{3.89}$$

这表明右后轮所受法向载荷由静载荷、纵向转移载荷和横向转移载荷组成。

根据差速器的特性，有效驱动力取决于受较小法向载荷的车轮，即

$$F_t=2\varphi F_{Z2r}=\varphi\left(\frac{Ga}{L}+F_t\frac{h_g}{L}-\frac{2F_t r_w}{i_0 B}\frac{K_{\phi f}}{K_{\phi}}\right) \tag{3.90}$$

根据式（3.90）求解有效驱动力 F_t 的最终表达式，从而得到不带差速锁的整体式后驱动桥能够获得的附着力（最大地面切向作用力）

$$F_{X\max}=\frac{\varphi\dfrac{Ga}{L}}{1-\dfrac{h_g}{L}\varphi+\dfrac{2\varphi r_w}{i_0 B}\dfrac{K_{\phi f}}{K_{\phi}}} \tag{3.91}$$

对于带差速锁的整体式后驱动桥，由于两侧车轮附着力均能被充分利用，驱动力的最大值有所提高，因而式（3.91）右边分母的最后一项不出现。这一情况同样适用于独立悬架后驱动桥，因为驱动反作用力矩是作用在差速器上的，而差速器装配在底盘上，两力矩会相互抵消。这两种情况下附着力的表达式均为

$$F_{X\max}=\frac{\varphi Ga}{L-\varphi h_g} \tag{3.92}$$

同理，不带差速锁的整体式前驱动桥能够获得的附着力

$$F_{X\max}=\frac{\varphi\dfrac{Gb}{L}}{1+\dfrac{h_g}{L}\varphi+\dfrac{2\varphi r_{\mathrm{w}}}{i_0B}\dfrac{K_{\phi\mathrm{r}}}{K_{\phi}}} \tag{3.93}$$

带差速锁的整体式前驱动桥能够获得的附着力

$$F_{X\max}=\frac{\varphi Gb}{L+\varphi h_g} \tag{3.94}$$

再做进一步考虑，若左、右车轮分别在附着系数 $\varphi_{\max}$ 和 $\varphi_{\min}$（$\varphi_{\max}>\varphi_{\min}$）的地面上行驶，则

1）当差速器未用任何限滑锁止机构时，有

$$F_{X\max}=2\varphi_{\min}F_{Z2\mathrm{r}} \tag{3.95}$$

2）当差速器用锁紧系数 k_{d} 的限滑锁止机构时，有

$$F_{X\max}=\varphi_{\min}(1+k_{\mathrm{d}})F_{Z2\mathrm{r}} \tag{3.96}$$

3）当差速器用强制锁止机构锁紧时，有

$$F_{X\max}=\varphi_{\max}F_{Z2\mathrm{l}}+\varphi_{\min}F_{Z2\mathrm{r}} \tag{3.97}$$

显然，第一种情况，差速器完全处于开式状态，受最小附着条件的限制，所获得的驱动力最小，但转向阻力也最小；第二种情况，驱动力得到一定的提升，转向阻力有所增大；第三种情况，所获得的驱动力最大，但转向阻力也最大。

3.5 汽车能耗经济性

在保证汽车动力性的条件下，汽车以尽量少的能源或能量消耗实现经济行驶的能力，称作汽车的能耗经济性。能耗经济性好，可以降低汽车的使用费用，节省资源，减少能源在生产和使用过程中 CO_2 的排放量，起到防止地球变暖的作用，同时减少因废气排放对环境造成的污染，汽车能耗经济性正受到各国政府、汽车制造企业与汽车使用者的日益重视，已成为新能源汽车技术发展的重要推动力。

3.5.1 汽车能耗经济性的评价指标

对于传统燃料汽车而言，汽车的能耗经济性即为汽车的燃料（燃油）经济性，常用一定运行工况下汽车行驶单位里程的燃料消耗量或单位运输工作的燃料消耗量作为评价指标。在我国及欧洲大部分国家，汽车燃料经济性指标是百公里燃料消耗量，即行驶 100km 所消耗的燃料升数，其数值越大，汽车的燃料经济性越差。美国采用每加仑（1USgal≈3.8L）燃料能

行驶的英里数（1mile=1609.344m）作为指标，其数值越大，汽车的燃料经济性越好。

考虑到等速行驶工况不能全面反映汽车的实际运行情况，特别是市区行驶中频繁出现的加速、减速、怠速停车等行驶工况，各国在对实际行驶车辆进行跟踪测试统计的基础上，制定了一些典型的循环行驶试验工况来模拟实际汽车运行状况，并以其百公里燃料消耗量来评定相应行驶工况的燃料经济性。目前我国根据 GB/T 19233—2020《轻型汽车燃料消耗量试验方法》采用图 3.23 所示的全球统一轻型车测试循环（WLTC），通过测出排气中以 g/km 计的 CO_2、CO 及 HC 的排放量，用碳平衡法便可求得燃料消耗量。

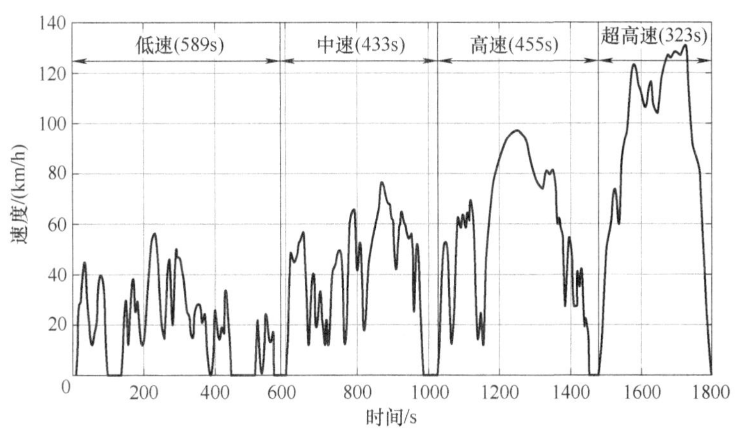

图 3.23　全球统一轻型车测试循环（WLTC）

纯电动汽车能耗经济性常用一定运行工况下汽车行驶的电能消耗量或一定电量条件下汽车行驶的里程来衡量，主要包括能量消耗率和续驶里程两个评价指标。能量消耗率是指电动汽车经过规定的试验循环后，对动力电池重新充电至试验前的容量，从电网上得到的所耗电能与行驶里程的比值，单位为 W·h/km 或 kW·h/100km。续驶里程是指电动汽车在动力电池完全充电状态下，以一定的行驶工况，能连续行驶的最大距离，单位为 km。电动汽车的续驶里程可以分为等速续驶里程和循环工况续驶里程。我国纯电动汽车、燃料电池汽车目前采用中国行驶工况 轻型车（CLTC P）作为循环测试工况，如图 3.24 所示。

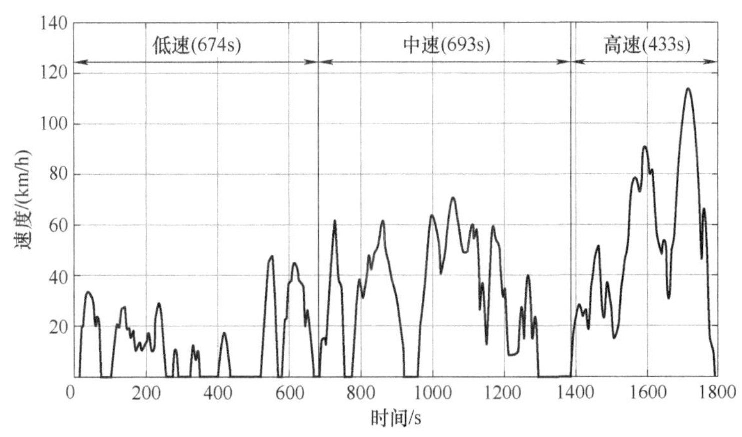

图 3.24　中国行驶工况 轻型车（CLTC P）

GB/T 18386.1—2021《电动汽车能量消耗率和续驶里程试验方法　第1部分：轻型汽车》规定了纯电动乘用车的电能消耗量的测定方法，GB/T 37340—2019《电动汽车能耗折算方法》按二氧化碳排放折算成当量燃料消耗量（FC_{CO_2}）。例如，某纯电动汽车，测得其能耗为15kW·h/100km，发电端产生的CO_2约为11.25kg，折算成FC_{CO_2}为4.65L/100km。

3.5.2　传统汽车燃料经济性的计算

在汽车设计与开发工作中，常需要根据汽车功率平衡图与发动机台架试验得到的万有特性图，对汽车燃料经济性进行估算。本节将介绍循环行驶试验中各工况（等速、等加速、等减速和怠速停车等）的燃料消耗量计算方法。

1. 等速行驶工况燃料消耗量的计算

根据图3.25所示汽油发动机万有特性图的等燃料消耗率曲线，可以确定发动机在一定转速n_e(单位为r/min)、发出一定功率P_e（单位为kW）时的燃料消耗率b[单位为g/(kW·h)]。

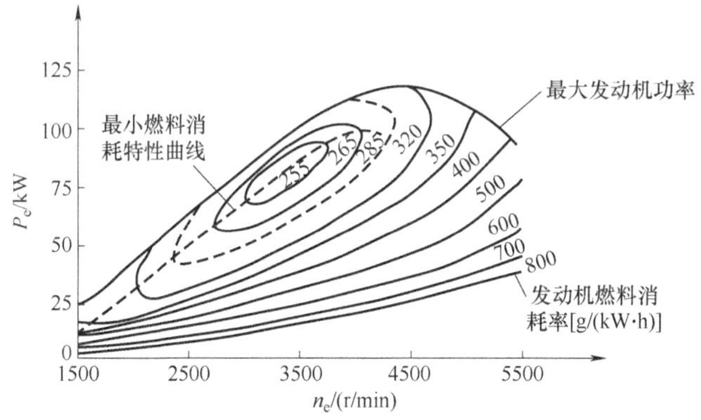

图3.25　汽油发动机万有特性

汽车在水平路面上等速行驶时，为克服滚动阻力与空气阻力，发动机应提供的功率

$$P_e=\frac{1}{\eta_T}\left(\frac{GfV}{3600}+\frac{C_DAV^3}{76140}\right) \tag{3.98}$$

将行驶车速V转换成发动机转速n_e（单位为r/min），并结合发动机需求功率P_e，就可以在万有特性图上确定相应的燃料消耗率，从而计算出以该车速等速行驶时单位时间内的燃料消耗量（单位为mL/s）为

$$Q_t=\frac{P_eb}{367.1\rho g} \tag{3.99}$$

式中，b为燃料消耗率[g/(kW·h)]；ρ为燃料的密度(kg/L)；g为重力加速度，这里引申为每千克质量受的重力（1g=9.8N/kg）。将ρg合并称为重度，则汽油的重度ρg可取为6.96~7.15N/L，柴油可取为7.94~8.13N/L。

整个等速过程行经s（单位为m）行程的燃料消耗量（单位为mL）为

$$Q=Q_tt=Q_t\frac{3.6s}{V}=\frac{P_ebs}{102V\rho g} \tag{3.100}$$

折算成等速百公里燃料消耗量（单位为L/100km）为

$$Q_s=\frac{P_e b\times100}{102V\rho g}=\frac{P_e b}{1.02V\rho g} \tag{3.101}$$

2. 等加速行驶工况燃料消耗量的计算

在汽车加速行驶时，发动机还要提供为克服加速阻力所消耗的功率。若加速度为 dv/dt（单位为 m/s^2），则发动机提供的功率 P_e（单位为 kW）应为

$$P_e=\frac{1}{\eta_T}\left(\frac{GfV}{3600}+\frac{C_D AV^3}{76140}+\frac{\delta mV}{3600}\frac{dv}{dt}\right) \tag{3.102}$$

下面计算由 V_1 以等加速度加速行驶至 V_2 的燃料消耗量，如图 3.26 所示。把加速过程分隔为若干区间，如按速度每增加 1km/h 为一个小区间，每个区间的燃料消耗量可根据其平均的单位时间燃料消耗量与行驶时间之积来求得。

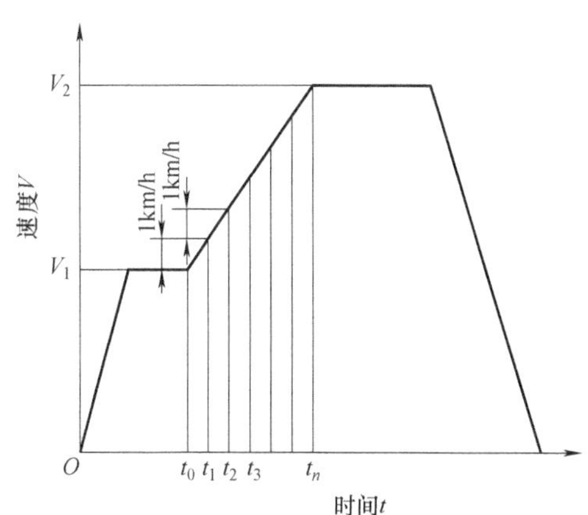

图 3.26 等加速过程燃料消耗量的计算

各区间起始或终了车速所对应时刻的单位时间燃料消耗量 Q_t（单位为 mL/s），可根据相应的发动机发出的功率与燃料消耗率求得

$$Q_t=\frac{P_e b}{367.1\rho g} \tag{3.103}$$

而汽车行驶速度每增加 1km/h 所需时间（单位为 s）为

$$t=\frac{1}{3.6\dfrac{dv}{dt}} \tag{3.104}$$

从行驶初速 V_1 加速至 V_1+1km/h 所需燃料量（单位为 mL）为

$$Q_1=\frac{1}{2}(Q_{t0}+Q_{t1})\Delta t \tag{3.105}$$

式中，Q_{t0}为行驶初速 V_1 时，即 t_0 时刻的单位时间燃料消耗量（mL/s）；Q_{t1}为车速为 V_1+1km/h 时，即 t_1 时刻的单位时间燃料消耗量（mL/s）。

由车速 V_1+1km/h 再增加 1km/h 所需的燃料量（单位为 mL）为

$$Q_2=\frac{1}{2}(Q_{t1}+Q_{t2})\Delta t \tag{3.106}$$

式中，Q_{t2}为行驶初速 V_1+2km/h 时，即 t_2 时刻的单位时间燃料消耗量（mL/s）。

依此类推，每个区间的燃料消耗量为

$$Q_3=\frac{1}{2}(Q_{t2}+Q_{t3})\Delta t \tag{3.107}$$

……

$$Q_n=\frac{1}{2}(Q_{t(n-1)}+Q_{tn})\Delta t \tag{3.108}$$

式中，$Q_{t2},Q_{t3},\cdots,Q_{tn}$ 为 $t_2,t_3,\cdots,t_n$ 时刻的单位时间燃料消耗量（mL/s）。

整个加速过程的燃料消耗量（单位为 mL）为

$$Q_{a}=\sum_{i=1}^{n}Q_{i}=Q_{1}+Q_{2}+\cdots+Q_{n} \tag{3.109}$$

$$Q_{a}=\frac{1}{2}(Q_{t0}+Q_{tn})\Delta t+\sum_{i=1}^{n-1}Q_{ti}\Delta t \tag{3.110}$$

加速区段内汽车行驶的距离（单位为 m）为

$$s_{a}=\frac{V_{2}^{2}-V_{1}^{2}}{25.92\dfrac{dv}{dt}} \tag{3.111}$$

加速时，由于发动机处于瞬态工况，与匀速时的稳态工况是不一样的。在急开节气门使发动机急加速时，为使发动机能顺畅工作，并在保证排放达标的前提下发挥大功率，需要多喷一些油，避免混合气过稀。这就不可避免地会牺牲一些燃料经济性。也就是说，在开始加速时要设定一个加速因子（如 1.5~2.0 倍）来调节喷油量，不同的发动机标定的参数都不相同。由于加速度的大小对燃料消耗量有很大的影响，因此，对实际的加速油耗应该在上述计算结果上，根据加速度的大小再乘以一个大于 1 的系数。

3. 等减速行驶工况燃料消耗量的计算

当变速器挂入空档，驾驶人通过松开加速踏板和轻踩制动踏板，进行减速行驶时，其油耗量即为正常怠速油耗。所以，减速工况燃料消耗量等于减速行驶时间与怠速油耗的乘积。

减速时间（单位为 s）为

$$t=\frac{V_{2}-V_{3}}{3.6\dfrac{dv}{dt_{d}}} \tag{3.112}$$

式中，V_2、V_3 为起始及终了时的车速（km/h）；dv/dt_d 为减速度（m/s^2）。

减速过程燃料消耗量（单位为 mL）为

$$Q_{d}=\frac{V_{2}-V_{3}}{3.6\dfrac{dv}{dt_{d}}}Q_{i} \tag{3.113}$$

式中，Q_i 为怠速油耗。

减速区段内汽车行驶的距离（单位为 m）为

$$s_{d}=\frac{V_{2}^{2}-V_{3}^{2}}{25.92\dfrac{dv}{dt_{d}}} \tag{3.114}$$

4. 怠速停车时的燃料消耗量

若怠速停车时间为 t_s（单位为 s），则燃料消耗量（单位为 mL）为

$$Q_{id}=Q_{i}t_{s} \tag{3.115}$$

5. 整个循环工况的百公里燃料消耗量

整个循环工况的百公里燃料消耗量（单位为 L/100km）为

$$Q_s=\frac{\sum Q}{s}\times 100 \tag{3.116}$$

式中，$\sum Q$ 为整个循环过程燃料消耗量之和（单位为 mL）；s 为整个循环的行驶距离（单位为 m）。

例题 3.5 某轻型货车总质量 $m=3880\text{kg}$，车轮半径 $r_w=0.367\text{m}$，传动系机械效率 $\eta_T=0.85$，滚动阻力系数 $f=0.013$，空气阻力系数×迎风面积 $C_DA=2.77\text{m}^2$，主减速器传动比 $i_0=5.83$，四档手动变速器的各档位传动比分别为 6.09、3.09、1.71 和 1.00，燃料重度 $\rho g=6.96\text{N/L}$。发动机负荷特性曲线的拟合公式为

$$b=B_0+B_1P_e+B_2P_e^2+B_3P_e^3+B_4P_e^4$$

式中，b 为燃料消耗率[g/(kW·h)]；P_e 为发动机净功率（kW）。

拟合公式的系数见表 3.4，计算并绘制该轻型货车各档的等速百公里燃料消耗量曲线。

表 3.4 例题 3.5 拟合公式的系数

n/(r/min)	B_0	B_1	B_2	B_3	B_4
815	1326.8	−416.46	72.379	−5.8629	0.17768
1207	1354.7	−303.98	36.657	−2.0553	0.043072
1614	1284.4	−189.75	14.524	−0.51184	0.0068164
2012	1122.9	−121.59	7.0035	−0.18517	0.0018555
2603	1141.0	−98.893	4.4763	−0.091077	0.00068906
3006	1051.2	−73.714	2.8593	−0.05138	0.00035032
3403	1233.9	−84.478	2.9788	−0.047449	0.0002823
3804	1129.7	−45.291	0.71113	−0.00075215	−0.000038568

解：根据等速百公里油耗（单位为 L/100km）公式 $Q_s=P_eb/1.02V\rho g$ 以及车速计算公式 $V=0.377r_wn_e/i_gi_0$（单位为 km/h），可求出各车速下燃料消耗率 b[单位为 g/(kW·h)]。

1 档时：变速器传动比 $i_{g1}=6.09$，发动机转速 $n_e=815\text{r/min}$，可计算得到 $V=3.176\text{km/h}$，则需要发动机提供功率为

$$P_e=\frac{1}{\eta_T}\left(\frac{Gf_RV}{3600}+\frac{C_DAV^3}{76140}\right)=0.515\text{kW}$$

由负荷特性曲线的拟合公式，求在该转速及功率下发动机的燃料消耗率，即

$$b=B_0+B_1P_e+B_2P_e^2+B_3P_e^3+B_4P_e^4=1131\text{g/(kW·h)}$$

得到该工况下汽车百公里燃料消耗量

$$Q_s=\frac{P_eb}{1.02V\rho g}=25.68\text{L/100km}$$

按照上述计算过程可计算出各转速下对应的数值，见表 3.5。

表 3.5 例题 3.5 各转速下对应的数值

转速 n/(r/min)	车速 V/(km/h)	发动机功率 P_e/kW	燃料消耗率 b/[g/(kW·h)]	百公里燃料消耗量 Q_s/(L/100km)
815	3.176	0.515	1131	25.68
1207	4.704	0.765	1143	26.03
1614	6.290	1.028	1104	25.27
2012	7.840	1.288	977	22.50
2603	10.143	1.685	987	22.95
3006	11.714	1.963	917	21.53
3403	13.261	2.244	1059	25.10
3804	14.824	2.537	1019	24.43

按照上述步骤，可分别计算出其他档位下各参数值，应用二次多项式拟合的汽车各档位等速百公里燃料消耗量与车速的关系如图 3.27 所示，有关 MATLAB 程序代码参见本章附录中例题 3.5 的程序代码。

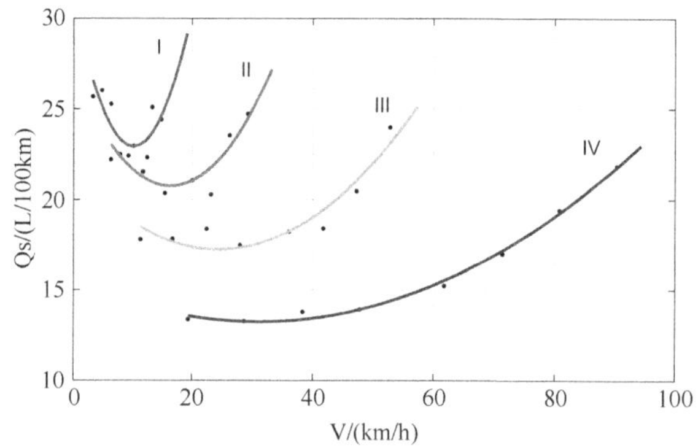

图 3.27 汽车各档位等速百公里燃料消耗量与车速关系

3.5.3 电动汽车能耗经济性的计算

本节根据电池和电机的效率特性（图 3.28 和图 3.29）以及汽车的功率特性，简要介绍纯电动汽车在等速行驶工况下能量消耗率和续驶里程的计算方法。

在忽略纯电动汽车辅助系统能量消耗的条件下，汽车驱动系统的能量主要用于克服车辆行驶过程中受到的滚动阻力和空气阻力。因此，当汽车在水平路面上等速行驶时，电机应提供的功率（单位为 kW）为

$$P_m = \frac{1}{\eta_T}\left(\frac{GfV}{3600}+\frac{C_D AV^3}{76140}\right) \tag{3.117}$$

由于电机转速 $n_m = i_g i_0 V/0.377r_w$（单位为 r/min），电机产生的转矩 $T_m = 9549P_m/n_m$（单位为 N·m），根据图 3.29 所示的驱动电机系统的效率特性曲线，可以确定在一定转速 n_m 和一定转矩 T_m 时的电机效率 η_m，并考虑电池的效率 η_b，则电驱动系统在等速行驶时间 t_t（单位为 s）内所消耗的电能（单位为 W·h）为

$$Q_t=\frac{1}{3.6}\int_0^{t_t}\frac{P_m}{\eta_b\eta_m}dt \tag{3.118}$$

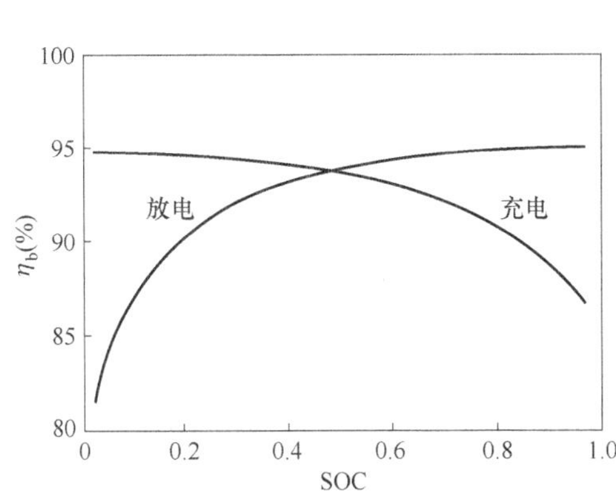

图 3.28 动力电池充放电电效率（η_b）与电池荷电状态（SOC）的关系曲线

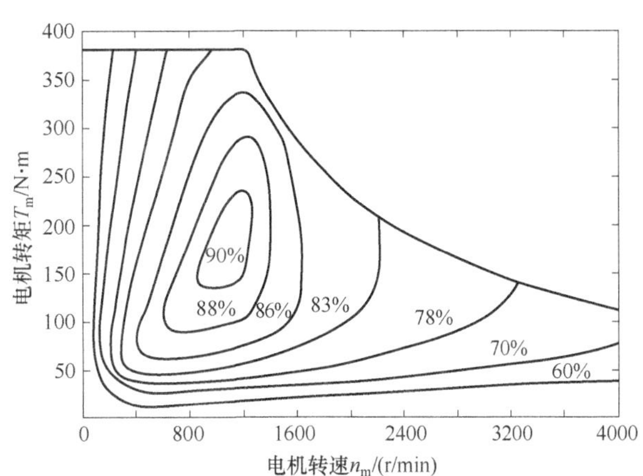

图 3.29 驱动电机系统的效率特性

在等速行驶工况下，电动汽车的续驶里程（单位为 km）为

$$s_t=\frac{V}{3600}t_t \tag{3.119}$$

因此，等速行驶工况下电动汽车的能量消耗率（单位为 W · h/km）为

$$C=\frac{Q_t}{s_t} \tag{3.120}$$

3.6 汽车动力装置与传动系统的匹配

从前面的内容可以看出，动力装置和传动系统（特别是变速器和主减速器）是影响汽车动力性和能耗经济性的重要因素。车辆要达到期望的性能，它们之间的正确匹配是十分重要的。

图 3.30 所示为装用三种不同传动比的变速器（1、2、3）和不同减速比的主减速器（i_0 = 2.73，3.08，3.40）车辆燃料经济性和动力性曲线。由于燃料经济性-动力性曲线通常大体上呈倒 C 形，所以又称为 C 曲线。图 3.30 中还绘制了三条 C 曲线的包络线，称为最佳燃料经济性-动力性曲线。例如，点 A、B 和 C 处的主减速器传动比能够使装备不同变速器（1、2、3）的车辆实现燃料经济性和动力性的优化（折中）。

图 3.31 所示为装用不同变速器的车辆最佳燃料经济性-动力性曲线。可以看出，在加速时间为 13.5s 的条件下，装用变速器 C 的汽车燃料经济性最好，比装有变速器 A 的轿车提高 4.4%。

图 3.32 所示为装有不同排量发动机及不同变速器的轿车的最佳燃料经济性-动力性曲线。分析表明，在加速时间要求为 13.5s 的条件下，装用第 3 档能锁止的 3 档自动变速器的轿车的

燃料经济性可提高 6.7%。

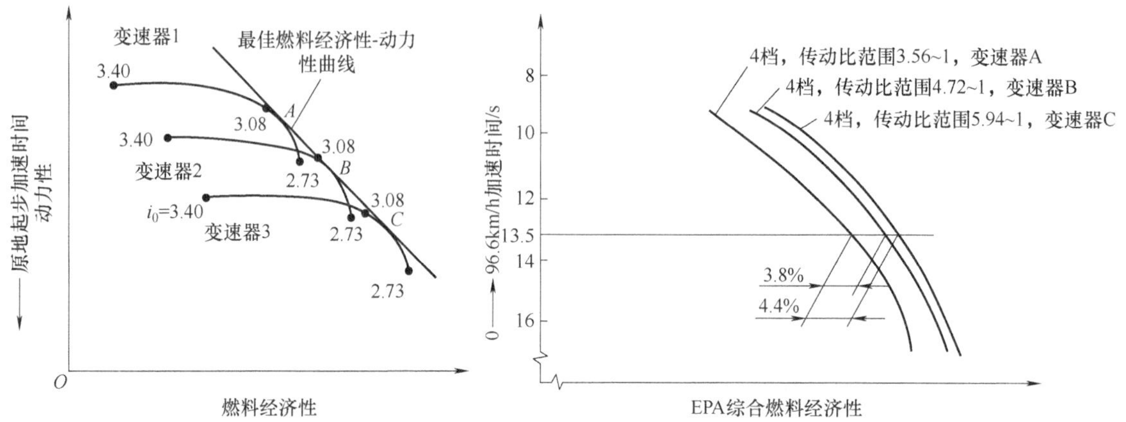

图 3.30　装用不同变速器和主减速器的车辆燃料经济性-动力性曲线

图 3.31　装用不同变速器的车辆最佳燃料经济性-动力性曲线

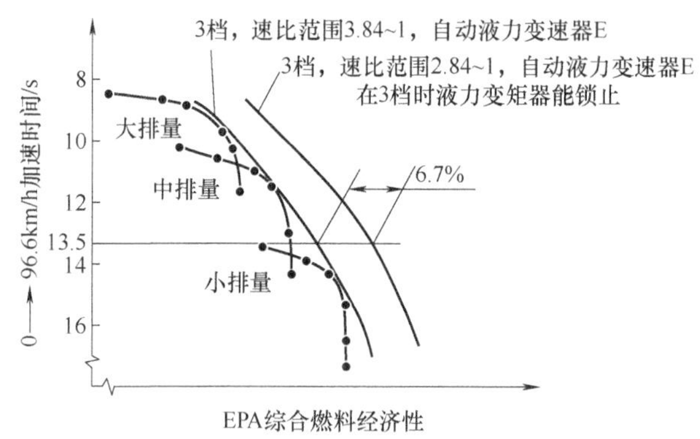

图 3.32　装用不同排量发动机及不同变速器的轿车的最佳燃料经济性-动力性曲线

习　题

3.1　汽车驱动力是如何产生的？

3.2　汽车空气阻力主要有哪几种？是如何产生的？

3.3　为何机械变速器传动比约为等比级数？

3.4　已知某五档变速器的 $i_{g3}=2.45$，$i_{g5}=0.85$，若按等比级数分配，其余各档的传动比为多少？

3.5　分别写出汽车行驶方程式和汽车行驶的附着条件。

3.6　如何运用汽车驱动力-行驶阻力平衡图来确定车辆的最高车速、加速能力及爬坡能力？

3.7　根据驱动力-行驶阻力平衡图如何选择变速器加档时机？超车时该不该换入低一档？

3.8 绘制汽车直线行驶于下列条件的整车受力图：①上坡加速；②下坡减速。推导前、后轮受到的地面法向作用力，以及地面对前轮驱动、后轮和四轮驱动汽车所能提供的附着力。

3.9 若增大主减速器传动比 i_0 或增加传动系的档位数，对汽车动力性和燃料经济性会有何影响？

3.10 某后轮驱动的货车，其总质量为 9500kg，质心至前轴距离 $a=2.82\text{m}$，轴距 $L=3.8\text{m}$，质心高度 $h_g=1.2\text{m}$，空气阻力系数×迎风面积 $C_DA=4\text{m}^2$。

1）当汽车以 80km/h 的速度在良好水平路面上（$f_R=0.01$）匀速行驶时，求此时驱动轮的驱动力 F_t 及前轴和后轴的地面法向反作用力。

2）如果用 1 档匀低速爬坡，坡道路面滚动阻力系数 $f_R=0.015$，坡道角 $\alpha=15°$，驱动轮有足够大的驱动力，求能使汽车爬过坡道路面所需附着系数的最小值。

3）如果该车最高车速 $V_{max}=90\text{km/h}$，路面滚动阻力系数 $f_R=0.01$，直接档传动效率 $\eta_T=0.9$，求发动机的最小标定功率。

3.11 某轿车的有关参数如下：总质量 1600kg，质心位置参数 $a=1450\text{mm}$、$b=1250\text{mm}$、$h_g=630\text{mm}$，发动机最大转矩 $M_{emax}=140\text{N}\cdot\text{m}$，1 档传动比 $i_{g1}=3.85$，主减速器传动比 $i_0=4.08$，传动效率 $\eta_T=0.9$，车轮半径 $r_w=300\text{mm}$，飞轮转动惯量 $I_f=0.25\text{kg}\cdot\text{m}^2$，全部车轮的转动惯量 $\sum I_w=4.5\text{kg}\cdot\text{m}^2$（其中，前轮 $I_{wf}=2.25\text{kg}\cdot\text{m}^2$，后轮 $I_{wr}=2.25\text{kg}\cdot\text{m}^2$）。若该轿车为前轮驱动，试问：

1）当地面附着系数为 0.6 时，在加速过程中发动机转矩能否充分发挥而使汽车产生应有的最大加速度？应如何调整质心的位置，才可以保证获得应有的最大加速度？（为解题计算方便，可忽略滚动阻力与空气阻力。）

2）若定义 $b/L\times100\%$ 为前轴负荷率，求原车的质心位置改变后该车的前轴负荷率。

3.12 某汽车以 80km/h 的速度匀速行驶，10min 消耗燃料 2L，已知此时发动机的有效燃料消耗率 $b=290\text{g/(kW}\cdot\text{h)}$，求发动机发出的功率。（已知燃料重度 $\rho g=6.96\text{N/L}$）

参 考 文 献

[1] 余志生. 汽车理论［M］. 6 版. 北京：机械工业出版社，2019.

[2] 崔胜民. 汽车理论［M］. 北京：北京大学出版社，2016.

[3] WONG J Y. Theory of ground vehicles［M］. 4th ed. New York：John Wiley & Sons Inc.，2008.

[4] GILLISPIE T D. Fundamentals of vehicle dynamics［M］. Warrendale：SAE International，1992.

[5] HAPPIAN-SMITH. J An introduction to modern vehicle design［M］. Oxford：Butterworth-Heinemann，2001.

[6] 肖启瑞，樊明明，黄学翾. 车辆工程仿真与分析：基于 MATLAB 的实现［M］. 北京：机械工业出版社，2012.

[7] 中交第一公路勘察设计研究院有限公司. 公路路线设计规范：JTG D20—2017［S］. 北京：人民交通出版社，2017.

[8] 中华人民共和国工业和信息化部. 轻型汽车燃料消耗量试验方法：GB/T 19233—2020［S］. 北京：中国标准出版社，2020.

[9] 环境保护部. 轻型汽车污染物排放限值及测量方法（中国第六阶段）：GB 18352.6—2016［S］. 北京：中国环境出版社，2017.

[10] 中华人民共和国工业和信息化部. 中国汽车行驶工况　第 1 部分：轻型汽车：GB/T 38146.1—2019 [S]. 北京：中国标准出版社，2019.

[11] 中华人民共和国工业和信息化部. 电动汽车能量消耗率和续驶里程试验方法　第 1 部分：轻型汽车：GB/T 18386.1—2021 [S]. 北京：中国标准出版社，2021.

[12] 中华人民共和国工业和信息化部. 电动汽车能耗折算方法：GB/T 37340—2019 [S]. 北京：中国标准出版社，2019.

[13] 电动汽车能量消耗率限值标准项目组. 电动汽车能量消耗率限值标准研究报告 [R]. 天津：中国汽车技术研究中心有限公司，2018.

[14] EHSANI M, GAO Y M, EMADI A. Modern electric, hybrid electric, and fuel cell vehicles: fundamentals, theory, and design [M]. 2nd ed. Boca Raton: CRC Press, 2010.

附　录

例题 3.1 的程序代码

```
clear all
clc
n=[1000:500:5000];
T=[157.18 166.08 170.02 173.26 174.18 171.74 169.34 165.02 161.08];
dt=polyfit(n,T,4);%对发动机输出转矩特性进行多项式拟合,阶数取 4
n1=500:100:5500;
T1=polyval(dt,n1);
figure
plot(n1,T1,'b-',n,T,'r+');%图示发动机输出转矩特性
xlabel('n_e(r/min)');ylabel('T_e(N·m)')
grid on
```

例题 3.2 的程序代码

```
clc
clear all
G=1720*9.81;
f0=0.01;
f1=2.5e-5;
f4=3.5e-11;%三者都是轿车滚动阻力系数
Cd=0.3;
A=2.4;
u=0:1:180;

ig=[3.416 1.894 1.28 1 0.757];
k=1:5;%5 个前进档
r=0.272;
i0=4.388;
```

```
eta=0.9;
dt=[4.58e-14,-1.99e-11,-6.45e-06,0.032,131.87];
ngk=[500 500 500 500 500];
ngm=[5500 5500 5500 5500 5500];
ugk=0.377.*r.*ngk(k)./(ig(k).*i0);%计算每一档发动机500r/min时的最低行驶速度
ugm=0.377.*r.*ngm(k)./(ig(k).*i0);%计算每一档发动机5400r/min时的最高行驶速度
for k=1:5%依次计算5个档的驱动力
  u=ugk(k):ugm(k);
  n=ig(k)*i0.*u./r/0.377;
  Tt=polyval(dt,n);
  Ft=Tt.*ig(k)*i0*eta/r;
  figure(2)
  plot(u,Ft/1000);
  hold on;%保证k的每次循环的图形都保留显示
  grid on
end
gtext('Ft1')
gtext('Ft2')
gtext('Ft3')
gtext('Ft4')
gtext('Ft5')
xlabel('V/(km/h)')
ylabel('F_t/kN');

axis([0 180 0 10])<f=f0+f1.*u+f4.*u.^4;
Ff=G*f;%计算滚动阻力
Fw=Cd*A.*u.^2./21.15;%计算空气阻力
F=Ff+Fw;%滚动阻力、空气阻力之和
plot(u,F/1000,'m--');
xlabel('V/(km/h)')
ylabel('F_t/F_f+F_w/kN');
gtext('Ff+Fw')
```

例题3.5的程序代码

```
clear all
clc
m=3880;
r=0.367;
nt=0.85;
CdA=2.77;
```

```
i0=5.83;
g=9.81;
G=m*g;
pg=7;
f=0.013;
n=815:1:3804;
n1=[815,1207,1614,2012,2603,3006,3403,3804];
b0=[1326.8,1354.7,1284.4,1122.9,1141.0,1051.2,1233.9,1129.7];
b1=[-416.46,-303.98,-189.75,-121.59,-98.893,-73.714,-84.478,-45.291];
b2=[72.379,36.657,14.524,7.0035,4.4763,2.8593,2.9788,0.71113];
b3=[-5.8629,-2.0553,-0.51184,-0.18517,-0.091077,-0.05138,-0.047449,-0.00075215];
b4 = [ 0.17768, 0.043072, 0.0068164, 0.0018555, 0.00068906, 0.00035032, 0.00028230,
-0.000038568];

figure;
for ig=[6.09,3.09,1.71,1.00]
    V=0.377*r*n1/ig/i0;
    Pf=G*f*V/3600;
    Pw=CdA*V.^3/76140;
    Pe=(Pf+Pw)/nt;
    b=b0+b1.*Pe+b2.*Pe.^2+b3.*Pe.^3+b4.*Pe.^4;
    Qs=Pe.*b./(1.02*V*pg);
    p=polyfit(V,Qs,2);
    V1=V(1):V(8)+5;
    Qs1=p(1).*V1.^2+p(2).*V1+p(3);
    plot(V,Qs,'k.',V1,Qs1,'LineWidth',1.5);
    hold on;
end

axis([0 100 10 30])
xlabel('V/(km/h)'),
ylabel('Qs/(L/100km)');
grid
gtext('I')
gtext('II')
gtext('III')
gtext('IV')
```

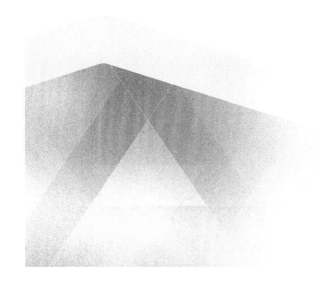

第 4 章

汽车制动动力学

4.1 制动时车轮的受力

4.1.1 地面制动力

车辆在路面上制动时的车轮受力分析如图 4.1 所示。图中，滚动阻力矩和减速时的惯性力、惯性力矩均忽略不计；T_μ 是车轮制动器产生的摩擦力矩，单位为 N · m；W 为车轮垂直载荷；F_p 为由于车身惯性作用引起的车轴对车轮的纵向作用力，单位为 N；F_Z 为地面对车轮的法向反作用力，单位为 N；F_{Xb} 为地面对车轮的切向反作用力，称为地面制动力，单位为 N；r_w 是车轮半径，单位为 m。

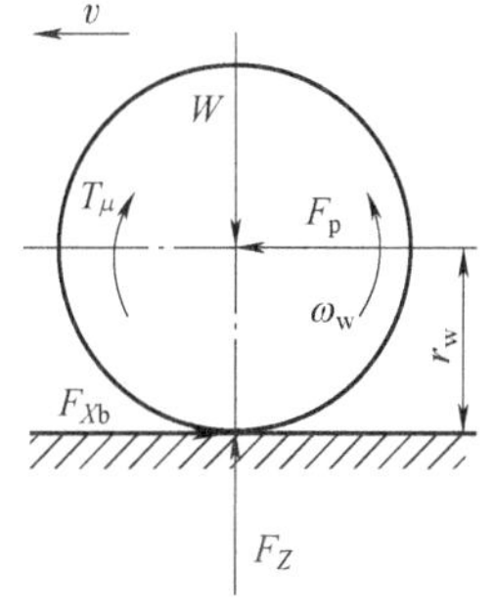

图 4.1 制动时车轮的受力分析

根据车轮中心力矩平衡，可得

$$F_{Xb}=\frac{T_\mu}{r_w} \tag{4.1}$$

4.1.2 制动器制动力

在轮胎周缘克服制动器摩擦力矩 T_μ 所需的力，称为制动器制动力，用 F_μ 表示，单位为 N。它相当于把汽车架离地面，并踩住制动踏板，在轮胎周缘沿切线方向推动车轮直至它能转动所需的力。显然

$$F_\mu=\frac{T_\mu}{r_w} \tag{4.2}$$

由式（4.2）可知，制动器制动力是由制动系的设计参数所决定的，即取决于制动器型式、尺寸、摩擦系数、车轮半径，并与制动管路的油压或气压成正比。

4.1.3 制动器制动力、地面制动力及附着力之间的关系

制动器制动力 F_μ、地面制动力 F_{Xb} 及附着力 F_φ 的关系如图 4.2 所示。制动器制动力 F_μ 随制动踏板力 F_p 或制动系管路油压 p 的增大而增大，但是，若作用在车轮上的法向载荷 W 为常数，则地面制动力 F_{Xb} 在达到附着力 F_φ 的值后，就不再增加了，此时车轮处于抱死拖滑状态。

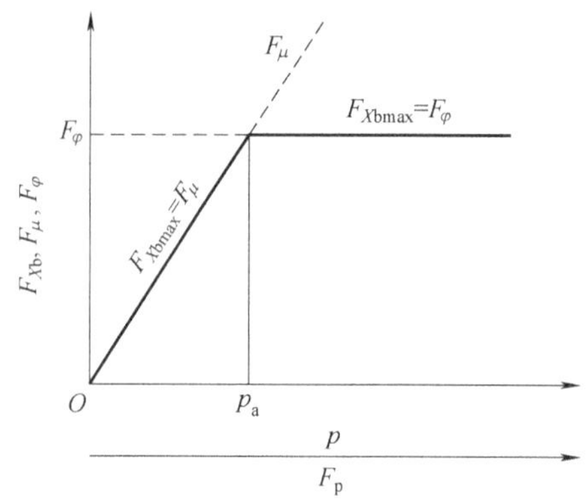

图 4.2　制动过程中制动器制动力、地面制动力及附着力的关系

由此可见，汽车的地面制动力作为使汽车制动而减速行驶的外力，首先取决于制动器制动力，还受到地面附着力的限制。

4.2　前、后制动器制动力的比例关系

4.2.1　制动时前、后轮的地面法向反作用力

图 4.3 所示为在水平路面制动时汽车的受力分析。图中忽略了汽车的滚动阻力矩、空气阻力以及旋转质量减速时产生的惯性力矩；G 为汽车总重；F_{Z1} 和 F_{Z2} 为地面对前轮和后轮的法向反作用力；F_j 为汽车的惯性力；h_g 为汽车的质心高度；a 和 b 分别为汽车前轴距和后轴距；L 为汽车轴距，$L=a+b$。

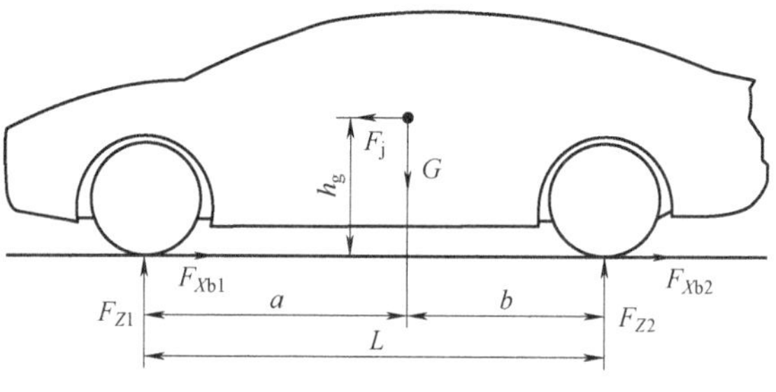

图 4.3　制动时汽车的受力分析

对图 4.3 中后轮接地点取力矩，得

$$F_{Z1}L=Gb+F_\text{j}h_\text{g} \tag{4.3}$$

而 $F_{X\text{b}}=F_{X\text{b1}}+F_{X\text{b2}}$ 且 $F_{X\text{b}}=F_\text{j}$，故

$$F_{Z1}=\frac{Gb+F_{X\text{b}}h_\text{g}}{L} \tag{4.4}$$

同理

$$F_{Z2}=\frac{Ga-F_{X\text{b}}h_\text{g}}{L} \tag{4.5}$$

因为 $F_{X\text{b}}=F_\text{j}=\frac{G}{g}\frac{\text{d}v}{\text{d}t}$，令 $\frac{\text{d}v}{\text{d}t}=zg$（$z$ 为制动强度），则有 $F_{X\text{b}}=zG$，代入式（4.4）、式（4.5），得

$$\left.\begin{aligned}F_{Z1}&=\frac{G}{L}(b+zh_\text{g})\\F_{Z2}&=\frac{G}{L}(a-zh_\text{g})\end{aligned}\right\} \tag{4.6}$$

若车辆在路面上制动时，前、后轮均抱死拖滑（不论是同时抱死，还是先后抱死），则

$F_{Xb}=F_{\varphi}=\varphi G$，$z=\varphi$。前、后轮的地面法向反作用力为

$$\left.\begin{aligned}F_{Z1}&=\frac{G}{L}(b+\varphi h_g)\\F_{Z2}&=\frac{G}{L}(a-\varphi h_g)\end{aligned}\right\}\tag{4.7}$$

当某车辆在不同路面制动且前、后轮处于同时抱死状态，其法向反作用力 F_{Z1} 和 F_{Z2} 与制动强度 z（或地面附着系数 φ）相互关系如图 4.4 所示。由图可知，当制动强度 z 或附着系数 φ 改变时，前、后车轮的法向反作用力变化很大。

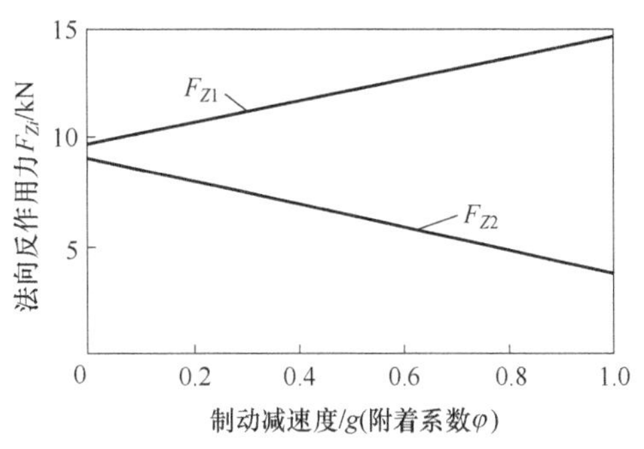

图 4.4　制动时地面对前、后轮法向反作用力的变化

4.2.2　理想的前、后轮制动器制动力分配曲线

所谓理想的前、后轮制动器制动力分配曲线，是指车辆在不同路面制动时，能够使前、后车轮均能刚好同时抱死拖滑（以充分利用地面附着力和达到最大制动减速度）的前、后制动器制动力 $F_{\mu1}$ 和 $F_{\mu2}$ 的关系曲线。

在任意附着系数 φ 的路面上，前、后车轮同时抱死的条件是：前、后车轮制动器制动力之和等于附着力，并且前、后车轮制动器制动力分别等于各自的附着力。即

$$F_{\mu1}+F_{\mu2}=\varphi G$$
$$F_{\mu1}=\varphi F_{Z1}$$
$$F_{\mu2}=\varphi F_{Z2}$$

或

$$\left.\begin{aligned}&F_{\mu1}+F_{\mu2}=\varphi G\\&\frac{F_{\mu1}}{F_{\mu2}}=\frac{F_{Z1}}{F_{Z2}}\end{aligned}\right\}\tag{4.8}$$

将式（4.7）代入式（4.8），得

$$F_{\mu1}+F_{\mu2}=\varphi G\tag{4.9a}$$

$$\frac{F_{\mu1}}{F_{\mu2}}=\frac{b+\varphi h_g}{a-\varphi h_g}\tag{4.9b}$$

由式（4.9）中消去参变量 φ，即得

$$F_{\mu2}=\frac{1}{2}\left[\frac{G}{h_g}\sqrt{b^2+\frac{4h_gL}{G}F_{\mu1}}-\left(\frac{Gb}{h_g}+2F_{\mu1}\right)\right]\tag{4.10}$$

根据式（4.10）绘制的曲线，即为前、后车轮同时抱死时，前、后制动器制动力的关系曲线——理想的前、后制动器制动力分配曲线，简称 I 曲线。一般可按以下步骤采用作图法直接求得 I 曲线：

1）建立如图 4.5 所示的 $F_{\mu2}$-$F_{\mu1}$ 坐标系，将式（4.9a）取不同 φ 值（φ=0.1,0.2,0.3,…,1.0）作图，得到一组与坐标轴成 45°的平行线。每根直线上任意一点的纵坐标与横坐标读数之

和（即总制动力）为一常数，因此总制动力产生的减速度也是常数。故此线组称为等制动力线组或等减速度线组。

2）将式（4.9b）取不同 φ 值（$\varphi=0.1, 0.2, 0.3, \cdots, 1.0$）代入，也作图于图 4.5 上，得到一组通过坐标原点但斜率不同的射线束。

3）分别在上述两组直线中，找出对应于某一 φ 值的两条直线，这两条直线的交点，便是满足式（4.9）中的 $F_{\mu1}$ 和 $F_{\mu2}$ 值。把这两组直线对应于不同 φ 值的交点 A、B、C……连接起来，便是 I 曲线。

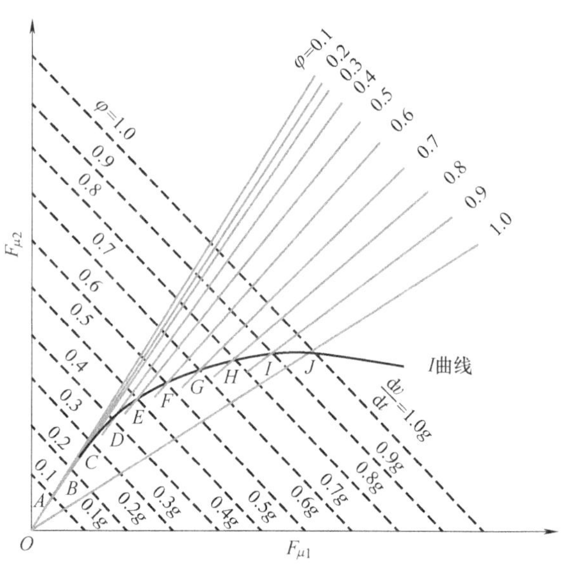

图 4.5　理想的前、后制动器制动力分配曲线

可见，曲线上任意一点都代表了在该附着系数路面上前、后制动器制动力应有的数值。因此，只要给定汽车总重 G 以及汽车质心位置（a、b、h_g），就能作出该车的制动器制动力理想分配曲线。

4.2.3　具有固定比值的前、后制动器制动力及同步附着系数

一般两轴汽车的前、后制动器制动力之比为一固定数值。常用前制动器制动力与汽车制动器总制动力之比——制动器制动力分配系数 β 来表明分配的比例，即

$$\beta=\frac{F_{\mu1}}{F_{\mu}} \tag{4.11}$$

$$F_{\mu}=F_{\mu1}+F_{\mu2} \tag{4.12}$$

式中，F_{μ} 为汽车制动器总制动力；$F_{\mu1}$ 为前制动器制动力；$F_{\mu2}$ 为后制动器制动力。

$$\frac{F_{\mu1}}{F_{\mu2}}=\frac{\beta}{1-\beta} \tag{4.13}$$

则 $F_{\mu2}=\beta(F_{\mu1})$ 为一直线，此直线通过坐标原点，且其斜率为

$$\tan\theta=\frac{1-\beta}{\beta} \tag{4.14}$$

这条直线称为实际前、后制动器制动力分配线，简称 β 线。

图 4.6 所示为某车辆（空载和满载）的 β 线与 I 曲线，两线交点对应的附着系数称为同步附着系数 φ_0。可见，车辆在空载和满载状态下，由于质心位置的变化，同步附着系数也会变化。

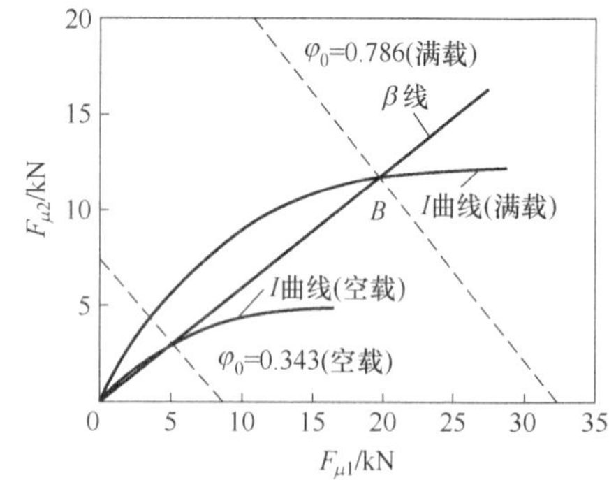

图 4.6　某车辆的 β 线与 I 曲线

同步附着系数说明：前、后制动器制动力分配为固定比值的汽车，只有在同步附着系数的路面上制动时，才能使前、后车轮同时抱死。

同步附着系数也可用解析法求得。设汽车在同步附着系数为 φ_0 的路面上制动，此时前、后轮同时抱死拖滑，则由式（4.9）和式（4.13），得

$$\frac{F_{\mu1}}{F_{\mu2}}=\frac{b+\varphi_0 h_g}{a-\varphi_0 h_g}=\frac{\beta}{1-\beta} \tag{4.15}$$

经整理，得

$$\varphi_0=\frac{L\beta-b}{h_g} \tag{4.16}$$

可见，若给定制动器制动力分配系数 β，就能根据车辆结构参数确定同步附着系数 φ_0；反之，如果给出同步附着系数 φ_0，也可得到制动器制动力分配系数 β。

4.3 汽车在各种路面上制动过程的分析

4.3.1 *f* 线组与 *r* 线组

利用 *I* 曲线和 β 线，可以分析前、后制动器制动力具有固定比值的汽车在各种路面上的制动情况，为了便于分析，先介绍 *f* 线组与 *r* 线组。

（1）*f* 线组　*f* 线组是在各种 φ 值路面上，当前轮先抱死而后轮没有抱死时，制动器制动力继续增加，前、后轮地面制动力的关系曲线。

当前轮抱死时，有

$$F_{Xb1}=\varphi F_{Z1}=\varphi\left(\frac{Gb}{L}+\frac{F_{Xb}h_g}{L}\right) \tag{4.17}$$

由于 $F_{Xb}=F_{Xb1}+F_{Xb2}$，故

$$F_{Xb1}=\varphi\left(\frac{Gb}{L}+\frac{F_{Xb1}+F_{Xb2}}{L}h_g\right) \tag{4.18}$$

整理得

$$F_{Xb2}=\frac{L-\varphi h_g}{\varphi h_g}F_{Xb1}-\frac{Gb}{h_g} \tag{4.19}$$

以不同 φ 值（$\varphi=0.1,0.2,0.3,\cdots$）代入式（4.19），即得到 *f* 线组（图 4.7）。可见，*f* 线组与纵坐标交点（截距）为 $-Gb/h_g$，与 φ 值无关。

当 $F_{Xb2}=0$ 时，$F_{Xb1}=\dfrac{\varphi Gb}{L-\varphi h_g}$，即在 φ 依次取 0.1，0.2，…时，*f* 线组与横坐标的交点依次为 $a,b,\cdots$。

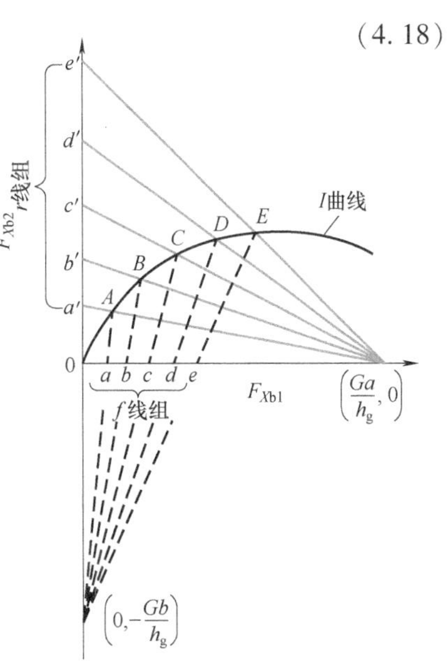

图 4.7　*f* 线组与 *r* 线组

（2）*r* 线组　*r* 线组是在各种 φ 值路面上，当后轮先抱死而前轮没有抱死时，制动器制动力继续增加，前、后轮地面制动力的关系曲线。

当后轮抱死时，

$$F_{Xb2}=\varphi F_{Z2}=\varphi\left(\frac{Ga}{L}+\frac{F_{Xb}h_g}{L}\right) \tag{4.20}$$

以 $F_{Xb}=F_{Xb1}+F_{Xb2}$ 代入，整理得

$$F_{Xb2}=\frac{-\varphi h_g}{L+\varphi h_g}F_{Xb1}+\frac{\varphi Ga}{L+\varphi h_g} \tag{4.21}$$

式（4.21）即为在不同 φ 值路面上，只有后轮抱死时，前、后轮地面制动力关系式。以不同 φ 值（$\varphi=0.1,0.2,0.3,\cdots$）代入式（4.21），即得到 r 线组。

由式（4.21）看出，当 $F_{Xb2}=0$ 时，$F_{Xb1}=\dfrac{Ga}{h_g}$，说明 r 线组与横坐标的交点为 $\dfrac{Ga}{h_g}$，而与 φ 值无关。

当 $F_{Xb1}=0$ 时，$F_{Xb2}=\dfrac{\varphi Ga}{L+\varphi h_g}$，即在 φ 依次取 0.1，0.2，…时，r 线组与纵坐标的交点依次为 $a',b'\cdots$。

显然，对于同一 φ 值下 f 线与 r 线的交点 $A,B,C,\cdots$，既符合 $F_{Xb1}=\varphi F_{Z1}$，又符合 $F_{Xb2}=\varphi F_{Z2}$，且 $F_{Xb}=F_{Xb1}+F_{Xb2}$，所以这些点便是前、后轮同时抱死的点。因此，连接 $A,B,C,\cdots$ 各点的曲线就是 I 曲线。

4.3.2 制动过程分析

设汽车的同步附着系数 $\varphi_0=0.39$，绘制其 β 线、I 曲线、f 线组和 r 线组，如图 4.8 所示。制动过程分析如下：

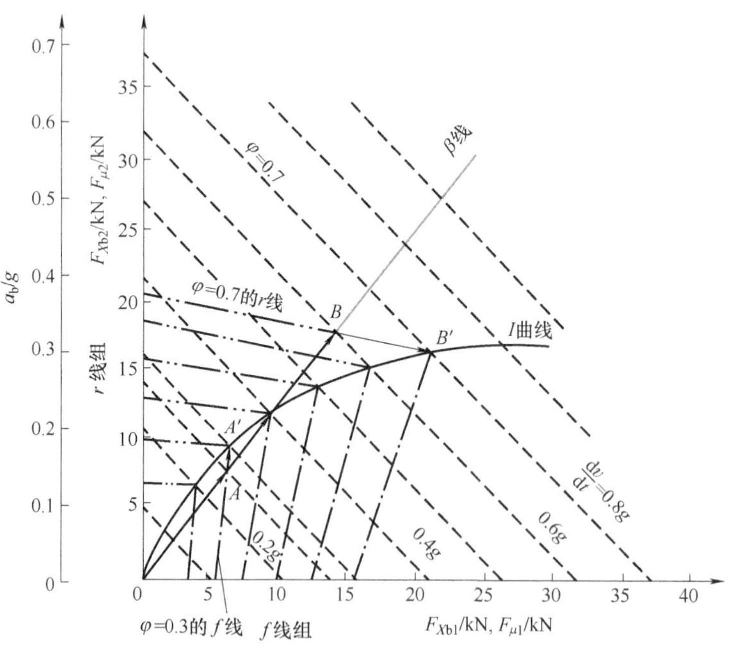

图 4.8 不同 φ 值路面上汽车制动过程的分析

（1）当 $\varphi<\varphi_0$ 时 设 $\varphi=0.3$，则制动开始时，前、后制动器制动力 $F_{\mu1}$、$F_{\mu2}$ 按 β 线上升。

因前、后轮均未抱死，故地面制动力 F_{Xb1}、F_{Xb2} 也按 β 线上升。到 A 点时，β 线与 $\varphi=0.3$ 的 f 线相交，前轮开始抱死，车辆制动减速度为 $0.27g$；驾驶人继续增加踏板力，F_{Xb1}、F_{Xb2} 将沿 f 线变化，前轮的地面制动力 F_{Xb1} 不再等于前轮制动器制动力 $F_{\mu1}$，因制动强度的增加，使前轮法向反作用力 F_{Z1} 增加，前轮地面制动力 F_{Xb1} 沿 f 线缓慢增加，而后轮未抱死，所以 $F_{\mu1}$、$F_{\mu2}$ 沿 β 线继续上升，且 $F_{Xb2}=F_{\mu2}$。当 F_{Xb1}、F_{Xb2} 至 A' 点时，f 线与 I 曲线相交，F_{Xb2} 也达到后轮抱死时的地面制动力（即后轮的附着力）。这时前、后轮均抱死拖滑，汽车获得最大减速度为 $\varphi g=0.3g$。

可见，β 线位于 I 曲线下方，制动时总是前轮先抱死。

（2）当 $\varphi>\varphi_0$ 时　设 $\varphi=0.7$，则开始制动时，前、后轮制动器制动力均按 β 线增长，因前、后轮均未抱死，故前、后轮地面制动力也按 β 线上升。到 B 点时，β 线与 $\varphi=0.7$ 的 r 线相交，后轮开始抱死，此时车辆制动减速度为 $0.6g$。从 B 点以后，再增加踏板力，F_{Xb1}、F_{Xb2} 将沿 $\varphi=0.7$ 的 r 线变化。由于制动强度继续增加，使后轮法向反作用力 F_{Z2} 有所减小，后轮地面制动力 F_{Xb2} 沿 r 线也稍有下降，而前轮未抱死，所以 $F_{\mu1}$、$F_{\mu2}$ 继续沿 β 线增长，且 $F_{Xb1}=F_{\mu1}$。当 F_{Xb1}、F_{Xb2} 到 B' 点时，r 线与 I 曲线相交，F_{Xb1} 也达到前轮抱死时的地面制动力（即前轮的附着力）。这时，前、后轮均抱死，汽车获得最大的减速度 $\varphi g=0.7g$。

可见，β 线位于 I 曲线上方，制动时总是后轮先抱死。

（3）当 $\varphi=\varphi_0$ 时　显然，汽车在制动时，前、后轮将同时抱死，此时的制动减速度为 $\varphi_0 g$，即 $0.39g$。

也可以通过定量分析车辆在不同 φ 值路面的制动强度，来判断车辆前、后轮的抱死顺序。

当前轮临近抱死时，

前轮受到的地面法向作用力为　$$F_{Z1}=\frac{G}{L}(b+h_g z) \tag{4.22}$$

前轮受到的地面制动力为　$$F_{Xb1}=\varphi F_{Z1}=\frac{\varphi G}{L}(b+h_g z) \tag{4.23}$$

又由于　$$F_{Xb1}=F_{\mu1}=\beta G z \tag{4.24}$$

根据式（4.23）和式（4.24），得到

前轮临近抱死时车辆的制动强度　$$z_1=\frac{b/L}{\beta-\varphi h_g/L}\varphi \tag{4.25}$$

考虑到制动器制动力固定分配比 β 与同步附着系数 φ_0 之间存在式（4.16）的关系以及轴距 $L=a+b$，式（4.25）亦可写成

$$z_1=\frac{b}{b+(\varphi_0-\varphi)h_g}\varphi=\frac{\varphi}{1+(\varphi_0-\varphi)h_g/b} \tag{4.26}$$

同样，后轮临近抱死时车辆的制动强度

$$z_2=\frac{a/L}{(1-\beta)+\varphi h_g/L}\varphi \tag{4.27}$$

亦可写成

$$z_2=\frac{\varphi}{1+(\varphi-\varphi_0)h_g/a} \tag{4.28}$$

对比式（4.26）和式（4.28），可以发现：

1）当 $\varphi=\varphi_0$ 时，$z_1=z_2=\varphi$，表明前、后轮同时抱死。

2）当 $\varphi<\varphi_0$ 时，$z_1<\varphi<z_2$，由于制动强度不可能大于道路附着系数，只能是前轮先抱死。

3）当 $\varphi>\varphi_0$ 时，$z_1>\varphi>z_2$，由于制动强度不可能大于道路附着系数，只能是后轮先抱死。

例题 4.1 某轿车的相关参数见表 4.1

表 4.1 例题 4.1 相关参数

参数	数值
质量 m/kg	1600
前轴距 a/m	1.45
后轴距 b/m	1.25
质心高度 h_g/m	0.63
制动力分配系数 β	0.6

试确定该车辆在 $\varphi=0.2$ 和 $\varphi=0.8$ 的路面上制动时车轮的抱死顺序。

解： 1）在 $\varphi=0.2$ 的路面上，当前轮临近抱死时，车辆制动强度可用式（4.25）确定，即

$$z_1=\frac{b/L}{\beta-\varphi h_g/L}\varphi=0.167$$

当后轮临近抱死时，车辆制动强度可用式（4.27）确定，即

$$z_2=\frac{a/L}{(1-\beta)+\varphi h_g/L}\varphi=0.246$$

由于 $z_1<z_2$，因此车辆在 $\varphi=0.2$ 的路面上制动，前轮先抱死。

2）同理，在 $\varphi=0.8$ 的路面上，前、后轮分别临近抱死时，车辆的制动强度分别为

$$z_1=\frac{b/L}{\beta-\varphi h_g/L}\varphi=0.896$$

$$z_2=\frac{a/L}{(1-\beta)+\varphi h_g/L}\varphi=0.732$$

由于 $z_1>z_2$，因此车辆在 $\varphi=0.8$ 的路面上制动，后轮先抱死。

另外，还可以根据式（4.16）求解出同步附着系数 φ_0 来判断前后轮抱死顺序。

$$\varphi_0=\frac{L\beta-b}{h_g}=0.587$$

根据上述制动过程分析，车辆在 $\varphi=0.2$ 的路面上制动，$\varphi<\varphi_0$，前轮先抱死；在 $\varphi=0.8$ 的路面上制动，$\varphi>\varphi_0$，后轮先抱死。

4.3.3 电动汽车复合制动分析

电动汽车在制动过程中，可以将电机作为发电机运行，使车辆的机械能转换成电能，并储存在电池中，实现制动能量的再生利用。通常，车辆所要求的制动转矩比电机的再生制动转矩大得多，因此，电动汽车中往往同时存在机械摩擦制动与电再生制动两种作用，构成电动汽车的复合制动。复合制动有多种结构形式和控制策略，其中，理想的制动分配策略是：

当车辆对制动力需求较小时，仅电再生制动作用；当制动力需求增大时，制动力按 I 曲线分配，前轴为机械制动与电制动力总和，但这需要同时对两种制动力精确控制，使得系统结构复杂，实现难度较大。而最简单和最接近于常规机械制动系统的是并联式复合制动系统，它保留了原车机械制动系统，只需对车辆前驱动桥增加电制动即可。

图 4.9 所示为某前置前驱电动汽车前、后轮制动力分配曲线。其中，β 线为前、后轮上机械制动力的固定分配比曲线，I 曲线是车辆的理想机械制动力分配曲线，实际前、后轮制动力曲线按复合制动线变化，同时还给出了 ECE（欧洲经济委员会）汽车制动法规要求的后轮最小制动力（图中 ECE 汽车制动法规下边界线）。前轮作为驱动轮，受机械制动和电制动共同作用；后轮作为从动轮，仅受机械制动作用。为了便于理解，图 4.10 给出了各种制动力随制动减速度的变化关系。

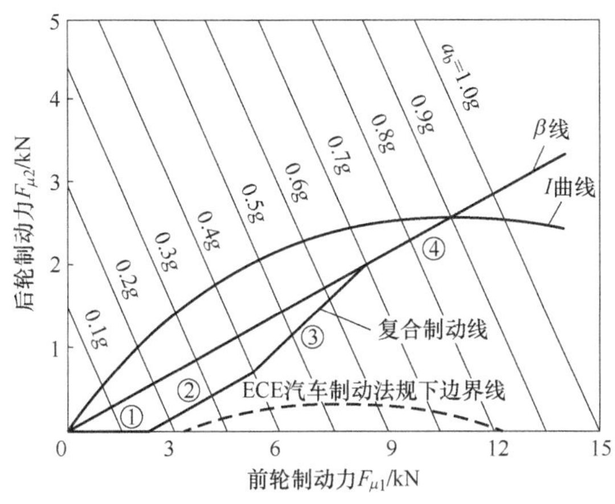

图 4.9　某前置前驱电动汽车前、后轮制动力分配曲线

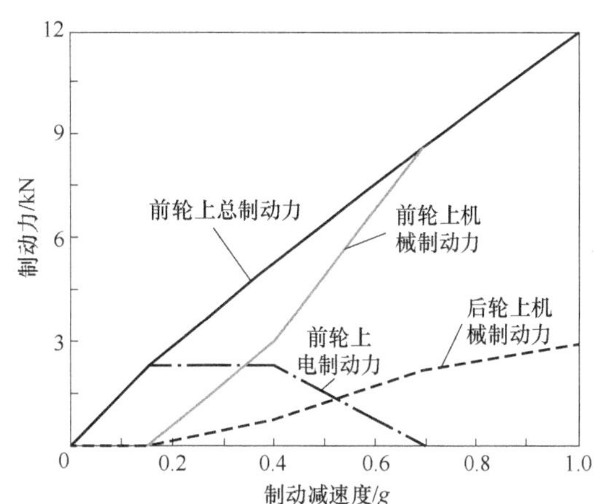

图 4.10　制动力随制动减速度的变化关系

1）当车速低于给定阈值（如 15km/h），前、后制动器制动力由机械系统按照 β 线分配，而电制动不产生制动力。

2）当车速高于给定的阈值，且所期望的车辆减速度小于 0.15g 时，电机能够提供的制动力大于或等于前轮制动力需求，因此，前、后轮均不受机械制动作用，仅前轮受电制动作用，如图 4.9 中复合制动线第①段直线所示。

3）当所期望的减速度介于 0.15g~0.4g 时，电机能够提供的最大制动力小于前轮的总制动力需求，则电制动力取最大值，不足部分由前轮机械制动力补充，后轮机械制动力满足 ECE 汽车制动法规中制动力分配的要求，如图 4.9 中复合制动线第②段直线所示。

4）当所期望的减速度介于 0.4g~0.7g 时，进一步加大前、后轮机械制动力，前轮电制动力将逐渐减小到零，如图 4.9 中复合制动线第③段直线所示。

5）当所期望的减速度高于 0.7g 时，这种情况很少，前轮的制动能量回收电流过大，电池不能吸收，且由于 ABS 参与工作，车辆和电机会剧烈振动，所以不再使用再生制动，而是完全采用机械制动，并按 β 线分配前、后制动器制动力，如图 4.9 中复合制动线第④段直线所示。这样，在紧急制动时能够提供较大的机械制动力，可以缩短制动距离。

从图 4.9 中还可以看出，该电动汽车采用复合制动后，当制动减速度小于 0.9g 时，实际制动力分配曲线位于 I 曲线下方，意味着该车辆几乎在所有路面总是前轮先抱死，且后轮制动器制动力能够满足 ECE（欧洲经济委员会）汽车制动法规下边界线要求。

4.4 制动器制动力分配合理性的评价

从上面的分析可知，若汽车在 $\varphi=\varphi_0$ 的路面上制动，则汽车的前、后车轮会刚好同时抱死，此时汽车制动强度 $z=\varphi$。而在其他附着系数（$\varphi\neq\varphi_0$）的路面上制动，前轮或后轮先抱死时的汽车制动强度 z 比路面附着系数 φ 要小，即 $z<\varphi$。这表明，只有在 $\varphi=\varphi_0$ 的路面上，地面的附着条件才能得到充分利用。而在 $\varphi<\varphi_0$ 或 $\varphi>\varphi_0$ 的路面上，出现前轮或后轮先抱死情况时，地面附着条件均未得到充分利用。

4.4.1 利用附着系数

为了定量说明地面附着条件的利用程度，在附着系数 φ 的基础上，引入各车轴利用附着系数 φ_i 的概念。利用附着系数是指车辆在一定制动强度（z）下不发生车轮抱死所需要的最小路面附着系数，其大小等于先临近抱死某轴车轮所受的地面制动力 F_{Xbi} 与法向反作用力 F_{Zi} 之比，即

$$\varphi_i=\frac{F_{Xbi}}{F_{Zi}} \tag{4.29}$$

也可以这样理解，利用附着系数 φ_i 是汽车在一定制动强度 z 下恰好有某轴车轮开始抱死，路面所提供的附着系数 φ。

显然，制动强度 z 与利用附着系数 φ_i 两者越接近，则地面的附着条件发挥得越充分，汽车制动器制动力分配的合理程度越高。通常以利用附着系数 φ_i 与制动强度 z 的关系曲线（图 4.11）来描述汽车制动力分配的合理性。最理想的情况是利用附着系数总是等于制动强度这一关系，即图 4.11 中的对角线（$\varphi=z$）。图 4.11 画出了与图 4.8 同一汽车的利用附着系数与制动强度曲线。应当指出，前、后制动力分配曲线（图 4.6 与图 4.8）与利用附着系数曲线是相互对应的。例如，具有理想制动力分配的汽车，其利用附着系数就是对角线（$\varphi=z$）。

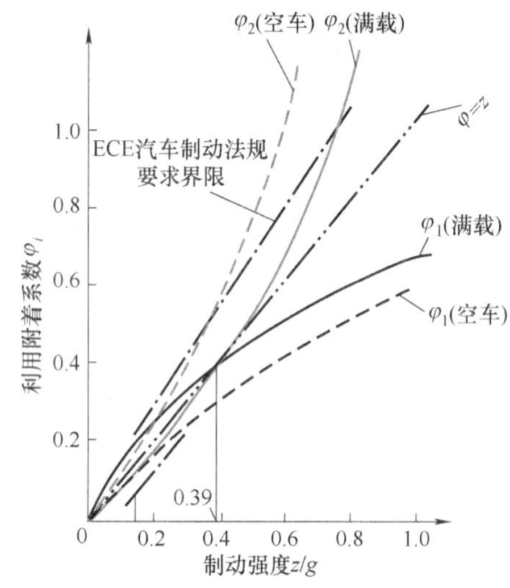

图 4.11 利用附着系数 φ_i 与制动强度 z 的关系曲线

1）当 $\varphi<\varphi_0$ 时，前轮先抱死。由于汽车前轮将要抱死时，车辆的减速度为 $\mathrm{d}v/\mathrm{d}t=zg$，则

$$F_{\mu1}=F_{Xb1}=\beta\frac{G}{g}\frac{\mathrm{d}v}{\mathrm{d}t}=\beta Gz \tag{4.30}$$

又因为前轴地面法向反力

$$F_{Z1}=\frac{G}{L}(b+zh_g) \tag{4.31}$$

故前轴利用附着系数

$$\varphi_1=\frac{F_{Xb1}}{F_{Z1}}=\frac{\beta zL}{b+zh_g} \tag{4.32}$$

2）同理，当 $\varphi>\varphi_0$ 时，后轮先抱死。

$$F_{\mu 2}=F_{Xb2}=(1-\beta)\frac{G}{g}\frac{\mathrm{d}v}{\mathrm{d}t}=(1-\beta)Gz \tag{4.33}$$

因为

$$F_{Z2}=\frac{G}{L}(a-zh_g) \tag{4.34}$$

故后轮利用附着系数

$$\varphi_2=\frac{F_{Xb2}}{F_{Z2}}=\frac{(1-\beta)zL}{a-zh_g} \tag{4.35}$$

由图 4.11 可以看出，$z=0.39$ 时，前、后轴利用附着系数均为 0.39，即该车辆的同步附着系数 φ_0；在 $\varphi<\varphi_0$ 的路面上，由于制动强度 z 不可能大于利用附着系数 φ_i，因此 φ_1 曲线有意义，而 φ_2 曲线无意义，说明前轮先抱死，汽车的利用附着系数应取 φ_1 所确定的曲线；在 $\varphi>\varphi_0$ 的路面上，情况正好相反，φ_1 线无意义，汽车的利用附着系数应取 φ_2 所确定的曲线。故可以根据 φ_1 曲线与 φ_2 曲线是否在 45°对角线的上方，来判断并选取汽车的利用附着系数曲线。

由图 4.11 还可以看出，空车时 φ_2 全在 45°对角线上方，这表明汽车总是后轮先抱死，且利用附着系数 φ 远远大于制动强度 z，超出 ECE 法规要求界限，故该汽车制动器制动力分配是不合理的。

4.4.2 制动效率

通常还用制动效率 η_{bi}来描述地面附着条件的利用程度，并说明实际制动力分配的合理性。制动效率是指车轮不抱死的车辆最大制动强度与某轴利用附着系数的比值，即为某轴车轮临近抱死时车辆的制动强度 z 与利用附着系数 φ_i（道路附着系数）之比，因此又称制动工况附着利用率。

根据式（4.32）整理得到前轴的制动效率

$$\eta_{b1}=\frac{z}{\varphi_1}=\frac{b/L}{\beta-\varphi_1 h_g/L} \tag{4.36}$$

根据式（4.35）整理得到后轴的制动效率

$$\eta_{b2}=\frac{z}{\varphi_2}=\frac{a/L}{(1-\beta)+\varphi_2 h_g/L} \tag{4.37}$$

制动效率计算公式亦可根据式（4.26）和式（4.28）推导得到以下形式：

1）当 $\varphi<\varphi_0$，前轮先临近抱死

$$\eta_{b1}=\frac{z_1}{\varphi}=\frac{1}{1+(\varphi_0-\varphi)h_g/b} \tag{4.38}$$

2）当 $\varphi>\varphi_0$，后轮先临近抱死

$$\eta_{b2}=\frac{z_2}{\varphi}=\frac{1}{1+(\varphi-\varphi_0)h_g/a} \tag{4.39}$$

图 4.12 给出了与图 4.8 同一汽车的制动效率曲线。显然，当 $\varphi=0.39$ 时，满载时的车辆在

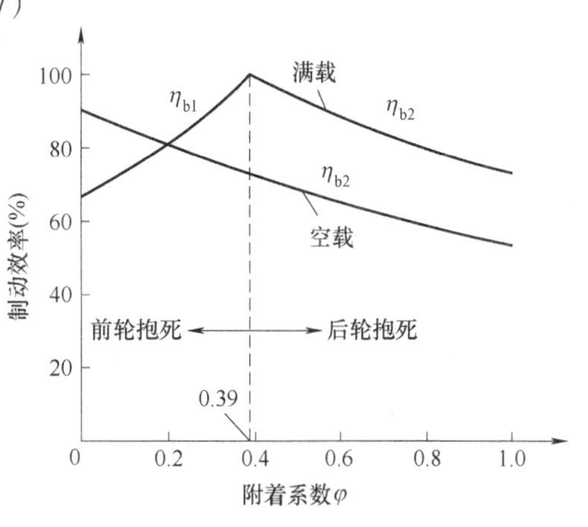

图 4.12 制动效率曲线

制动过程中，前、后轮能够刚好同时抱死，制动效率为100%；当在低附着系数（$\varphi<0.39$）或高附着系数路面（$\varphi>0.39$）时，前轮或后轮先抱死，制动效率均小于100%。对于空载车辆，由于同步附着系数小于零，在任何道路制动，总是后轮先抱死，制动效率均小于100%；当$\varphi=0.6$时，空载车辆制动效率约等于0.67，这说明后轮不抱死时，汽车地面制动力最多只能利用地面附着力的67%，故汽车制动减速度a_b不是$0.6g$，而是$0.6g\times0.67=0.402g$。

4.5　汽车制动效能分析

汽车行驶时能在短时间内停车且维持行驶方向稳定性和在下长坡时能维持一定车速的能力，称为汽车的制动性。它主要从制动效能、制动效能的恒定性、制动时汽车的方向稳定性等方面来评价。其中，制动效能是指在良好路面上，汽车以一定初速度制动到停车的距离或制动时汽车的减速度。它是制动性能最基本的评价指标，包括制动减速度、制动距离、制动时间及制动力等。

4.5.1　制动减速度

制动减速度是制动时车速对时间的导数，即$\mathrm{d}v/\mathrm{d}t$。它反映了地面制动力的大小，因此与制动器制动力及附着力有关。

在不同路面上，由于地面所能提供的最大制动力为

$$F_{X\mathrm{bmax}}=\varphi_b G \tag{4.40}$$

式中，φ_b为制动附着系数。

故汽车能达到的最大制动减速度（单位为$\mathrm{m/s^2}$）为

$$a_{\mathrm{bmax}}=\varphi_b g \tag{4.41}$$

若汽车的前、后车轮同时抱死，则

$$a_{\mathrm{bmax}}=\varphi_{bs} g \tag{4.42}$$

式中，φ_{bs}为滑动附着系数。

若由防抱制动系统来控制汽车的制动，则最大制动减速度为

$$a_{\mathrm{bmax}}=\varphi_{bp} g \tag{4.43}$$

式中，φ_{bp}为峰值附着系数。

在评价汽车的制动性能时，因为瞬时减速度变化复杂，不便于用某时刻的值来代表，所以我国国家标准GB 7258—2017《机动车运行安全技术条件》和欧盟标准ECE R13中采用的是充分发出的平均减速度MFDD（单位为$\mathrm{m/s^2}$），即

$$\mathrm{MFDD}=\frac{V_b^2-V_e^2}{25.92(s_e-s_b)} \tag{4.44}$$

式中，V_b为$0.8\ V_0$（V_0为试验车制动初速度）的试验车速（km/h）；V_e为$0.1\ V_0$的试验车速（km/h）；s_b为试验车速从V_0到V_b之间车辆行驶的距离（m）；s_e为试验车速从V_0到V_e之间车辆行驶的距离（m）。

4.5.2　制动距离

制动距离是指汽车在规定的初速度下紧急制动，从驾驶人脚接触制动踏板（或手触动制

动手柄）时起到汽车完全停住为止所驶过的距离。

1. 制动过程分析

如图4.13所示，一次制动过程分成以下阶段：

（1）驾驶人反应时间 τ_1　从驾驶人识别障碍，到把脚踩到制动踏板上所经历的从 a 点到 b 点的时间。这其中包括：驾驶人发现、识别障碍并做出决定的时间（τ_1'）；把脚从加速踏板换到制动踏板上的时间（τ_1''）。τ_1 一般为0.3~1s。

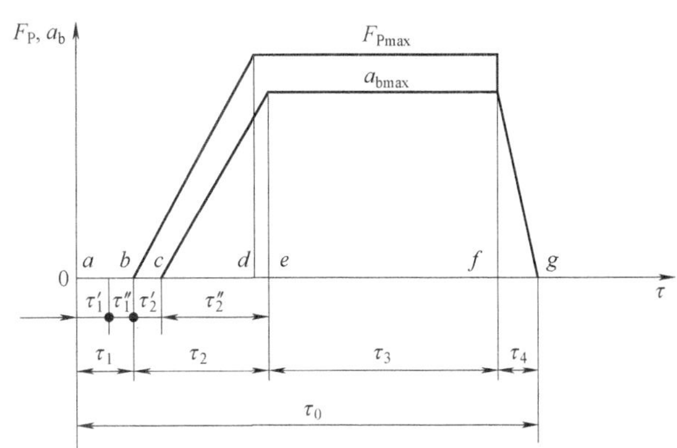

图4.13　汽车制动过程示意图

（2）制动器的作用时间 τ_2　从脚接触制动踏板时起至消除制动器间隙（τ_2'）直到减速度上升到最大值（τ_2''）所需要的从 b 点到 e 点的时间。这段时间一方面取决于驾驶人踩制动踏板的速度，另外更重要的是受制动系结构形式的影响，τ_2 一般为0.2~0.9s。当制动踏板力 F_P 在 d 时刻达到最大值 F_{Pmax} 时，车辆会由于响应滞后，在 e 时刻才能达到最大制动减速度 a_{bmax}，但这个时间很短。

（3）持续制动时间 τ_3　从 e 点到 f 点的时间，期间制动踏板力 F_P 假定是一常数，减速度基本保持不变。

（4）放松制动器时间 τ_4　从 f 点到 g 点的时间。到 f 点车辆完全停车后，驾驶人松开踏板，但制动力的消除还需要一段时间，τ_4 一般在0.2~1s之间。

2. 制动距离的计算

一般所指制动距离是从开始踩制动踏板到完全停车的距离，它包括制动器作用和持续制动两个阶段中汽车驶过的距离 s_2 和 s_3。下面假设在 φ 值不变的条件下，对制动距离做粗略的定量分析。由图4.13可见，制动距离由下列部分组成：

1）在 τ_2' 时间内车辆以初始速度 v_0（单位m/s）做匀速运动，驶过的距离为

$$s_2' = v_0\tau_2' \tag{4.45}$$

2）在 τ_2'' 时间内制动减速度线性增长，则车速为

$$v = v_0 - \frac{1}{2}\frac{a_{bmax}}{\tau_2''}\tau^2 \tag{4.46}$$

在 e 时刻的车速为

$$v_e = v_0 - \frac{1}{2}a_{bmax}\tau_2'' \tag{4.47}$$

对式（4.46）积分，得到车辆驶过的距离为

$$s_2'' = v_0\tau_2'' - \frac{1}{6}a_{bmax}\tau_2''^2 \tag{4.48}$$

3）在持续制动时间 τ_3 内，汽车做匀减速运动，其初速度为 v_e，末速度为0，故有

$$s_3 = \frac{v_e^2}{2a_{bmax}} \tag{4.49}$$

将式（4.47）代入式（4.49），得

$$s_3=\frac{\left(v_0-\frac{1}{2}a_{\mathrm{bmax}}\tau''_2\right)^2}{2a_{\mathrm{bmax}}}=\frac{v_0^2}{2a_{\mathrm{bmax}}}-\frac{v_0\tau''_2}{2}+\frac{a_{\mathrm{bmax}}\tau''^2_2}{8} \tag{4.50}$$

由式（4.45）、式（4.48）和式（4.50）可得到总制动距离为

$$s=s'_2+s''_2+s_3=v_0\left(\tau'_2+\frac{\tau''_2}{2}\right)+\frac{v_0^2}{2a_{\mathrm{bmax}}}-\frac{a_{\mathrm{bmax}}\tau''^2_2}{24} \tag{4.51}$$

一般情况下，τ''_2 较小，故可略去其平方项$\frac{a_{\mathrm{bmax}}\tau''^2_2}{24}$。若车速 v_0 以 km/h 为单位，时间以 s 为单位，则总制动距离 s（单位为 m）又可写成

$$s=\frac{1}{3.6}\left(\tau'_2+\frac{\tau''_2}{2}\right)V_0+\frac{V_0^2}{25.92a_{\mathrm{bmax}}} \tag{4.52}$$

从式（4.52）可以看出，决定汽车制动距离的主要因素是：制动器起作用的时间 τ_2、最大制动减速度 a_{bmax}（决定于制动器制动力和附着力）以及起始制动车速 V_0。制动器制动力和附着力越大、起始制动车速越低，制动距离就越短，这是显而易见的。真正使汽车有效减速停车的是持续制动时间，但制动器起作用时间对制动距离的影响也不能忽略。制动器起作用时间与制动系的结构形式有密切的关系，当驾驶人急速踩下制动踏板时，液压制动系的制动器起作用时间可为 0.1s 或更短；真空助力制动系和气压制动系的制动器起作用时间为 0.3～0.9s；货车有挂车时，制动器起作用时间有时可长达 2s。但精心设计的汽车列车制动系其制动器起作用时间可缩短到 0.4s。

例题 4.2 某型号轿车制动系统消除制动器间隙时间 $\tau'_2=0.2$s，制动减速度上升时间 $\tau''_2=0.2$s，计算该车以 50km/h 的初速度在附着系数为 0.8 的路面上的制动距离，并仿真分析制动距离随初始速度的变化情况。

解： 根据式（4.42），前、后轮同时抱死时汽车所能达到的最大制动减速度

$$a_{\mathrm{bmax}}=\varphi_{\mathrm{bs}}g=0.8g$$

由式（4.52）计算制动距离为

$$s=\frac{1}{3.6}\left(\tau'_2+\frac{\tau''_2}{2}\right)V_0+\frac{V_0^2}{25.92a_{\mathrm{bmax}}}=\frac{1}{3.6}\left(0.2+\frac{0.2}{2}\right)\times 50\mathrm{m}+\frac{50^2}{25.92\times 0.8\times 9.8}\mathrm{m}=16.47\mathrm{m}$$

编制 MATLAB 程序代码参见本章附录中例题 4.2 的程序代码，得到制动距离随初始速度的变化情况如图 4.14 所示。

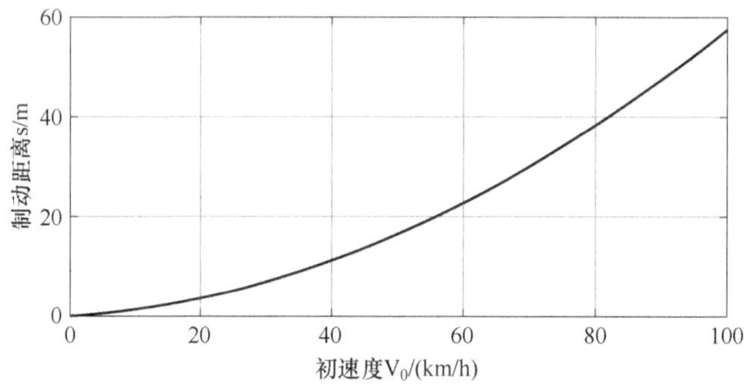

图 4.14　制动距离随初始速度的变化情况

例题 4.3 某型货车装有前、后分开的双管路制动系统，相关参数见表 4.2。

表 4.2 例题 4.3 相关参数

载荷状态	制动力分配系数 β	轴距 L/m	质量 m/kg	后轴距 b/m	质心高 h_g/m
空载	0.38	3.95	4080	1.85	0.845
满载			9290	1	1.17

1）编程绘制该车利用附着系数与制动强度的关系曲线以及制动效率与路面附着系数的关系曲线。

2）求行驶车速为 30km/h 时，在 $\varphi=0.8$ 路面上车轮不抱死的最短制动距离。计算时取制动系反应时间 $\tau_2'=0.2$s，制动减速度上升时间 $\tau_2''=0.2$s。

3）若制动系的前部或者后部管路失效时，求在 $\varphi=0.8$ 路面上汽车的最短制动距离。

解： 1）根据式（4.16），该车辆在空载时的同步附着系数

$$\varphi_0=\frac{L\beta-b}{h_g}=\frac{3.95\times0.38-1.85}{0.845}=-0.413$$

由于路面附着系数 φ 总是大于 φ_0，故空载时总是后轮先抱死，由式（4.37）计算得到不同附着系数下车辆的制动效率 η_{b2}。

根据式（4.16），该车辆在满载时的同步附着系数

$$\varphi_0=\frac{L\beta-b}{h_g}=\frac{3.95\times0.38-1}{1.17}=0.428$$

当 $\varphi<\varphi_0$ 时，前轮先抱死，由式（4.36）计算得到不同附着系数下车辆的制动效率 η_{b1}。

当 $\varphi>\varphi_0$ 时，后轮先抱死，由式（4.37）计算得到不同附着系数下车辆的制动效率 η_{b2}。

根据式（4.32）、式（4.35）~式（4.37），编制 MATLAB 程序（参见本章附录中例题 4.3 的程序代码），绘制得到该车辆在空载、满载状态下的各评价指标的特性曲线，分别如图 4.15 和图 4.16 所示。

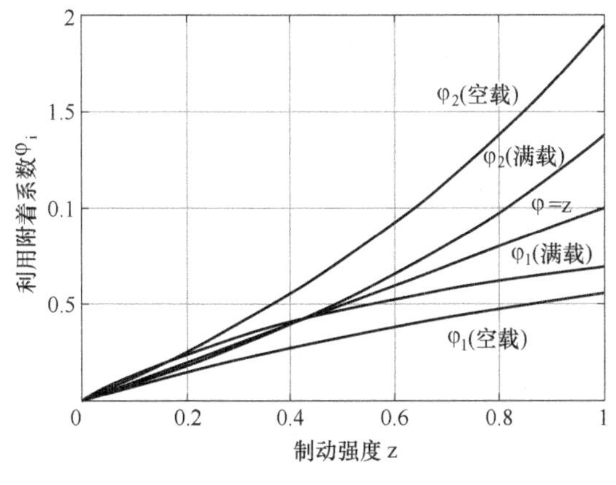

图 4.15 车辆利用附着系数与制动强度的关系曲线

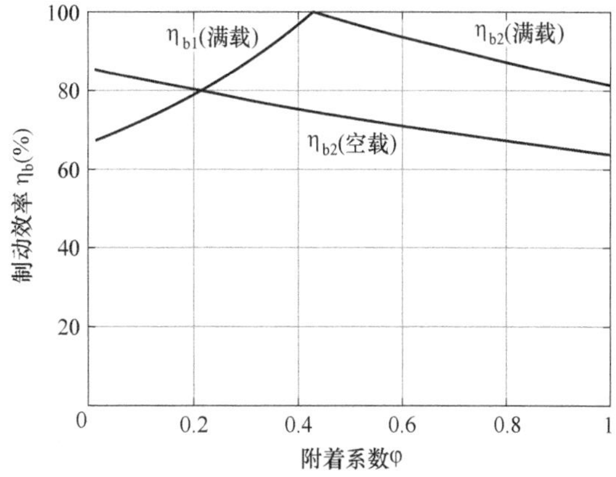

图 4.16 车辆制动效率与路面附着系数的关系曲线

2）由图或通过计算可得：

空载时，$\varphi=0.8$，制动效率约为 0.67，因此其最大制动减速度 $a_{bmax}=0.8g\times0.67=$

0.536g，根据公式（4.52），制动距离为

$$s=\frac{1}{3.6}\left(\tau_2'+\frac{\tau_2''}{2}\right)V_0+\frac{V_0^2}{25.92a_{bmax}}=\frac{1}{3.6}\left(0.2+\frac{0.2}{2}\right)\times30\text{m}+\frac{30^2}{25.92\times0.536g}\text{m}=9.1\text{m}$$

满载时，$\varphi=0.8$，制动效率约为0.87，因此其最大制动减速度 $a_{bmax}=0.8g\times0.87=0.696g$，制动距离为

$$s=\frac{1}{3.6}\left(\tau_2'+\frac{\tau_2''}{2}\right)V_0+\frac{V_0^2}{25.92a_{bmax}}=\frac{1}{3.6}\left(0.2+\frac{0.2}{2}\right)\times30\text{m}+\frac{30^2}{25.92\times0.696g}\text{m}=7.58\text{m}$$

3）若制动系前部管路损坏，后轮抱死时，有

$$F_{Xb}=F_{Z2}\varphi=\frac{G}{L}(a-zh_g)\varphi=Gz$$

则

$$z=\frac{a\varphi}{L+\varphi h_g},\quad a_{bmax}=zg$$

因此，空载时，$z=0.363$，$a_{bmax}=3.56\text{m/s}^2$；满载时，$z=0.483$，$a_{bmax}=4.74\text{m/s}^2$。

根据式（4.52），计算得到空载时制动距离 $s=12.25\text{m}$，满载时 $s=9.84\text{m}$。

若制动系后部管路损坏时，前轮抱死时，有

$$F_{Xb}=F_{Z1}\varphi=\frac{G}{L}(b+zh_g)\varphi=Gz$$

则

$$z=\frac{b\varphi}{L-\varphi h_g},\quad a_{bmax}=zg$$

因此，空载时，$z=0.452$，$a_{bmax}=4.43\text{m/s}^2$；满载时，$z=0.265$，$a_{bmax}=2.60\text{m/s}^2$。

根据式（4.52），计算得到空载时制动距离 $s=10.34\text{m}$，满载时 $s=15.85\text{m}$。

4.5.3 制动效能的恒定性

前述制动效能指标是在冷制动（制动器温度在100℃以下）下讨论的。正常制动时，摩擦副的温度在200℃左右，摩擦系数约为0.3~0.4，此时摩擦系数是稳定的。在高强度制动工况下，制动器的工作温度常在300℃以上，有时高达600~700℃。摩擦片温度过高，摩擦系数显著下降，导致汽车制动效能降低，这种现象称为制动效能的热衰退。

制动器的抗热衰退性不仅受摩擦材料摩擦系数下降的影响，而且与制动器的结构形式有密切关系。常用制动效能因数与摩擦系数的关系曲线来说明各种制动器的效能及其稳定程度。制动效能因数 K_{ef} 的定义为单位制动轮缸推力 F_{pu} 所产生的制动器摩擦力 F，即

$$K_{ef}=\frac{F}{F_{pu}}=\frac{T_\mu}{F_{pu}r} \tag{4.53}$$

式中，r 为制动盘或制动鼓的等效摩擦半径（m）。

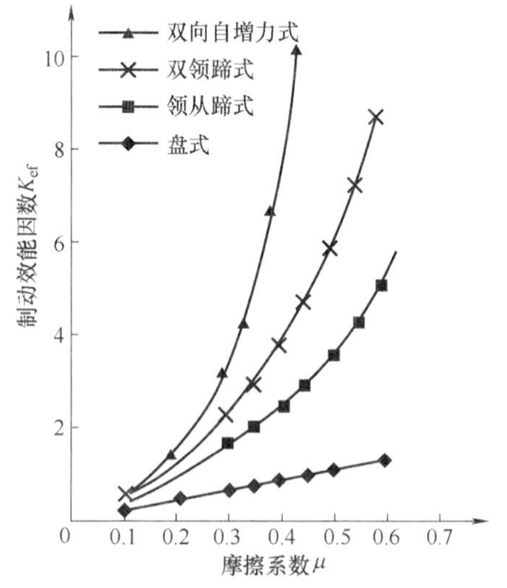

图4.17 不同制动器制动效能因数与摩擦系数的关系曲线

图4.17所示为不同制动器制动效能因数与摩擦系

数的关系曲线。双向自增力式及双领蹄式制动器，由于结构上的几何力学关系产生增力作用，具有较大的制动效能因数 K_{ef}。摩擦系数 μ 变大时，K_{ef} 按非线性关系迅速增加，故 μ 的微小变化，能引起制动效能的大幅度改变，即制动器工作的稳定性差。对于领从蹄式制动器，由于其从蹄具有减力作用，制动效能因数 K_{ef} 有所减小，K_{ef} 随 μ 变化程度亦有所减小，故该制动器的制动效能稳定性有所改善。而对于盘式制动器，虽然其制动效能没有鼓式制动器的大，但是制动效能稳定性最好，因此在汽车上得到广泛应用。

汽车涉水时，水进入制动器，短时间内制动效能的降低称为水衰退。此时，汽车应能够在短时间内迅速恢复原有的制动效能。

4.6 制动时汽车的方向稳定性

在制动过程中，有时会因出现跑偏、后轴侧滑或前轮失去转向能力而使汽车失去控制，偏离原行驶方向，甚至发生撞入对向车道、下沟、滑下山坡等危险情况。一般称汽车在制动过程中维持直线行驶或按预定弯道行驶的能力为制动时汽车的方向稳定性。

4.6.1 制动跑偏

汽车在制动时不能沿着直线方向减速停车，而是自动地向左或向右偏驶，这种类似于转向的现象称为制动跑偏，如图 4.18a 所示。产生制动跑偏的主要原因是在制动过程中，左、右轮地面制动力 F_{X1l} 和 F_{X1r} 不相等或者增大的快慢不一致，不但会形成转向力矩，而且 F_{X1l} 对主销的力矩也会使前轴发生偏转，还将引起前、后轴上产生侧向反作用力，使转向轮绕后倾的主销偏转，加剧跑偏，如图 4.19 所示。另外，悬架导向杆系与转向系运动不协调也会造成制动跑偏。对于这两种原因造成的制动跑偏，经过维修是可以消除的。

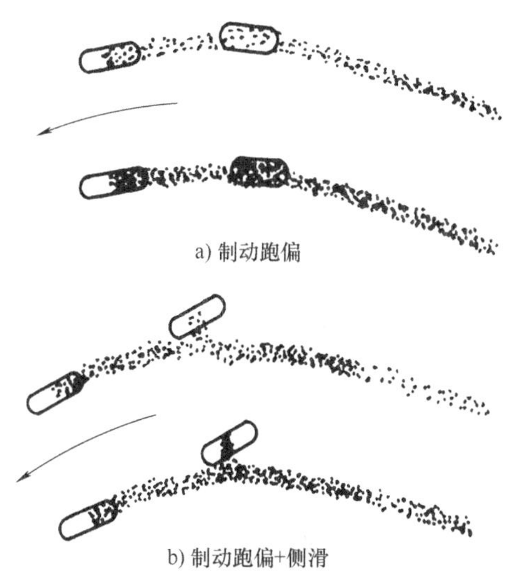

图 4.18 不同制动跑偏情形

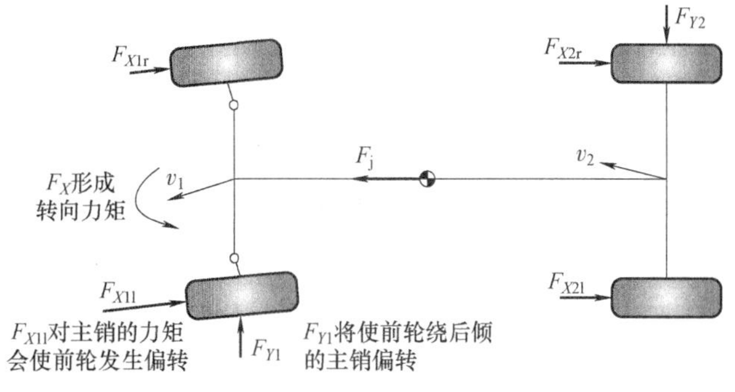

图 4.19 制动跑偏时受力图

4.6.2 制动侧滑

制动侧滑是指汽车在制动时，某一轴或两轴发生横向滑动的现象，如图 4.18b 所示。实践证明，后轮抱死侧滑具有很大的危险性，甚至会使汽车掉头；前轮抱死侧滑会使汽车失去转向能力，虽然转动转向盘但汽车仍按直线方向行驶。

下面从受力情况分析汽车前轮抱死或后轮抱死对汽车侧滑的影响。图 4.20a 所示为前轮抱死而后轮滚动，并设转向盘固定不动的情况。由于前轮侧偏特性丧失，容易受侧向力干扰而发生侧滑，设前轴中点速度为 v_A，与汽车纵轴线的夹角为 α，后轴中点速度 v_B，后轴未发生侧滑仍沿汽车纵轴线方向运动。假设前轮受到向右的侧向力作用，会向右侧滑，此时汽车将发生类似顺时针转弯的圆周运动，就会产生作用于质心 C 处的惯性力 F_j。地面将对后轮产生向右的侧偏力 F_{Y2l} 和 F_{Y2r}，与 F_j 的侧向分量相平衡，而 F_{Y2l} 和 F_{Y2r} 能对车辆质心产生逆时针的横摆力矩作用，减少或阻止前轮向右侧的侧滑转向。因此，汽车处于一种稳定状态。

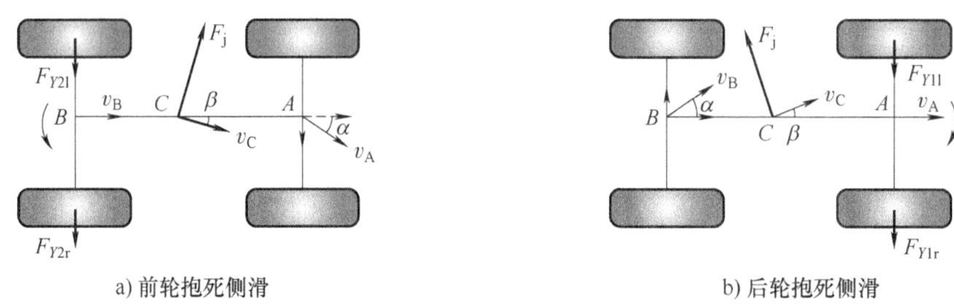

图 4.20 汽车侧滑时的运动状况

图 4.20b 所示为前轮滚动而后轮抱死侧滑的状况。由于后轮侧偏特性丧失，当车辆受侧向力干扰时，后轮会发生一定量的侧滑，后轴中点速度 v_B 与汽车纵轴线夹角为 α，前轮未发生侧滑仍按汽车纵轴线方向运动。假设后轮受到向左的侧向力作用，会向左侧滑，此时汽车也发生类似顺时针转弯的圆周运动，在质心 C 处产生离心力 F_j。地面对前轮则产生向右的侧偏力 F_{Y1l} 和 F_{Y1r}，与 F_j 的侧向分量相平衡，但是 F_{Y1l} 和 F_{Y1r} 将对车辆质心产生顺时针的横摆力矩，反而会加剧车辆的转向。因此，后轮抱死侧滑是一种不稳定状态。

为了减小和消除后轮抱死侧滑，驾驶人必须朝后轮抱死侧滑方向转动转向盘，使汽车回转半径变大，减小惯性力；直到前轮转到与后轮的行驶方向一致，惯性力消失，侧滑就自动停止。

综上，从保证汽车方向稳定性的角度出发，首先不能出现只有后轮抱死或后轮比前轮先抱死的情况，以防止出现危险的后轮抱死侧滑。其次，尽量少出现只有前轮抱死或前、后轮都抱死的情况，以维持汽车的转向能力。最理想的情况就是防止任何车轮抱死，使前、后车轮都处于边滚边滑状态，这样驾驶人在制动时还可以通过转向盘控制汽车的行驶方向。

4.7 汽车制动法规的要求

4.7.1 对制动性能的要求

汽车制动性能应满足 GB 7258—2017 的规定，在平坦、硬实、清洁、干燥且轮胎与地面间的附着系数大于或等于0.7的混凝土或沥青路面上，汽车以规定的初速度进行制动时的制动距离、汽车在规定的初速度下急踩制动踏板时充分发出的平均减速度（MFDD）及制动稳定性要求见表4.3。

表4.3 汽车制动距离、充分发出的平均减速度及制动稳定性要求

汽车类型	制动初速度/(km/h)	空载检验制动距离/m	满载检验制动距离/m	空载检验MFDD/(m/s^2)	满载检验MFDD/(m/s^2)	试验通道宽度/m
乘用车	50	≤19.0	≤20.0	≥6.2	≥5.9	2.5
总质量≤3500kg的低速货车	30	≤8.0	≤9.0	≥5.6	≥5.2	2.5
其他总质量≤3500kg的汽车	50	≤21.0	≤22.0	≥5.8	≥5.4	2.5
铰接客车、铰接式无轨电车、汽车列车（乘用车列车除外）	30	≤9.5	≤10.5	≥5.0	≥4.5	3.0①
其他汽车、乘用车列车	30	≤9.0	≤10.0	≥5.4	≥5.0	3.0

① 对车宽大于2.55m的汽车和汽车列车，其试验通道宽度（单位：m）为“车宽（m）+0.5m”。

4.7.2 对制动力分配的要求

对于M_1类乘用车以及M_2~M_3、N、O_2~O_4类机动车，分别有专门颁布的GB 21670—2008《乘用车制动系统技术要求及试验方法》和GB 12676—2014《商用车辆和挂车制动系统技术要求及试验方法》，对汽车制动力分配进行了规定。

1. M_1类汽车

M_1类汽车是指用于载客的乘客座位（驾驶人座位除外）不超过8个的载客汽车。对于未安装ABS的M_1类汽车，为了防止后轮先抱死发生危险的侧滑工况，当制动强度z=0.15~0.8时，在车辆所有载荷状态下，后轴利用附着系数曲线不应位于前轴上方；当附着系数φ=0.2~0.8时，制动强度$z \geqslant 0.1+0.7(\varphi-0.2)$；作为生产一致性检查的替代要求，当制动强度$z$=0.15~0.8时，后轴曲线应位于$z=0.9\varphi$以下，如图4.21所示。

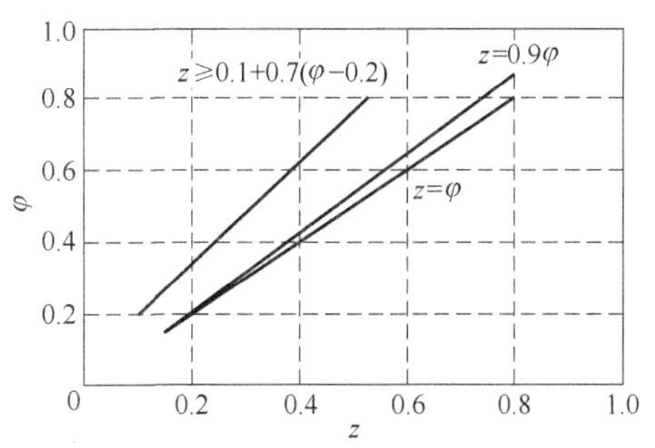

图4.21 M_1类汽车对制动力分配线的要求

2. N_1类汽车

N_1类汽车是指最大总质量不超过3.5t的载货汽车。对于N_1类汽车，当制动强度z=0.15~0.30时，各轴的利用附着系数曲线位于直线$\varphi=z+0.08$和$\varphi=z-0.08$之间，其中后轴利用附着系数曲线可以与直线$\varphi=z-0.08$相交；当制动强度z=0.30~0.50时，各轴的利用附着系数曲线应满足$\varphi \leqslant z+0.08$；当制动强度z=0.50~0.61时，各轴的利用附着系数曲线应满足$\varphi \leqslant (z-0.21)/0.5$。为了提高制动效率，当$\varphi$值处于0.2~0.8之间，所有商用车的制动强度应满足$z \geqslant 0.1+0.85(\varphi-0.2)$，如图4.22所示。

3. 除 M_1、N_1 类型以外的汽车

对于除 M_1、N_1 类型以外的其他类型汽车，当制动强度 $z=0.15\sim0.30$ 时，各轴的利用附着系数曲线位于直线 $\varphi=z+0.08$ 和 $\varphi=z-0.08$ 之间；当制动强度 $z=0.30\sim0.61$ 时，各轴的利用附着系数曲线应满足 $\varphi\leqslant(z-0.02)/0.74$；制动强度 $z=0.10\sim0.61$ 时，各轴的利用附着系数曲线应满足 $\varphi\leqslant(z+0.07)/0.85$，如图 4.23 所示。

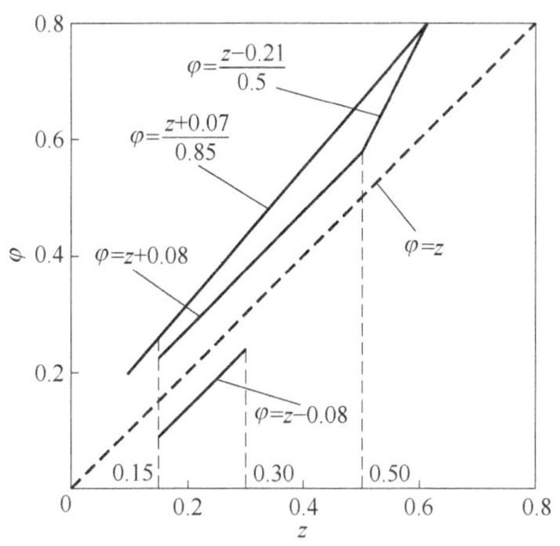

图 4.22　N_1 类汽车对制动力分配线的要求

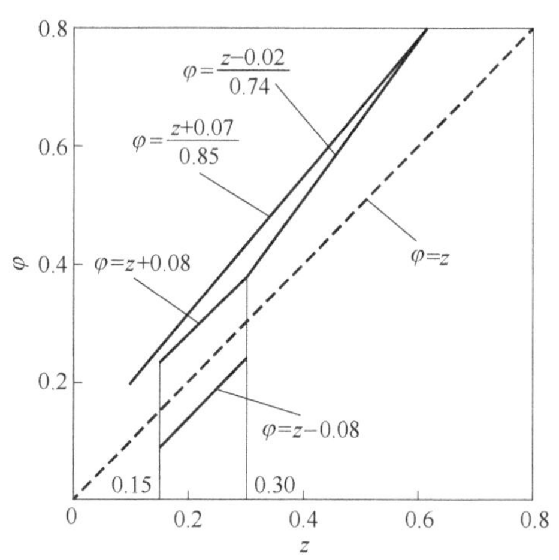

图 4.23　除 M_1、N_1 类型以外的汽车对制动力分配线的要求

因此，根据图 4.15 所示货车利用附着系数与制动强度的关系曲线，可以看出该货车在空载时不能满足法规的要求。实际上，一般具有固定比值制动力分配制动系的车辆，若不配备恰当的制动力调节装置，使其具有变比值制动力分配特性，则无法满足法规提出的要求。部分货车和经济型 SUV 则通过在传统制动液压回路中加装感载比例阀，使得 β 线能够根据车辆载荷变化而变化，接近于各载荷状态下的 I 曲线，以提高汽车制动效率并满足法规要求，如图 4.24 所示。

目前，许多汽车在防抱制动系统（ABS）基础上开发了电子制动力分配（electric brake force distribution，EBD）系统，能够根据前后轮的滑移率差值，实时控制后轮轮缸压力，使制动器制动力分配曲线逼近 I 曲线，这样，前后轮几乎同时临近抱死，如图 4.25 所示。

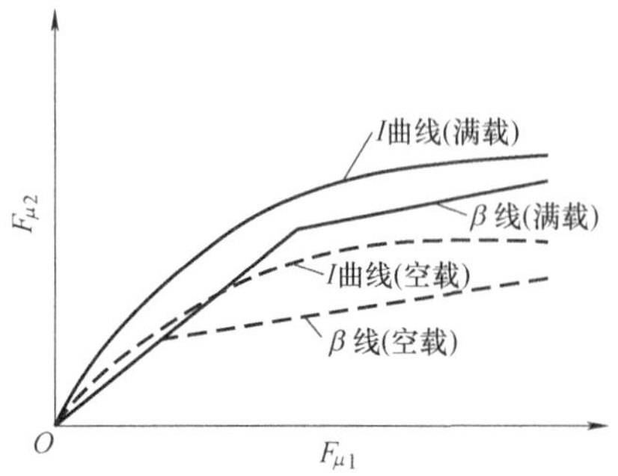

图 4.24　装有感载比例阀的汽车制动器制动力分配曲线

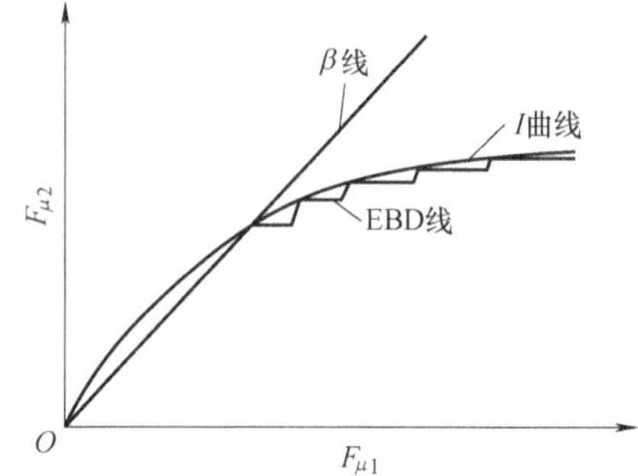

图 4.25　带 EBD 的汽车制动器制动力分配曲线

4.8 汽车防抱制动系统

汽车在制动过程中若车轮处于抱死状态，即滑移率为100%时，车轮制动力系数为较小的滑动附着系数，同时侧偏力系数几乎为零，导致汽车制动距离变长以及丧失转向能力和/或方向稳定性。为了提高汽车制动效能和行驶安全性能，现代汽车普遍装备防抱制动系统（ABS）。本节用单轮模型（图4.1）来仿真分析汽车防抱系统的工作过程。

1. ABS的数学模型

为简化ABS的动力学建模过程，假设：①车轮所受载荷是一个固定常数；②空气阻力和车轮滚动阻力可以不计入考虑。当汽车制动时，图4.1所示的单个车轮的运动方程式为

$$m\dot{v}=-F_{Xb} \tag{4.54a}$$

$$I_{w}\dot{\omega}_{w}=F_{Xb}r_{w}-T_{\mu} \tag{4.54b}$$

$$F_{Xb}=F_{Z}\varphi \tag{4.54c}$$

式中，m为1/4整车质量（kg）；I_w为车轮转动惯量（kg·m^2）；v为车轮的中心速度，即车辆速度（m/s）；ω_w为车轮角速度（rad/s）；r_w为车轮半径；F_Z为法向反力（N）；F_{Xb}为地面制动力（N）；T_μ为制动器制动力矩（N·m）；φ为地面附着系数，它是滑移率s的函数。

为了使问题进一步简化，采用一种双线性模型来表示路面纵向附着系数φ和车轮滑移率s之间关系，如图4.26所示。其数学表达式为

$$\varphi=\begin{cases}\dfrac{s}{s_p}\varphi_p & (0\leqslant s\leqslant s_p)\\[2ex] \dfrac{\varphi_p-\varphi_s s_p}{1-s_p}-\dfrac{\varphi_p-\varphi_s}{1-s_p}s & (s_p\leqslant s\leqslant 1)\end{cases} \tag{4.55}$$

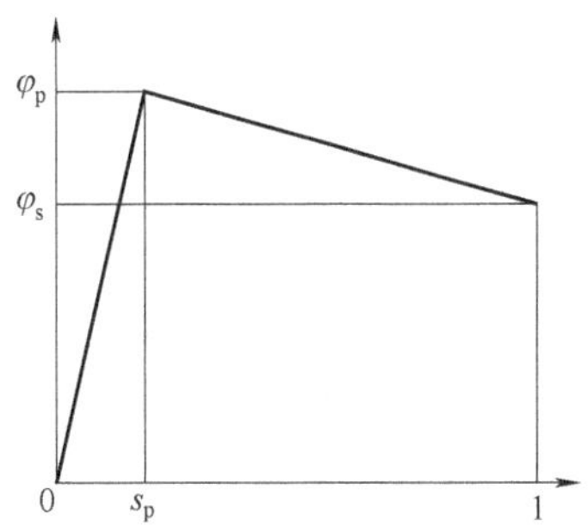

图4.26 车轮φ-s双线性模型

式中，φ_p为纵向峰值附着系数；φ_s为滑移率为100%时的纵向附着系数，也称滑动附着系数；s_p为纵向峰值附着系数φ_p对应的滑移率。

汽车制动系统压力的形成与液压回路、比例阀有关，由此建立制动器制动力矩简化模型：

$$T_{\mu}=K_{f}P \tag{4.56}$$

式中，K_f为制动器制动系数；P为制动器液压力（kPa）。

由于制动器中各机械部件之间存在间隙和摩擦，导致了制动器滞后等非线性特性，可将其视作一阶惯性环节，即

$$G(s)=\frac{150}{\tau_{B}s+1} \tag{4.57}$$

式中，τ_B为制动器滞后时间（s）。

2. ABS的仿真模型

为了简化ABS仿真分析，针对所提出的车轮模型，设计了一种bang-bang逻辑开关控制器，建立如图4.27所示的Simulink模型。它将车轮实际滑移率和期望滑移率之间的误差作为

输入量，通过逻辑开关控制，使车轮滑移率保持在理想滑移率附近。

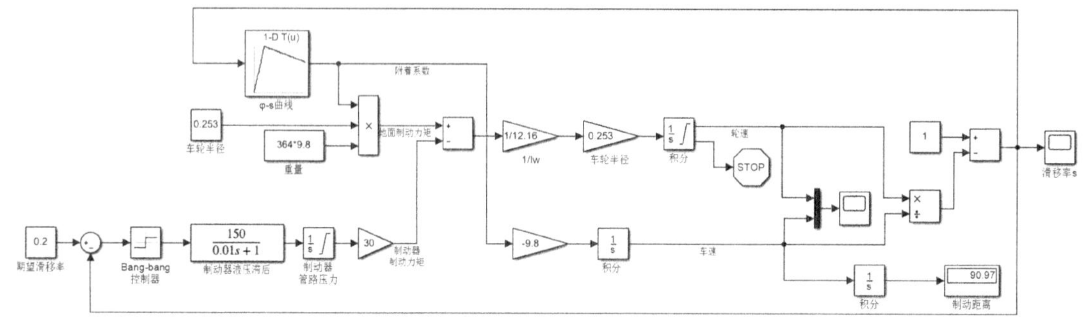

图 4.27　汽车防抱制动系统的 bang-bang 控制模型

仿真中所用到的系统模型参数见表 4.4。

表 4.4　汽车防抱制动系统模型参数

名称	数值
单轮承载质量 m/kg	364
制动初速度 v_0/(m/s)	30
车轮转动惯量 I_w/(kg·m^2)	12.16
车轮半径 r_w/m	0.253
制动器制动系数 K_f	30
最大制动管路压力 P_{max}/MPa	15
制动器滞后时间 τ_B/s	0.01
路面峰值附着系数 φ_p	0.6
路面滑动附着系数 φ_s	0.4

3. ABS 的仿真结果

制动过程中车轮滑移率、车速及轮速仿真结果分别如图 4.28 和图 4.29 所示。可以看出，在制动操作后，ABS 可控制车轮旋转线速度略低于车速，这样能获得较小的滑移率。车轮速度的下降过程不是平稳的，而汽车速度则呈平稳下降趋势，滑移率保持在 20%附近变化，在这个范围内可获得较大的纵向附着系数和侧向附着系数，从而使汽车有较高的制动效能和方向稳定性。

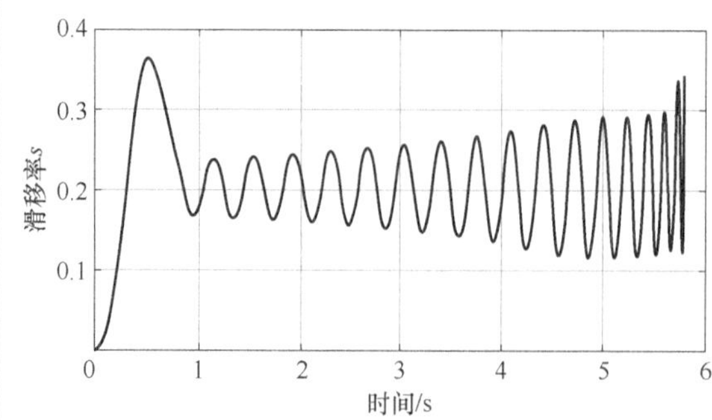

图 4.28　车轮滑移率仿真结果

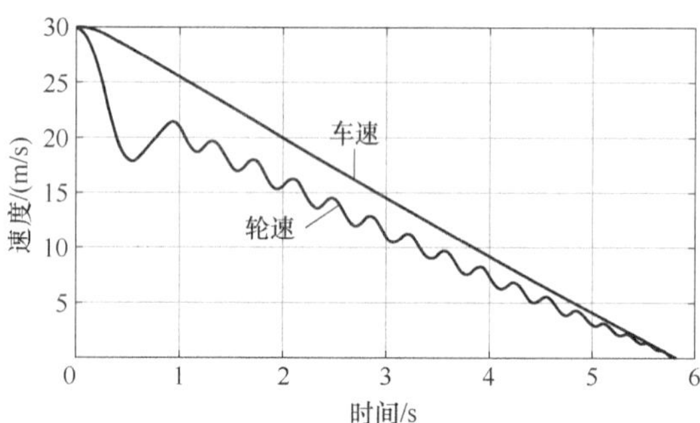

图 4.29　车速和轮速仿真结果

需要指出的是，由于准确测量车速和滑移率十分困难，许多公司开发了基于逻辑门限控制的ABS，它是将车轮的减速度（或角减速度）和加速度（或角加速度）作为主要控制门限，将推断的车轮滑移率作为辅助控制门限，在实际应用中取得了较好的防抱死制动效果。

习　题

4.1 地面制动力与制动器制动力、地面附着力有何联系和区别？写出它们的关系式。能否将制动器尺寸做大以获得相应大的地面制动力？

4.2 什么是理想制动力分配曲线？通常如何绘制该曲线？

4.3 同步附着系数 φ_0 的含义是什么？根据制动器固定制动力分配比 β 和车辆结构参数，推导车辆的同步附着系数 φ_0。

4.4 通过理论推导，分析汽车分别在不同路面上做强制动时的前、后轮抱死顺序。

4.5 什么是汽车的制动性？它包括哪些方面？

4.6 制动效能的含义是什么？它的评定指标有哪些？

4.7 汽车制动时出现单轴车轮抱死会有哪些表现？作图分析产生汽车方向不稳的原因。

4.8 如果一辆汽车在满载制动时，常发生后轮侧滑，试分析该车的问题出在哪里？改进的思路是什么？

4.9 某汽车满载，质量 $m=3780\text{kg}$，轴距 $L=2.8\text{m}$，质心至前轴距离 $a=1.8\text{m}$，质心高度 $h_g=0.835\text{m}$，当该车在附着系数 $\varphi=0.7$ 的水平路面上紧急制动时，前、后车轮的地面制动力均达到附着力，求此时作用于前轮的地面法向反作用力。

4.10 某汽车参数同习题4.9，其制动器制动力分配系数 $\beta=0.52$。此车的同步附着系数是多少？在 $\varphi=0.6$ 的道路上制动时，什么车轮先抱死？会有什么现象？

参考文献

[1] 余志生. 汽车理论［M］. 6版. 北京：机械工业出版社，2019.

[2] WONG J Y. Theory of ground vehicles［M］. 4th ed. New York：John Wiley & Sons Inc.，2008.

[3] GILLISPIE T D. Fundamentals of vehicle dynamics［M］. Warrendale：SAE International，1992.

[4] 崔胜民. 汽车系统动力学与仿真［M］. 北京：北京大学出版社，2014.

[5] 杨志华. 汽车理论［M］. 北京：机械工业出版社，2020.

[6] 张聚. 基于MATLAB的控制系统仿真及应用［M］. 2版. 北京：电子工业出版社，2018.

[7] MITSCHKE M，WALLENTOWITZ H. Dynamik der kraftfahrzeuge［M］. 5th ed. Wiesbaden：Springer Vieweg，2014.

[8] 张代胜. 汽车理论［M］. 合肥：合肥大学出版社，2011.

[9] 吴光强. 汽车理论［M］. 3版. 北京：人民交通出版社，2021.

[10] EHSANI M，GAO Y M，LONGO S，et al. Modern electric，hybrid electric，and fuel cell vehicles［M］. 3rd ed. Boca Raton：CRC Press，2018.

[11] 中华人民共和国公安部. 机动车运行安全技术条件：GB 7258—2017［S］. 北京：中国标准出版社，2017.

[12] 国家发展和改革委员会. 乘用车制动系统技术要求及试验方法：GB 21670—2008［S］. 北京：中国标准

出版社，2008.
[13] 中华人民共和国工业和信息化部. 商用车辆和挂车制动系统技术要求及试验方法：GB 12676—2014 [S]. 北京：中国标准出版社，2014.
[14] The Economic Commission for Europe of the United Nations. Uniform provisions concerning the approval of vehicles of categories M, N and O with regard to braking: UN/ECE Regulation No 13-2016 [S]. Brussels: Official Journal of the European Union, 2016.
[15] 程军. 汽车防抱死制动系统的理论与实践 [M]. 北京：北京理工大学出版社，1999.
[16] REIF K. Brakes, brake control and driver assistance systems: function, regulation and components [M]. Wiesbaden: Springer Vieweg, 2014.

附　录

例题 4.2 的程序代码

```
%制动距离随速度变化情况
clc
clear all
t21=0.2;
t22=0.2;
g=9.8;
b=0.8;
v0=linspace(0,100,101);
a=b*g;
s=(1/3.6)*((t22/2)+t21)*v0+(v0.^2)/(25.92*a);
plot(v0,s,'r-','LineWidth',1.5);
grid on
xlabel('初速度 V_0/(km/h)')
ylabel('制动距离 s/m')
```

例题 4.3 的程序代码

```
clc
clear all
m=[4080;9290];h=[0.845;1.17];b=[1.85;1];l=3.95;beta=0.38;
a=l-b;

z=linspace(0,1,100);

figure(1);
fei_f=beta.*z.*l./(b+z.*h);
fei_r=(1-beta).*z.*l./(a-z.*h);
fei=z;
```

```
plot(z,fei_f(1,:));gtext('φ_1(空载)');
hold on
plot(z,fei_f(2,:));gtext('φ_1(满载)');
hold on
plot(z,fei_r(1,:));gtext('φ_2(空载)');
hold on
plot(z,fei_r(2,:));gtext('φ_2(满载)'),
hold on
plot(z,fei);gtext('φ=z');
grid on
xlabel('制动强度 z');ylabel('利用附着系数 φ_i');
figure(2);
E_f=z./fei_f.*100;
E_r=z./fei_r.*100;

plot(fei_f(1,:),E_f(1,:));
gtext('η_b_1(空载)');
hold on
plot(fei_f(2,:),E_f(2,:));gtext('η_b_1(满载)');
hold on
plot(fei_r(1,:),E_r(1,:));gtext('η_b_2(空载)');
hold on
plot(fei_r(2,:),E_r(2,:));gtext('η_b_2(满载)');
grid on
axis([0 1 0 100]);
xlabel('附着系数 φ');ylabel('制动效率 η_b (%)');
```

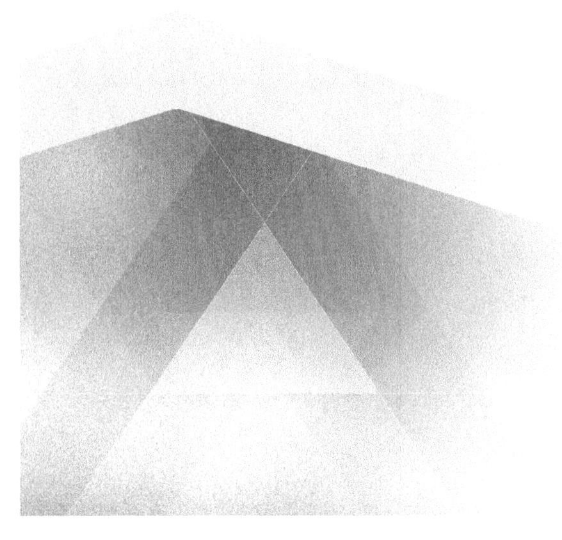

第 5 章 汽车操纵动力学

5.1 轮胎无侧偏时的汽车转向运动学

低速行驶汽车在平直路面转向且不受侧风作用时，作用在车辆上的侧向力很小，由此产生的轮胎侧偏可以忽略。为减少轮胎磨损，各车轮在转向行驶中与地面保持纯滚动而无滑动，因此，四个车轮须绕着同一个中心转向，如图 5.1 所示。这时有如下关系

$$\cot\delta_o - \cot\delta_i = \frac{B}{L} \tag{5.1}$$

式中，δ_o 为外轮转角；δ_i 为内轮转角；B 为后轴轮距。

这个关系称为理想的内、外轮转角关系，又称阿克曼转向几何关系。需要注意的是，汽车转向梯形机构通常不能使内、外侧车轮转向角在整个转向范围内都满足该转向几何关系，实际转向角与理想转向角之间的偏差会导致前轮产生一定程度的磨损。

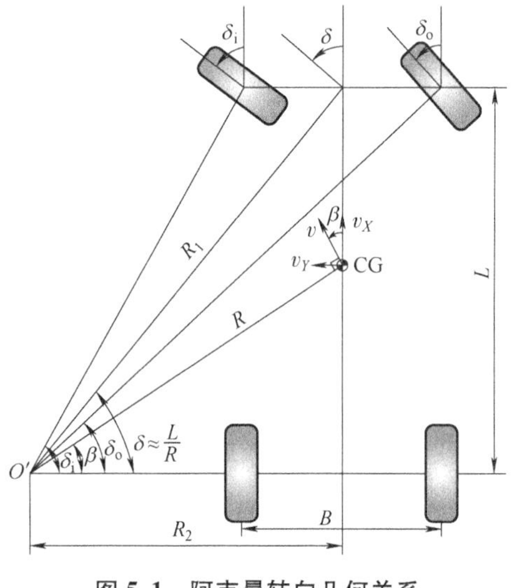

图 5.1 阿克曼转向几何关系

为简化分析，将四轮车辆模型简化为单辙二轮模型，可令前轴中点的速度方向与汽车纵轴线之间的夹角为 δ，则 δ 与 δ_i 和 δ_o 的关系大致为

$$\delta = \frac{\delta_i + \delta_o}{2} \tag{5.2}$$

定义从瞬时转向中心 O' 到汽车质心之间的距离为转弯半径 R。当汽车转向角较小时，用弧度表示 δ 的大小，$\delta \approx \sin\delta \approx \tan\delta$，$R \approx R_1 \approx R_2$，且 $R \gg B$，则

$$\left.\begin{aligned} \delta_o &\approx \frac{L}{R+B/2} \\ \delta_i &\approx \frac{L}{R-B/2} \end{aligned}\right\} \tag{5.3}$$

因此，前轮的平均转向角

$$\delta \approx \frac{L}{R} \tag{5.4}$$

满足式（5.4）的前轮转向角称为阿克曼转向角。

需要说明的是，低速行驶的车辆在转向时，由于前、后轮转弯半径 R_1 和 R_2 并不相等，后轮会偏离前轮轮迹，即轮迹偏移。根据图 5.1 所示几何关系，可以近似计算出车辆纵轴线前、后端的偏移距 Δ，

$$\Delta = R_1 - R_2 \approx R_1(1-\cos\delta) \approx R\left(1-\cos\frac{L}{R}\right) \approx \frac{L^2}{2R} \tag{5.5}$$

显然，轮迹偏移容易发生在长轴距的车辆上，比如货车和公共汽车等，而铰接式车辆轮迹偏移运动复杂，需要用等切面曲线方程来描述。

5.2 轮胎有侧偏时的汽车转向运动学

汽车在行驶过程中，由于路面的侧向倾斜、侧向风或曲线行驶时离心力的作用，会在各轮胎接地面内产生与之相平衡的侧偏力 F_Y，使弹性轮胎产生侧偏角 α。此处以高速行驶车辆转弯为例，分析有侧偏时车辆转向运动学。假设前轮转向角 δ 为一小角度，转弯半径 R 远大于车辆的轴距 L，并忽略前轴内、外侧车轮的转角差（即认为同一车轴的两侧车轮侧偏角相等），将车辆简化为图 5.2 所示的单辙二轮车辆模型。图中，O' 为瞬态转向中心；α_1 和 α_2 分别为前、后车轮侧偏角；v 为车辆质心位置的水平行驶速度；v_X 和 v_Y 分别为 v 在纵向和侧向上的车速分量；β 为车辆质心位置的侧偏角，其值通常很小。

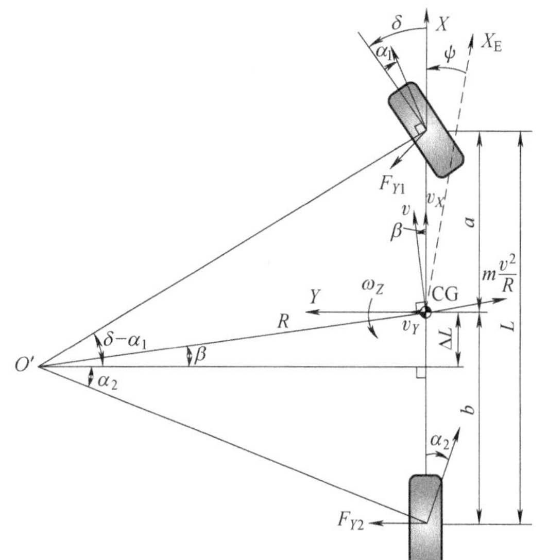

图 5.2 单辙二轮车辆模型

与低速行驶车辆不同，高速行驶车辆在转向时，由于弹性轮胎的侧偏，使前、后轴中点速度方向和车辆瞬时转向中心都发生改变。由图 5.2 中的几何关系可得

$$\tan(\delta-\alpha_1) = \frac{a+\Delta L}{R\cos\beta} \tag{5.6}$$

$$\tan\alpha_2 = \frac{b-\Delta L}{R\cos\beta} \tag{5.7}$$

将式（5.6）和式（5.7）相加，并且由 $a+b=L$，$\tan(\delta-\alpha_1)\approx\delta-\alpha_1$，$\tan\alpha_2\approx\alpha_2$，$\cos\beta\approx1$，整理可得

$$\delta \approx \frac{L}{R} + \alpha_1 - \alpha_2 \tag{5.8}$$

故汽车的转弯半径可表示为

$$R \approx \frac{L}{\delta - \alpha_1 + \alpha_2} \tag{5.9}$$

由式（5.9）可知，高速行驶车辆的转弯半径不仅与轴距 L 和转向角 δ 有关，还受到前、后轮侧偏角（α_1 和 α_2）的影响，有可能大于或小于低速行驶车辆的转弯半径。

5.3 汽车稳态转向分析

当汽车转向盘转角保持不变，车辆处于等速圆周行驶状态时，称作汽车稳态转向。

5.3.1 汽车转向时的受力分析

对于图 5.2 所示的车辆，以车速 v 行驶，地面作用于前、后车轮的侧偏力（F_{Y1}、F_{Y2}）之和等于离心力（即质量乘以向心加速度），并考虑到车辆质心侧偏角 β 以及前轮转向角 δ 很小，$\cos\beta \approx 1$，$\cos\delta \approx 1$。

分别对车辆后轮和前轮接地中心进行力矩平衡分析：

$$F_{Y1}L - m\frac{v^2}{R}b = 0 \tag{5.10}$$

$$-F_{Y2}L + m\frac{v^2}{R}a = 0 \tag{5.11}$$

可得前、后轮侧偏力

$$F_{Y1} = \frac{b}{L}m\frac{v^2}{R} \tag{5.12}$$

$$F_{Y2} = \frac{a}{L}m\frac{v^2}{R} \tag{5.13}$$

根据轮胎的侧偏刚度 C_α 的定义，有

$$F_Y = C_\alpha \alpha \tag{5.14}$$

前、后轮的侧偏角分别为

$$\alpha_1 = \frac{F_{Y1}}{C_{\alpha1}} = \frac{b}{L}\frac{mv^2}{RC_{\alpha1}} \tag{5.15}$$

$$\alpha_2 = \frac{F_{Y2}}{C_{\alpha2}} = \frac{a}{L}\frac{mv^2}{RC_{\alpha2}} \tag{5.16}$$

综合式（5.8）、式（5.15）和式（5.16），并考虑到前轮转向角、前/后轮侧偏角较小，采用弧度（rad）作为单位，轮胎侧偏刚度单位为 N/rad，其他参数均为 ISO 单位制，得到

$$\delta \approx \frac{L}{R} + \alpha_1 - \alpha_2 = \frac{L}{R} + \frac{m}{L}\left(\frac{b}{C_{\alpha1}} - \frac{a}{C_{\alpha2}}\right)\frac{v^2}{R} \tag{5.17}$$

5.3.2 汽车的稳态转向特性评价指标

1. 稳定性因数

定义汽车转向稳定性因数

$$K=\frac{m}{L^2}\left(\frac{b}{C_{\alpha1}}-\frac{a}{C_{\alpha2}}\right) \tag{5.18}$$

则式（5.17）可写为

$$\delta=\frac{L}{R}+KL\frac{v^2}{R}=\frac{L}{R}(1+Kv^2) \tag{5.19}$$

由式（5.15）、式（5.16）和式（5.18），可进一步推导出

$$K=\frac{m}{L^2}\left(\frac{b}{C_{\alpha1}}-\frac{a}{C_{\alpha2}}\right)=\frac{\alpha_1-\alpha_2}{v^2L/R} \tag{5.20}$$

结合式（5.19）和式（5.20）可以看出，随着稳定性因数 K 的变化，车辆有不同的稳态转向特性。

（1）中性转向：$b/C_{\alpha1}=a/C_{\alpha2}\rightarrow K=0\rightarrow\alpha_1-\alpha_2=0$ 在等半径下转向，前轮转向角 δ 无需随车速 v 变化即可满足式（5.4）的阿克曼转向角与转弯半径关系，即 $\delta=L/R$。这是由于车辆质心处侧向加速度导致地面对车轮的侧偏力使前、后轮侧偏角大小相同、方向相同，对车辆转向的影响相互抵消。

（2）不足转向：$b/C_{\alpha1}>a/C_{\alpha2}\rightarrow K>0\rightarrow\alpha_1-\alpha_2>0$ 在等半径下转向，前轮转向角 δ 随车速 v 的平方增大。这是由于车辆质心处侧向加速度导致前轮侧偏角大于后轮侧偏角，后轮侧偏对车辆转向的作用不足以抵消前轮侧偏作用。因此，要维持转弯半径 R 不变，前轮需要转更大的转向角 δ。

（3）过多转向：$b/C_{\alpha1}<a/C_{\alpha2}\rightarrow K<0\rightarrow\alpha_1-\alpha_2<0$ 在等半径下转向，前轮转向角 δ 随车速 v 的平方减小。这是由于车辆质心处的侧向加速度导致后轮侧偏角大于前轮侧偏角，后轮侧偏对车辆转向的作用足以抵消前轮侧偏作用，且有剩余量，从而加剧车辆向内侧转向，导致转弯半径变小。只有减小转向角才能保持转弯半径不变，否则转弯半径将持续减小，这是一种非常危险的工况。

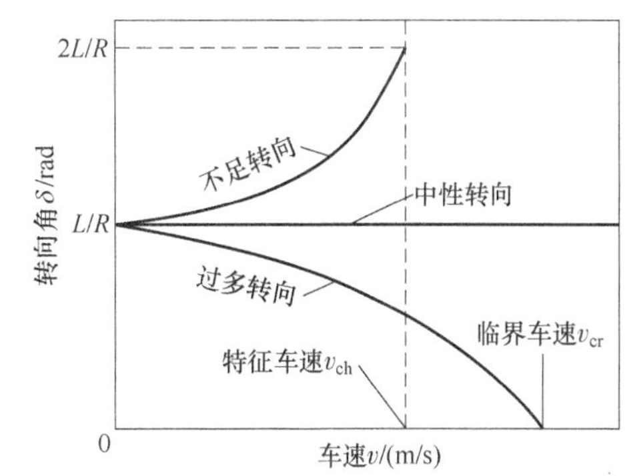

图 5.3 不同转向特性车辆在相同转弯半径下的转向角与车速的关系曲线

不同转向特性车辆在相同转弯半径下的转向角与车速的关系曲线如图 5.3 所示。对于中性转向的车辆，在任何车速下曲线行驶时的转向角都是阿克曼角；对于不足转向，转向角随车速的平方增加；对于过多转向，转向角随车速的平方减小，直至为零。

对于具有不足转向特性（$K>0$）的车辆，其不足转向的程度可以用特征车速 v_{ch} 来表征。特征车速是指进行任何（半径）转向，当转向角为 2 倍阿克曼角时的车速，即 $\delta=2L/R$。由式（5.19）可知，

$$Kv_{ch}^2 = 1 \tag{5.21}$$

故特征车速（单位为 m/s）为

$$v_{ch} = \sqrt{\frac{1}{K}} \tag{5.22}$$

对于具有过多转向特性（$K<0$）的车辆，存在临界车速 v_{cr}，当行驶速度达到该车速时，车辆处于不稳定状态，即 $\delta=0$。由式（5.19）可知，

$$Kv_{cr}^2 = -1 \tag{5.23}$$

故临界车速（单位为 m/s）为

$$v_{cr} = \sqrt{-\frac{1}{K}} \tag{5.24}$$

当车速 v 低于临界车速 v_{cr}时，具有过多转向特性的车辆可以行驶；当车速 v 等于或大于临界车速 v_{cr}时，车辆将变得方向不稳定，即很小的转向角就能使车辆急剧转向。

为了提高汽车在高速行驶的安全性，现代轿车通常并不设计成中性转向，而是略微不足转向，稳定性因数一般为 0.0015~0.004，以避免参数变化引起车辆转向特性由中性转向变成过多转向。汽车以 $0.4g$ 的向心加速度进行定圆等速行驶时，前、后轮的侧偏角之差一般以 1°~3°为宜。

例题 5.1 某燃油汽车质量 $m=1600$kg，轴距 $L=2.4$m，质心到前轴距离 $a=1.2$m，前轮总侧偏刚度 $C_{\alpha1}=9000$N/rad，后轮总侧偏刚度 $C_{\alpha2}=10000$N/rad。试问：

1）车辆属于何种转向特性?

2）若用电机和电池取代发动机和油箱，将该车改装成电动汽车，将导致汽车质量增加 200kg，质心向后移动 0.1m，则汽车转向特性如何?

3）若通过改变后轮胎侧偏刚度以保持原有车辆转向特性，应如何调整轮胎侧偏刚度?

解： 1）根据定义，由式（5.18）计算稳定性因数 $K=0.0025>0$，表明车辆具有不足转向特性。

2）改装成电动汽车后，由于质量增加和质心位置后移，可计算得到稳定性因数 $K=-0.0024<0$，即车辆转向特性为过多转向，临界车速仅为 73km/h。

3）若要保持原有车辆转向特性，即 $K=0.0025$，由式（5.18）计算后轮侧偏刚度应调整为

$$C_{\alpha2} = \frac{a}{b/C_{\alpha1} - KL^2/m} = 11381\text{N/rad}$$

这表明增大后轮侧偏刚度，有利于使车辆趋于不足转向，反之则会使车辆趋于过多转向。

2. 静态裕度

除了用稳定性因数 K 和前、后轮侧偏角差 $\alpha_1-\alpha_2$ 表征车辆的稳态转向特性外，还常用静态裕度（S. M.，又称静态储备系数）来评价汽车的转向特性。

假设侧向力作用于车轴某位置时，使前、后轮产生大小相等、方向相同的侧偏角 α，则称该位置为中性转向点（NSP），如图 5.4 所示。此时，前、后轮的侧偏力分别为 $F_{Y1}=C_{\alpha1}\alpha$、$F_{Y2}=C_{\alpha2}\alpha$，若以前轴中点为支点，进行力矩平衡分析，可得中性转向点 NSP 到前轴的距离为

$$a'=\frac{F_{Y2}L}{F_{Y1}+F_{Y2}}=\frac{C_{\alpha2}L}{C_{\alpha1}+C_{\alpha2}} \tag{5.25}$$

静态裕度 S. M. 就是中性转向点 NSP 到车辆质心位置 CG 之间距离与轴距 L 的比值，即

$$\text{S. M.}=\frac{a'-a}{L}=\frac{C_{\alpha2}}{C_{\alpha1}+C_{\alpha2}}-\frac{a}{L} \tag{5.26}$$

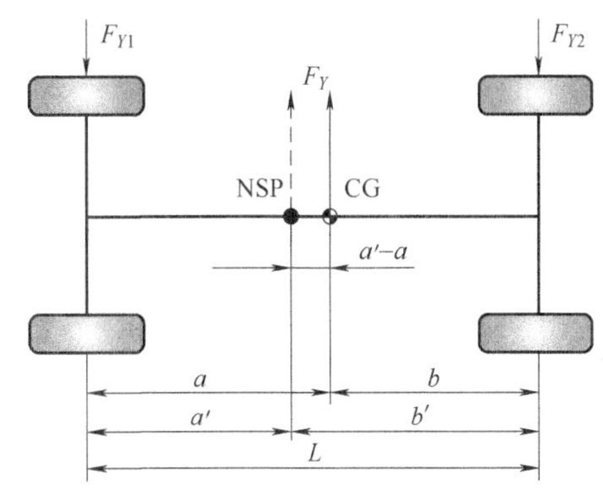

图 5.4　中性转向点位置的确定

当中性转向点 NSP 与质心 CG 重合时，S. M. =0，在质心位置上作用的侧向力引起前、后轮的侧偏角相等，汽车具有中性转向特性；当中性转向点 NSP 在质心 CG 之前时，$a'<a$，S. M. 为负值，在质心位置上作用的侧向力引起的前轮侧偏角 α_1 小于后轮侧偏角 α_2，汽车具有过多转向特性；反之，当中性转向点 NSP 在质心 CG 之后时，汽车具有不足转向特性。

5.3.3　汽车的稳态转向响应

1. 侧向加速度稳态增益

根据车辆的车速 v 和转弯半径 R，可以求得侧向加速度 a_Y，将其与前轮转向角 δ 的比值称为侧向加速度稳态增益（单位为 $\mathrm{m\cdot s^{-2}/rad}$），计算公式为

$$\left.\frac{a_Y}{\delta}\right)_s=\frac{v^2/R}{(1+Kv^2)L/R}=\frac{v^2/L}{1+Kv^2} \tag{5.27}$$

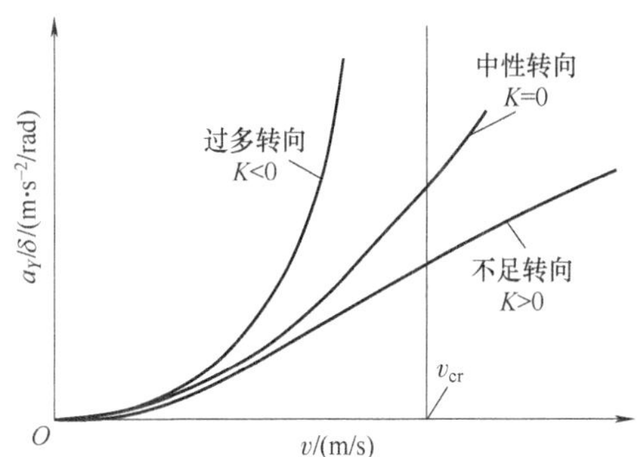

图 5.5　侧向加速度稳态增益与车速的关系

侧向加速度稳态增益与车速的关系如图 5.5 所示。当 $K=0$ 时（中性转向），侧向加速度增益仅由分子确定，与车速的平方成正比；当 $K>0$ 时（不足转向），由于分母中第二项的缘故，增益将减小；当 $K<0$ 时（过多转向），增益将增大，若车速达到临界车速时，分母为 0，增益趋向无穷大。

2. 横摆角速度稳态增益

车辆在转向时会产生横摆角速度（又称横摆率）ω_Z，它是车辆角速度绕 Z 轴的分量，表示为

$$\omega_Z=\frac{v}{R} \tag{5.28}$$

综合式（5.19）和式（5.28），求得横摆角速度与转向角的比值（单位为 $\mathrm{rad\cdot s^{-1}/rad}$）为

$$\left.\frac{\omega_Z}{\delta}\right)_s=\frac{v/R}{(1+Kv^2)L/R}=\frac{v/L}{1+Kv^2} \tag{5.29}$$

横摆角速度稳态增益与车速的关系如图 5.6 所示。对于中性转向车辆的情况，它正比于车速；在过多转向的情况下，当车速 v 达到按式（5.24）确定的临界车速 v_{cr}时，横摆角速度

稳态增益为无穷大，这意味着汽车在临界车速附近是不稳定的；在不足转向的情况下，横摆角速度稳态增益从特征车速 v_{ch}点开始下降，从汽车操纵性和安全性的角度讲，这是一种理想的响应。

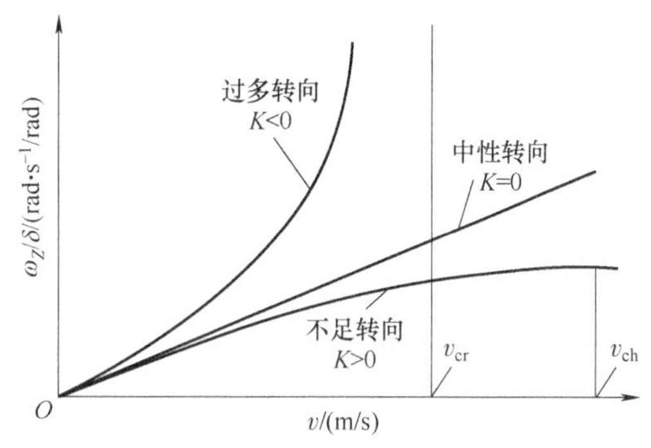

图 5.6　横摆角速度稳态增益与车速的关系

3. 转向曲率稳态增益

转向曲率稳态增益是车辆稳态转向曲率 κ（$\kappa=1/R$）与转向角 δ 的比值（单位为 $\mathrm{m^{-1}/rad}$），它是用来评价车辆响应性能的另一个常用参数，由式（5.19）可得该参数的表达式为

$$\left.\frac{\kappa}{\delta}\right)_s=\frac{1/R}{(1+Kv^2)L/R}=\frac{1/L}{1+Kv^2} \tag{5.30}$$

车辆的转向曲率稳态增益与车速的关系如图 5.7 所示。图 5.8 所示为不同转向特性车辆在高速行驶时转弯半径示意图。对于中性转向车辆，由于转向稳定性因数 $K=0$，所以转向曲率增益与车速 v 无关；对于不足转向车辆，由于转向稳定性因数 $K>0$，转向曲率增益随车速 v 增加而减小；对于过多转向车辆，由于转向稳定性因数 $K<0$，转向曲率增益随车速 v 增加而增大。这与 5.3.2 节的结论一致。

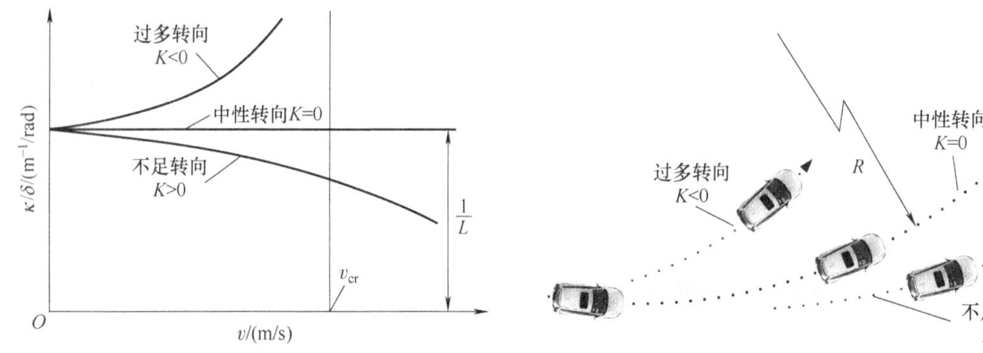

图 5.7　转向曲率增益与车速的关系

图 5.8　不同转向特性车辆在高速行驶时转弯半径示意图

4. 车辆质心处侧偏角稳态增益

车辆上任意一点的侧偏角可以定义为该点运动方向与车辆纵向轴线之间的夹角。若该点的运动方向与车辆转向一致，定义侧偏角为正值，相反则为负值。一般情况下，转向时车辆上任意一点的侧偏角都是不一样的。图 5.9 所示为不同行驶速度车辆在转向时的质心侧偏角。

根据 5.1 节和 5.2 节的分析，对于低速行驶车辆在转向时，由于侧向加速度很小，可忽略轮胎侧偏，则由于轮迹偏移后轮将沿着前轮轨迹内侧行驶，车辆在质心位置处的侧偏角 β 为正值，如图 5.9a 所示；但高速行驶车辆转向时，随着侧向加速度增加，车辆后部必定会向外侧滑，从而在后轮产生向外的侧偏角，车辆在质心位置处的侧偏角 β 由正值变为负值，如图 5.9b 所示。

结合图 5.2 和式（5.16），在任意车速下，车辆质心处的侧偏角

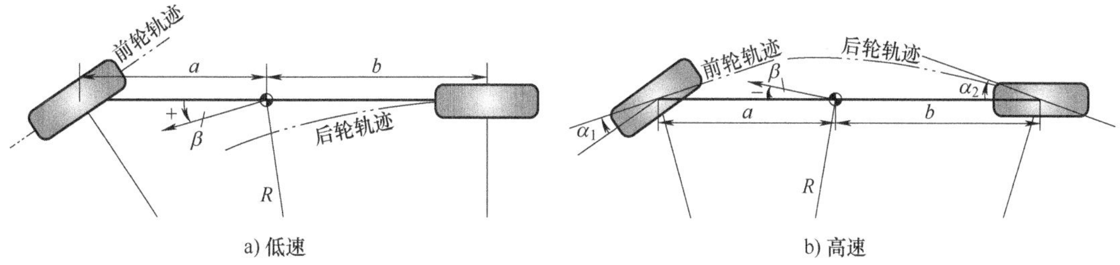

图 5.9　不同行驶速度车辆在转向时的质心侧偏角

$$\beta \approx \frac{b}{R}-\alpha_2=\frac{b}{R}-\frac{a}{L}\frac{mv^2}{RC_{\alpha 2}} \tag{5.31}$$

当车辆质心处侧偏角 $\beta=0$ 时，车速 v 与转弯半径 R 无关，即

$$v_{\beta=0}=\sqrt{\frac{C_{\alpha 2}Lb}{ma}} \tag{5.32}$$

根据式（5.19）和式（5.31），车辆在质心处的侧偏角稳态增益（单位为 rad/rad）为

$$\left.\frac{\beta}{\delta}\right)_s=\frac{\dfrac{b}{R}-\dfrac{a}{L}\dfrac{mv^2}{RC_{\alpha 2}}}{\dfrac{L}{R}(1+Kv^2)}=\frac{1-\dfrac{a}{Lb}\dfrac{mv^2}{C_{\alpha 2}}}{1+Kv^2}\frac{b}{L} \tag{5.33}$$

车辆质心处侧偏角稳态增益与车速的关系如图 5.10 所示。无论是何种转向特性车辆，随着车速增加，其侧偏角均减小，超过一定速度后，β 从正值变为负值；对于过多转向车辆，β 在临界车速 v_{cr} 处变为负无穷大；对于不足转向车辆，β 在较高车速处达到饱和值；对于中性转向车辆，根据式（5.33），侧偏角稳态增益

$$\left.\frac{\beta}{\delta}\right)_s=\left(1-\frac{a}{Lb}\frac{mv^2}{C_{\alpha 2}}\right)\frac{b}{L} \tag{5.34}$$

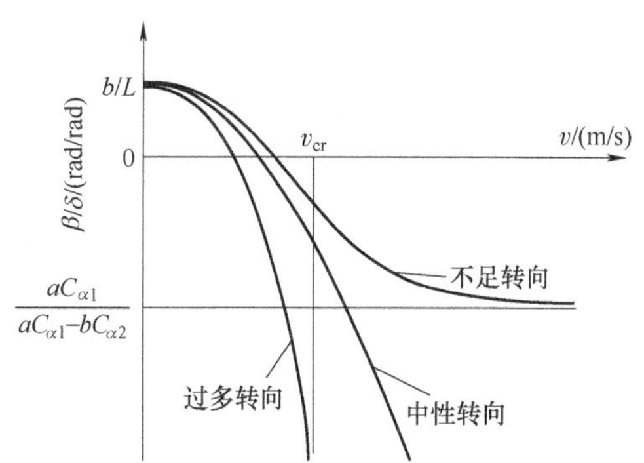

图 5.10　车辆质心处侧偏角稳态增益与车速的关系

5.4　汽车瞬态转向分析

5.4.1　汽车操纵动力学方程

从给出转向输入信号开始到形成稳定的运动状态，这段时间内汽车运动处于过渡状态，汽车表现出瞬态响应特性。瞬态响应特性好的汽车，在过渡到稳定运动状态过程中应该是波动最小而响应最快的。

分析瞬态响应必须考虑汽车的惯性。为了简化汽车瞬态操纵动力学的建模，引入以下假设：

1）忽略转向系的作用，直接以前轮转角作为输入。

2）忽略悬架的作用，认为汽车只做平行于地面的平面运动，即汽车沿 Z 轴的位移、绕 Y 轴的俯仰角和绕 X 轴的侧倾角均为零。

3）汽车沿 X 轴的前进速度 v_X 视为不变，这样汽车只有沿 Y 轴的侧向运动和绕 Z 轴的横摆运动两个自由度。

4）汽车侧向加速度限定在 $0.4g$ 以下，轮胎侧偏特性处于线性范围。

5）不考虑地面纵向力对轮胎侧偏特性的影响。

6）忽略空气动力的作用。

7）忽略左、右车轮由于法向载荷变化引起轮胎特性的变化。

8）不考虑轮胎回正力矩的作用。

简化后的单辙二轮汽车模型如图 5.11 所示。它是一个由前后两个有侧偏弹性的轮胎支承于地面、具有侧向和横摆运动的二自由度汽车模型。其中，β 为汽车质心侧偏角；v_X 为汽车质心处水平行驶速度 v 沿 X 方向分量，即前进速度；v_Y 为汽车质心处行驶速度 v 沿 Y 方向分量，即侧向速度；ω_Z 为汽车横摆角速度；a、b 分别为汽车质心至前轴和后轴的距离；L 为前后轴距；α_1、α_2 分别为前轮和后轮侧偏角；δ 为前轮转向角；F_{Y1}、F_{Y2} 分别为前轮和后轮所受侧偏力。

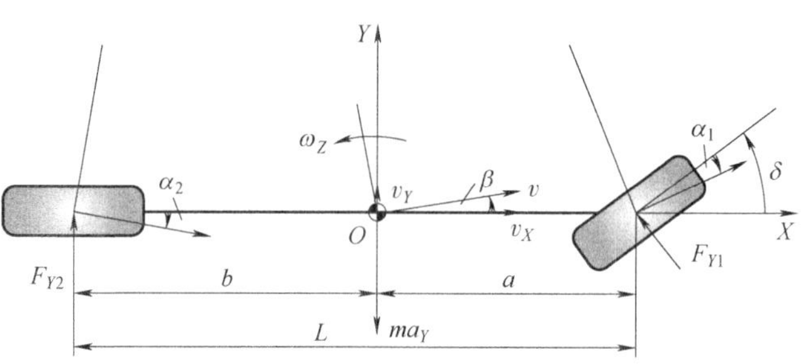

图 5.11　简化后的单辙二轮汽车模型

由于汽车转向行驶时伴有平移和转动，汽车质心处的绝对加速度沿 Y 轴的分量为

$$a_Y=\dot{v}_Y+v_X\omega_Z \tag{5.35}$$

由图 5.11 可知，汽车质心侧偏角 β 与该位置纵向速度 v_X 和侧向速度 v_Y 之间的关系为

$$\beta\approx\tan\beta=\frac{v_Y}{v_X} \tag{5.36}$$

根据汽车质心处速度的纵向分量 v_X 和侧向分量 v_Y 以及前、后轮运动的牵连速度 $\omega_Z a$ 和 $\omega_Z b$，得到前、后轮的侧偏角分别为

$$\alpha_1=\delta-\frac{\omega_Z a+v_Y}{v_X}=\delta-\left(\frac{\omega_Z a}{v_X}+\beta\right) \tag{5.37}$$

$$\alpha_2=\frac{\omega_Z b-v_Y}{v_X}=\frac{\omega_Z b}{v_X}-\beta \tag{5.38}$$

由于在小转向角范围内，轮胎侧偏角亦很小，则前、后轮侧偏力分别为

$$F_{Y1}=C_{\alpha1}\alpha_1=C_{\alpha1}\left(\delta-\frac{\omega_Z a}{v_X}-\beta\right) \tag{5.39}$$

$$F_{Y2}=C_{\alpha2}\alpha_2=C_{\alpha2}\left(\frac{\omega_Z b}{v_X}-\beta\right) \tag{5.40}$$

根据牛顿第二定律，二自由度汽车的侧向和横摆运动方程为

$$\left.\begin{aligned} m(\dot{v}_Y+v_X\omega_Z) &= F_{Y1}\cos\delta+F_{Y2} \\ I_Z\dot{\omega}_Z &= aF_{Y1}\cos\delta-bF_{Y2} \end{aligned}\right\} \tag{5.41}$$

考虑到前轮转向角较小，$\cos\delta\approx1$，则有

$$\left.\begin{aligned} m(\dot{v}_Y+v_X\omega_Z)+C_{\alpha1}\left(\beta+\frac{\omega_Z a}{v_X}-\delta\right)+C_{\alpha2}\left(\beta-\frac{\omega_Z b}{v_X}\right)=0 \\ I_Z\dot{\omega}_Z+aC_{\alpha1}\left(\beta+\frac{\omega_Z a}{v_X}-\delta\right)-bC_{\alpha2}\left(\beta-\frac{\omega_Z b}{v_X}\right)=0 \end{aligned}\right\} \tag{5.42}$$

由于假设车辆沿 X 轴方向速度 v_X 不变，根据式（5.36）得到

$$\dot{\beta}=\frac{\dot{v}_Y}{v_X} \tag{5.43}$$

将式（5.43）代入式（5.42），并考虑到车辆质心处侧偏角 β 通常很小，则有

$$\left.\begin{aligned} mv_X(\dot{\beta}+\omega_Z)+C_{\alpha1}\left(\beta+\frac{\omega_Z a}{v_X}-\delta\right)+C_{\alpha2}\left(\beta-\frac{\omega_Z b}{v_X}\right)=0 \\ I_Z\dot{\omega}_Z+aC_{\alpha1}\left(\beta+\frac{\omega_Z a}{v_X}-\delta\right)-bC_{\alpha2}\left(\beta-\frac{\omega_Z b}{v_X}\right)=0 \end{aligned}\right\} \tag{5.44}$$

取状态变量 $\boldsymbol{X}=[\beta \quad \omega_Z]^{\mathrm{T}}$，输入变量 $\boldsymbol{u}=[\delta]$，输出变量 $\boldsymbol{Y}=[\beta \quad \omega_Z \quad a_Y]^{\mathrm{T}}$，将运动微分方程式（5.44）写成状态空间表达式，即

$$\left.\begin{aligned} \dot{\boldsymbol{X}} &= \boldsymbol{AX}+\boldsymbol{Bu} \\ \boldsymbol{Y} &= \boldsymbol{CX}+\boldsymbol{Du} \end{aligned}\right\} \tag{5.45}$$

式中，

$$\boldsymbol{A}=\begin{bmatrix} -\dfrac{C_{\alpha1}+C_{\alpha2}}{mv_X} & \dfrac{-aC_{\alpha1}+bC_{\alpha2}}{mv_X^2}-1 \\ \dfrac{-aC_{\alpha1}+bC_{\alpha2}}{I_Z} & -\dfrac{a^2C_{\alpha1}+b^2C_{\alpha2}}{I_Zv_X} \end{bmatrix},\ \boldsymbol{B}=\begin{bmatrix} \dfrac{C_{\alpha1}}{mv_X} \\ \dfrac{aC_{\alpha1}}{I_Z} \end{bmatrix},\ \boldsymbol{C}=\begin{bmatrix} 1 & 0 \\ 0 & 1 \\ -\dfrac{C_{\alpha1}+C_{\alpha2}}{m} & \dfrac{-aC_{\alpha1}+bC_{\alpha2}}{mv_X} \end{bmatrix},\ \boldsymbol{D}=\begin{bmatrix} 0 \\ 0 \\ \dfrac{C_{\alpha1}}{m} \end{bmatrix}。$$

5.4.2 汽车瞬态转向特性

汽车瞬态转向特性一般用转向盘角阶跃输入后，汽车横摆角速度和质心处侧偏角等参数随时间的变化来描述。汽车横摆角速度反映了汽车转弯的灵敏性，不同车速对应的理想横摆角速度值不同，理想的横摆角速度能够保证汽车按照给定的转角转向。汽车质心处的侧偏角能够反映车身姿态变化，质心侧偏角越小，车身姿态变化越小，车道保持能力越强，因此零质心侧偏角是最佳期望值。

当已知输入变量和初始条件时，可通过求解微分方程来确定系统固有频率、阻尼比以及各状态量的时间响应。

例题 5.2 某汽车相关参数见表 5.1，根据其状态空间表达式计算系统的特征值、固有频率和阻尼比，仿真分析车辆横摆角速度的阶跃响应和频响特性。

表 5.1　例题 5.2 相关参数

参数	质量/kg	车速/(m/s)	横摆转动惯量/$kg\cdot m^2$	轴距/m	前轴距/m	前轮侧偏刚度/(N/rad)	后轮侧偏刚度/(N/rad)
数值	2045	50	5428	3.2	1.488	77850	76510

解：根据二轮车辆模型的状态空间表达式式（5.45）编写 MATLAB 程序，参见本章附录中例题 5.2 的程序代码。仿真结果如图 5.12 所示，其特征值为-1.486±1.668i，无阻尼固有频率为 0.265Hz，阻尼比为 0.843。

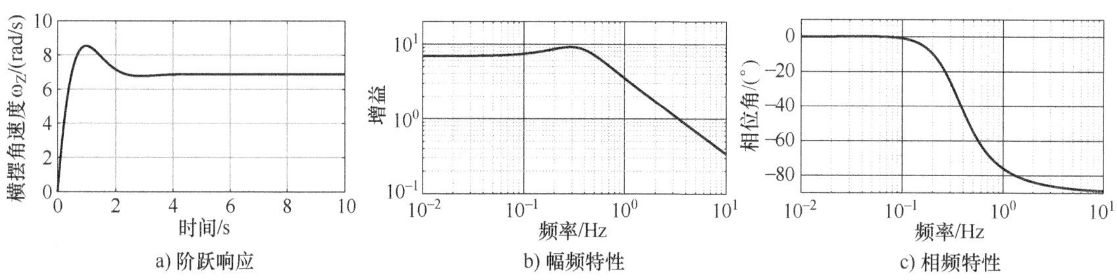

a) 阶跃响应　b) 幅频特性　c) 相频特性

图 5.12　横摆角速度仿真结果

汽车瞬态响应常用评价方法及主要参数如下：

1. 角阶跃输入下的汽车瞬态响应评价

图 5.13 所示为转向角阶跃输入下的汽车横摆角速度瞬态响应，主要评价参数有以下几种：

（1）横摆角速度波动时的谐振频率 f_p　转向角阶跃输入下横摆角速度波动时的谐振频率是评价汽车瞬态响应的一个重要参数，其值应高些为好。根据车辆运动方程式（5.44），横摆角速度波动时的谐振频率为

$$f_p=\frac{1}{2\pi}\sqrt{\frac{mv_X(aC_{\alpha1}-bC_{\alpha2})+\dfrac{L^2C_{\alpha1}C_{\alpha2}}{v_X}}{mI_Zv_X}}=\frac{L}{2\pi v_X}\sqrt{\frac{C_{\alpha1}C_{\alpha2}}{mI_Z}(1+Kv_X^2)} \tag{5.46}$$

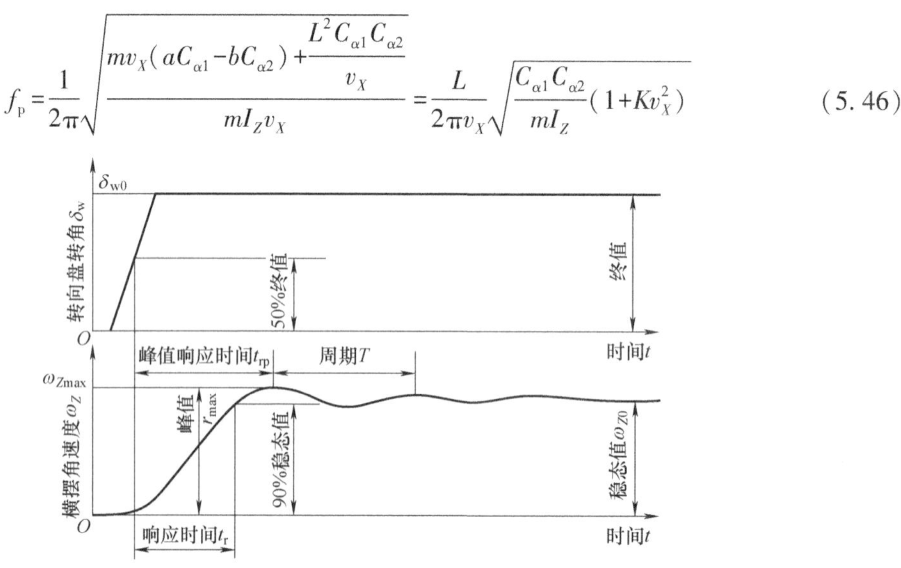

图 5.13　转向角阶跃输入下的汽车横摆角速度瞬态响应

通过测量横摆角速度响应的波动周期 T，容易计算得到谐振频率 f_p。一般轿车的谐振频率 $f_p \approx 1\text{Hz}$。

（2）阻尼比 ζ 汽车转向阻尼比一般为 0.5~0.8，阻尼比越大，系统衰减越快。根据车辆运动方程式（5.44），阻尼比为

$$\zeta=\frac{-m(a^2C_{\alpha1}+b^2C_{\alpha2})-I_Z(C_{\alpha1}+C_{\alpha2})}{2L\sqrt{mI_ZC_{\alpha1}C_{\alpha2}(1+Kv_X^2)}} \tag{5.47}$$

通过测量瞬态响应曲线中相邻横摆角速度的振幅比，根据振动力学理论，可以计算得到汽车转向阻尼比 ζ。

（3）响应时间 t_r 响应时间是指从转向盘转角达到终值的 50%时刻起，到横摆角速度过渡到新稳态值的 90%时刻止的一段时间间隔。响应时间说明汽车转向反应的快慢，是评价汽车瞬态响应的重要参数之一，其值应小些为好。

（4）峰值响应时间 t_{rp} 从转向盘转角达到终值的 50%时刻起，到横摆角速度过渡到第一次峰值时刻止的一段时间间隔称为峰值响应时间。作为评定汽车瞬态横摆响应反应快慢的参数，峰值响应时间 t_{rp} 越短越好。

（5）超调量 横摆角速度响应的最大值 $\omega_{Z\max}$ 与稳态值 ω_{Z0} 之差和稳态值 ω_{Z0} 的比值称为超调量。超调量表明瞬态响应中执行指令误差的大小。超调量越小越好，减小超调量可使横摆角速度的波动较快地衰减。

2. 正弦输入下的汽车频率响应评价

汽车频率响应是指在转向盘转角为不同频率正弦输入下汽车的响应。频率特性分为幅频特性和相频特性。幅频特性反映了驾驶人以不同频率输入指令时，汽车执行驾驶人指令失真的程度。横摆角速度的幅频特性曲线在低频区接近于一水平线，随着频率的增高，幅值比增大，至某一频率时幅值比达到最大值，此时系统处于共振状态。频率再增高，幅值比逐渐减小。相频特性反映了输出相对于输入的滞后程度。

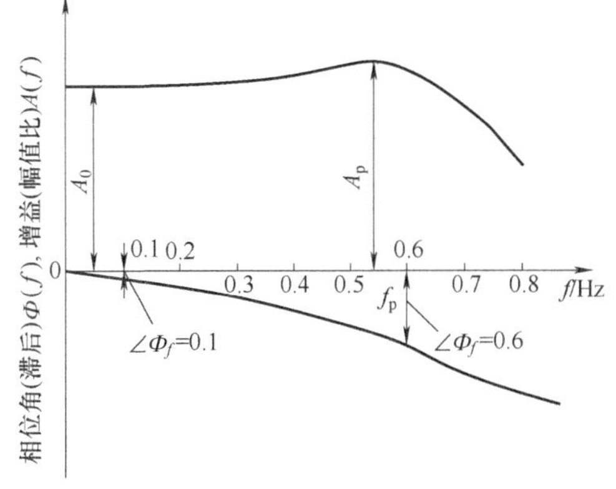

图 5.14 评价汽车横摆角速度频率特性的参数

评价汽车横摆角速度频率特性的参数如图 5.14 所示，主要有以下几种：

1）频率为零时的幅值比 A_0，即稳态增益。A_0 不应太小，因为它的大小代表了转向灵敏度的高低。

2）谐振频率 f_p。f_p 越高，操纵稳定性越好。

3）谐振峰水平 D（单位为 dB）定义为

$$D=20\times\lg\frac{A_p}{A_0} \tag{5.48}$$

式中，A_p 为谐振频率 f_p 处的横摆角速度增益。

谐振峰水平 D 越大，说明系统的阻尼越小，超调量越大，过渡时间也越长。因此，希望幅频特性曲线能平坦一些，不宜有明显的峰值，以免系统转向响应有过大的幅值失真或超调。

4）$f=0.1\text{Hz}$ 时的相位滞后角 $\angle\Phi_{f=0.1}$，它代表缓慢转动转向盘时响应的快慢，其数值应接近于零。

5）$f=0.6\text{Hz}$ 时的相位滞后角 $\angle\Phi_{f=0.6}$，它代表较快转动转向盘时响应的快慢，其数值应当小些。

日本汽车研究所针对轿车谐振频率高的特点，取 1Hz 时的相位差作为评价参数。1996 年 Motor Fan 杂志给出的 f_p 平均值为 1.22Hz，D 的平均值为 3.38dB，$\angle\Phi_{f=1}$ 平均值为 25.9°。

5.5 汽车转向特性的主要影响因素

1. 车辆质心位置

质心位置后移，即前轴距增大，后轴距减小，车辆所受侧向力会更多地分配到后轮，使得后轮侧偏角增大，前轮侧偏角减小，导致车辆趋于过多转向。相比较而言，前、后轴垂直载荷转移引起轮胎侧偏刚度变化对车辆转向特性的影响较小。按照经验，垂直载荷增加 10%，侧偏刚度只上升约 5%，反之则相应下降 5%。总体而言，质心后移，会使车辆趋于过多转向。

2. 轮胎侧偏刚度

在相同的侧偏力作用下，轮胎侧偏刚度 C_α 增大，则侧偏角减小，因此，前轮侧偏刚度减小，后轮侧偏刚度增大，车辆趋于不足转向。反之，车辆趋于过多转向。

轮胎侧偏刚度的改变可以通过改变轮胎的尺寸来实现，如保时捷等运动型跑车，就是采用前、后不同型号的轮胎来改变侧偏刚度，以改善车辆的转向特性。但是绝大多数轿车前、后轮通常采用相同尺寸的轮胎。

改变轮胎的胎压也能改变轮胎侧偏刚度。在正常工作载荷范围内，增加胎压有助于提高轮胎的侧偏刚度。为了使车辆在整个载荷范围内均保持稳定的操纵品质，在不同载荷情况下可采用不同胎压来补偿转向特性的变化。

3. 垂直载荷的横向转移

汽车在转向过程中，其垂直载荷将发生横向转移，即外侧轮胎载荷增加，内侧轮胎载荷相应减少，如图 5.15 所示。

对于图 5.16 中轮胎侧偏刚度-垂直载荷的非线性特性，垂直载荷的横向转移会使左、右轮胎总的侧偏刚度减小。因此，前轴垂直载荷横向转移使其侧偏刚度减小，侧偏角增大，使汽车趋于不足转向，而后轴垂直载荷横向转移则使汽车趋于过多转向。

现代汽车常在前轴安装横向稳定杆，由于提高了前轴侧倾刚度，这样车辆在转向时，前轴承受的侧倾力矩会增大，后轴承受的侧倾力矩会减小（参见例题 3.4），因此，前轴左、右车轮的垂直载荷横向转移量就会增大，后轴左、右轮的垂直载荷横向转移量会减小，从而前轮侧偏刚度减小程度大于后轮侧偏刚度减小程度，使得汽车趋于不足转向。

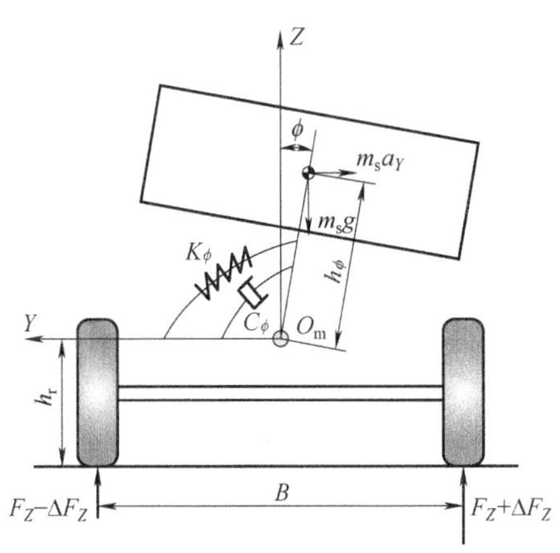

图 5.15　车辆转向时车轴垂直载荷的横向转移

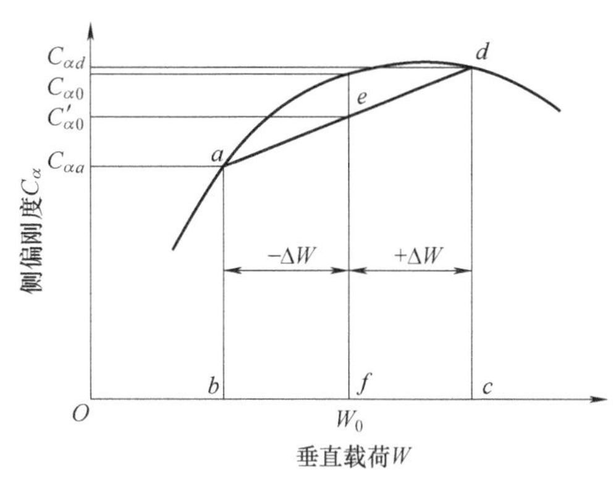

图 5.16　左、右车轮垂直载荷再分配时轮胎的侧偏刚度

4. 车轮外倾角

在图 2.23 中，当车轮外倾角很小时，车轮外倾推力与外倾角呈线性关系，即

$$F_{Y\gamma}=C_\gamma\gamma \tag{5.49}$$

根据 2.4.3 节内容，可以将纯侧偏状态下（$\gamma=0$）轮胎侧偏角 α 引起的侧偏力 $F_{Y\alpha}$和车轮外倾角 γ 引起的外倾推力 $F_{Y\gamma}$，进行简单的线性叠加，得到地面对车轮的侧向作用力 F_Y。通过悬架运动学设计来控制车轮外倾角在一定范围内变化，是调校车辆操纵性能的重要手段。

图 5.17 所示的车辆在快速转弯过程中，由于会产生强大的离心力，内、外侧车轮均朝一侧有较大的倾斜，同样会增大轮胎的侧偏力和侧偏角。但轮胎的胎面因为变形小，近乎保持平面状，于是便与路面形成一个微小的离地角。这不仅使轮胎与地接触面减小，轮胎侧向附着力减小，还会使外侧轮胎的胎肩负荷过重，造成轮胎的严重偏磨。若对车轮预设适当的负外倾角，便可在上述情况下使车轮接近垂直于路面，使以上不良现象得以消除或者改善，也有利于汽车的操纵。

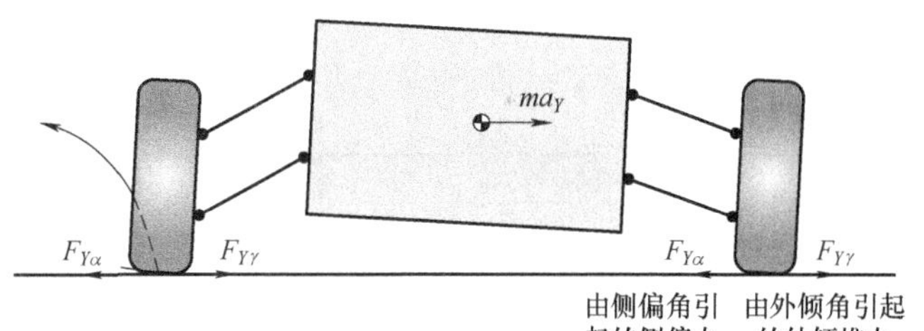

图 5.17　转向时车身侧倾与轮胎侧向力关系示意图

对于车速要求不很高的轿车，可以采用零外倾角或略小的正外倾角。车辆在转弯时因速度不高所产生的车轮外倾很小，车轮近乎垂直于路面。即使车轮产生少许外倾，也能够使受力较大的外侧前轮与为便于排水而中间略拱的路面相贴合。

5. 变形转向

（1）悬架侧向变形　为了减小振动噪声，车辆悬架的导向杆连接处往往使用柔性的橡胶衬套。当车轮受到的侧向力作用点与悬架系统刚度中心不一致时（图 5.18），车轮会在水平面内产生一个角位移，称为悬架的变形转向，这是悬架的一个重要特性。通常不希望有这种副作用存在，但有时也可利用它来改善车辆的操纵性能。图 5.19 所示为后轴悬架变形转向的作用机制，当后轮受到侧向力作用时，后悬架将对后轮产生一个附加转向角 δ_2，此例中 δ_2 与 δ_1 同向，这将增加车辆的不足转向趋势。

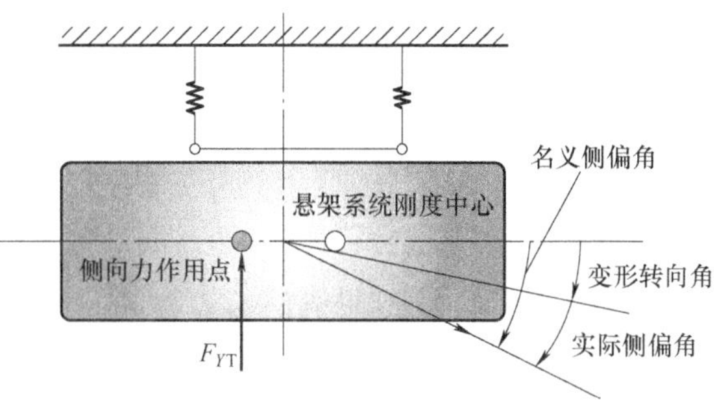

图 5.18 车轮与车身在水平面内连接方式

（2）转向系变形 由转向盘至转向车轮之间，包括转向器、转向杆系、转向器连接处在内的刚度，称为转向系（角）刚度。前转向车轮的理论转向角 δ 应等于输入的转向盘转角 δ_{sw} 除以转向系总传动比 i_s，但由于地面作用于转向车轮的回正力矩 M_Z 使转向系发生了弹性变形，所以转向轮就会产生变形转向角，如图 5.20 所示。变形转向角等于回正力矩除以转向系刚度。若忽略转向系与前悬架有关部位存在的摩擦力，则前转向轮的实际转向角等于理论转向角与变形转向角之差。显然，转向系刚度低，前转向轮的变形转向角大，会使汽车趋于不足转向；反之，若刚度大，则有利于保持设计的转向特性。

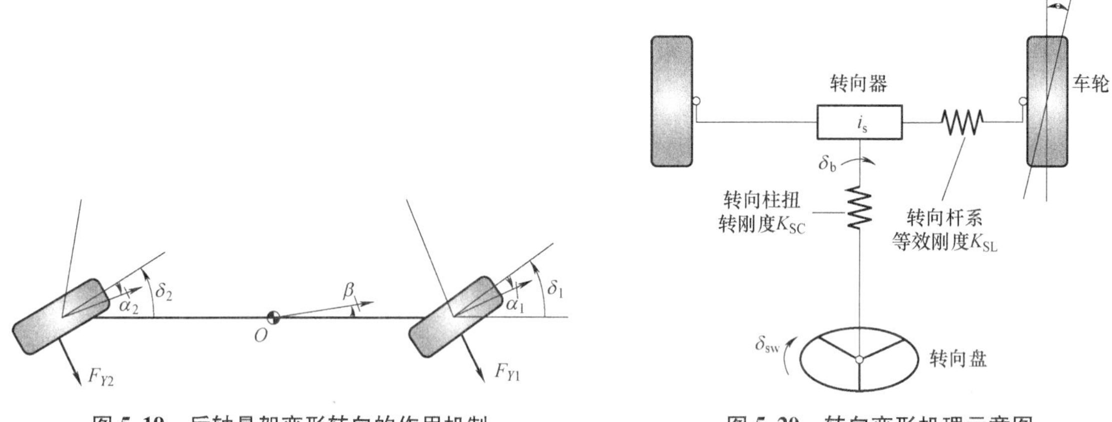

图 5.19 后轴悬架变形转向的作用机制

图 5.20 转向变形机理示意图

实际上，转向系的变形转向要比悬架的变形转向大许多，当转向系的刚度不够高时，会产生过大的不足转向量。但是，为了全面满足操纵稳定性的要求，特别是为了获得轿车在高速行驶时的“良好路感”，转向系的刚度应高些为好，尤其是转向盘在中间位置的小转角范围内，应有尽可能高的刚度。

6. 地面切向作用力

（1）地面切向作用力侧向分量 汽车在驱动或制动时，地面还会对轮胎产生切向作用力，对车辆转向特性产生影响。下面以前轮驱动汽车为例进行分析，此时车辆受力如图 5.21 所示。当质心侧偏角 β 较小或者行驶加速度形成的纵向惯性力 F_X 很小，F_X 沿 Y 轴方向分量 $F_X\sin\beta\approx0$，可忽略不计，且车辆加速度较小，不考虑车辆前、后轴之间载荷转移的影响。

分别对前、后轮接地中心进行力矩平衡分析，即

$$m\frac{v_X^2}{R}a-F_{Y2}L=0 \tag{5.50}$$

$$-m\frac{v_X^2}{R}b+F_{Y1}L\cos\delta+F_{X1}L\sin\delta=0 \quad (5.51)$$

考虑到前轮转向角 δ 较小时，$\cos\delta\approx1$，$\sin\delta\approx\delta$，联立式（5.50）和式（5.51）可得

$$F_{Y1}=\frac{b}{L}m\frac{v_X^2}{R}-F_{X1}\delta \quad (5.52)$$

$$F_{Y2}=\frac{a}{L}m\frac{v_X^2}{R} \quad (5.53)$$

则前、后轮的侧偏角分别为

$$\alpha_1=\frac{F_{Y1}}{C_{\alpha1}}=\frac{b}{L}\frac{mv_X^2}{RC_{\alpha1}}-\frac{F_{X1}\delta}{C_{\alpha1}} \quad (5.54)$$

$$\alpha_2=\frac{F_{Y2}}{C_{\alpha2}}=\frac{a}{L}\frac{mv_X^2}{RC_{\alpha2}} \quad (5.55)$$

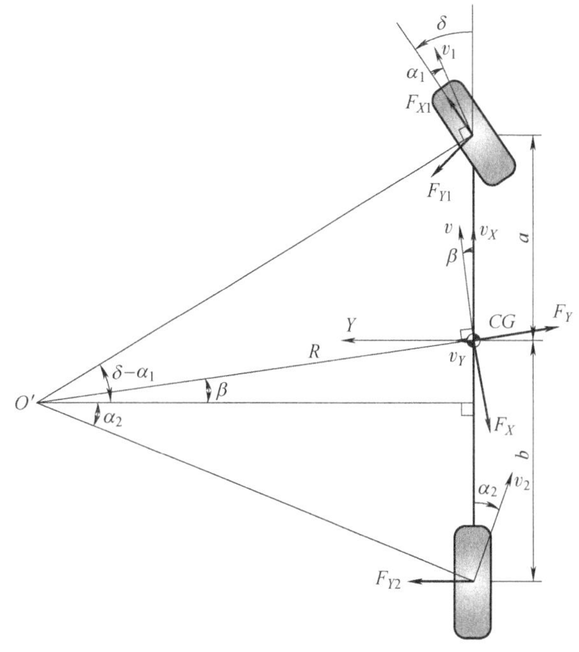

图 5.21 有驱动力作用的车辆转向模型

综合式（5.9）、式（5.54）和式（5.55），得到

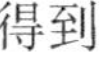

$$\delta=\frac{L}{R}+\alpha_1-\alpha_2=\frac{L}{R}+\frac{m}{L}\left(\frac{b}{C_{\alpha1}}-\frac{a}{C_{\alpha2}}\right)\frac{v_X^2}{R}-\frac{F_{X1}\delta}{C_{\alpha1}} \quad (5.56)$$

结合式（5.20）整理式（5.56），得到

$$\delta=\frac{L(1+Kv_X^2)}{R(1+F_{X1}/C_{\alpha1})} \quad (5.57)$$

对比式（5.57）和式（5.19），表明对于前轮驱动汽车，由于地面切向作用力 F_{X1} 的额外作用，车辆只需要较小的前轮转向角 δ，就能达到相同的车辆转弯半径 R。这是因为地面切向作用力 F_{X1} 沿 Y 轴的分量 $F_{X1}\sin\delta$ 减小了前轮侧偏力 F_{Y1}，使其侧偏角 α_1 减小，从而导致车辆趋于过多转向。

（2）半轴驱动转矩　前轮受半轴驱动转矩的影响会产生不足变形转向，增加前轮驱动汽车不足转向的趋势。图 5.22 中给出了处于直线行驶位置的前轮及其受到的地面切向作用力 F_X 与驱动转矩 T_h。

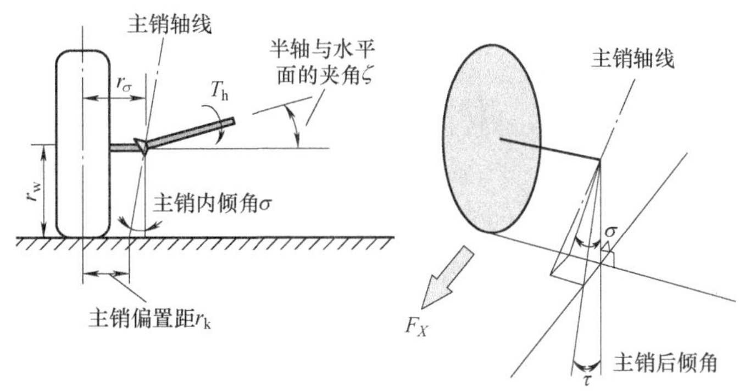

图 5.22 作用于前驱动轮的驱动力矩及地面切向作用力

忽略地面法向力对主销形成的力矩，则 F_X 与 T_h 形成绕主销的力矩为

$$T_k = F_X r_k \cos\tau\cos\sigma + T_h \sin(\sigma+\zeta) = F_X[r_k\cos\tau\cos\sigma + r_w\sin(\sigma+\zeta)] \tag{5.58}$$

因主销后倾角、内倾角均较小，$\cos\tau\approx\cos\sigma\approx1$，则式（5.58）可写成

$$T_k = F_X[r_k + r_w\sin(\sigma+\zeta)] \tag{5.59}$$

若半轴处于水平位置（通常发生在直线行驶时），$\zeta=0$，则 $r_k+r_w\sin\sigma=r_\sigma$（车轮中心主销偏移距，图 5.22）。

汽车转向时，车身侧倾，外侧车轮的 ζ 角减小（可以为负值），内侧车轮的 ζ 角增加。因此，作用于外侧车轮的驱动力力臂 $r_k+r_w\sin\sigma$ 减小，作用于内倾车轮的力臂 $r_k+r_w\sin\sigma$ 增大。内、外侧车轮力矩之差使前轮转向角变小，相当于使汽车趋于不足转向。内、外侧车轮力矩之差越大，转向系刚度越小，则车辆越趋于不足转向。

（3）前、后轴垂直载荷转移　当汽车在弯道上以大驱动力加速行驶时，前轴垂直载荷 F_{Z1} 明显减小，后轴垂直载荷 F_{Z2} 相应增大。在一般载荷范围内，轮胎侧偏刚度 C_α 是随垂直载荷 F_Z 的增减而相应增减的。因此，加速时前轮侧偏刚度 $C_{\alpha1}$ 减小、后轮侧偏刚度 $C_{\alpha2}$ 增大，则前轮侧偏角 α_1 增大，后轮侧偏角 α_2 减小，汽车有增加不足转向的趋势。

（4）轮胎侧偏力损失　根据图 2.31 可知，随着驱动力的增加，同一侧偏角下地面对轮胎所能提供的侧偏力将减小。对于前轮驱动汽车，为了产生所要求的前轮侧偏力，前轮侧偏角必然增大，这就使得车辆趋于不足转向。地面附着条件差时，如冰雪路面，这种现象更为突出。

（5）回正力矩增量　根据图 2.32 可知，随着驱动力的增加，轮胎的回正力矩会有所增大，这也增加了不足转向趋势。不足转向的大小取决于回正力矩的变化量与转向系刚度的比值。

综上所述，就前轮驱动汽车而言，驱动力对车辆转向特性影响的主要机制包括：

1）驱动力侧向分量——这类机制影响比较小［<0.5（°）/g］，在方向上是过多转向。

2）半轴驱动转矩——与驱动轴几何布置和转向时车身侧倾角度密切相关，这种机制在方向上是不足转向［大约 1（°）/g］。

3）前、后轴垂向载荷转移——不同驱动形式的汽车都会发生，引起前轮侧偏刚度减小，后轮侧偏刚度增大，使汽车趋于不足转向［大约 1（°）/g］。

4）轮胎侧偏力损失——受轮胎附着特性影响，引起不足转向［大约 1~1.5（°）/g］。

5）回正力矩增量——引起不足转向［大约 0.5~1（°）/g］。

总体而言，驱动力的作用是增加前轮驱动汽车的不足转向趋势。

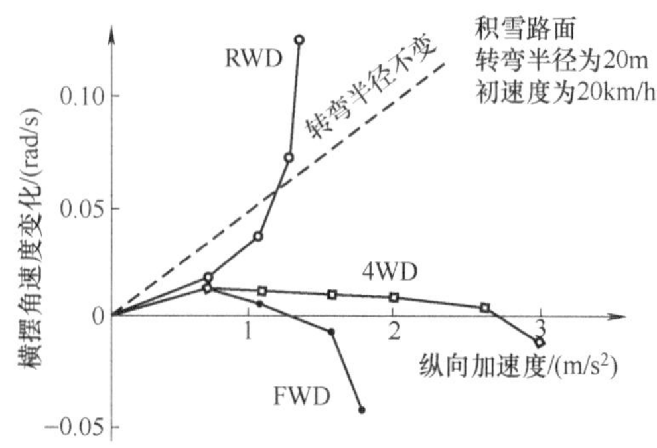

图 5.23　不同驱动形式汽车加速时的转向特性

图 5.23 所示为三种不同驱动形式的汽车在积雪路面以一定初速度进行等速圆周运动，然后以不同纵向加速度加速 1s 后，测量得到的汽车横摆角速度的变化情况。可以看出，在纵向加速度达到一

定数值后，前轮驱动（FWD）汽车呈强不足转向特性，后轮驱动（RWD）汽车呈过多转向特性，而四轮驱动（4WD）汽车由于前、后轮均具有驱动力，车辆转向特性变化很小。

与上述分析相似，当前轮驱动汽车用发动机进行制动时，上述2）、3）、5）项的影响将使汽车有增加过多转向的趋势。因此，大功率的前轮驱动汽车在大幅踩下加速踏板加速时若突然松开加速踏板，汽车的转向特性会发生明显变化（即转向特性突变），甚至成为过多转向，汽车会发生突然驶向弯道内侧的“卷入”现象。

后轮驱动汽车在进行发动机制动时，由于制动力的作用造成轮胎侧偏力损失，会增大后轮侧偏角，导致有过多转向的趋势。综合其他因素的影响，后轮驱动汽车也常有“卷入”现象。

在汽车设计方面，可以采取以下措施来抑制“卷入”现象：

1）采用智能化水平较高的自动变速器。当在弯道行驶过程中驾驶人松开加速踏板时，自动减小变速器传动比，减轻发动机制动的强度。

2）采用限滑差速器。当发生较显著的“卷入”现象时，适当增大差速器内部的锁止能力，限制驱动桥两侧车轮的自由差转，使汽车难以转弯。

3）优化驱动桥的悬架设计，使驱动轮在制动时能产生不足变形转向，也可以抑制突然松开加速踏板时的“卷入”效应。

5.6 汽车操纵动力学性能的评价

5.6.1 汽车操纵稳定性的定义

汽车的操纵动力学性能也称为操纵稳定性，是指在驾驶人不感到过分紧张、疲劳的条件下，汽车能遵循驾驶人通过转向系及转向车轮给定的方向行驶，且当遭遇外界干扰时，汽车能抵抗干扰保持稳定行驶的能力。

汽车操纵稳定性包含两方面：一是操纵性，即汽车的运动参数能否及时而准确地遵循驾驶人主观意图而变化，也就是指在驾驶人的操作下，汽车实际运动参数与驾驶人要求的接近程度以及渐进过程的时间长短；二是稳定性，即汽车在外部因素作用下，汽车能保持或者自行迅速恢复原来运动参数的能力，也就是指受到外界干扰（路面干扰或突然阵风扰动）后，汽车实际运动参数与原来运动参数的接近程度以及渐进过程的时间长短。

汽车操纵稳定性不仅影响汽车驾驶的操纵方便程度，也是决定汽车高速安全行驶的一个主要性能，另外还间接影响到汽车其他使用性能的有效发挥。因此，汽车的操纵稳定性日益受到重视，成为现代汽车的重要使用性能之一。

5.6.2 人-汽车闭环系统操纵稳定性

在汽车操纵稳定性分析中，假定驾驶人的任务只是机械地急速转动转向盘至某一角度并维持此角度不变，而不允许根据汽车的转向运动做出任何操纵修正动作，即不允许驾驶人起任何反馈作用。因此，汽车作为开环系统的时域响应完全取决于汽车的结构与参数，是汽车本身固有的特性。其时域响应可以通过建立数学模型进行理论分析，也可以使用测试设备在试验中客观地进行测量。

由于汽车的操纵稳定性最终是由驾驶人来评定的，并与驾驶人的操作特性又是紧密相关的，还受到道路环境的影响，因此，操纵稳定性的研究对象应该是把人、汽车和路面作为统一的整体，且不能忽略驾驶人的反馈作用，图 5.24 所示为汽车操纵过程中人-汽车-路面的关系。

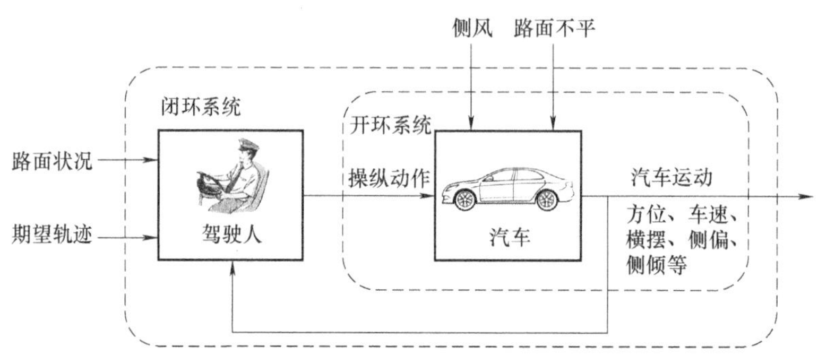

图 5.24　汽车操纵过程中人-汽车-路面的关系

在汽车行驶中，驾驶人根据需要，操纵转向盘使汽车做一定的转向运动，路面的凸凹不平、侧向风等都会影响汽车的行驶。与此同时，驾驶人根据随之出现的道路、交通等情况和通过眼睛、手及身体感知到的汽车运动状况，经过头脑的分析、判断，修正对转向盘的操纵。如此不断反复循环，驾驶人操纵汽车行驶。由此可见，驾驶人和汽车组成了一个闭环系统，驾驶人把系统的输出参数反馈到输入控制中去，不过驾驶人的反馈作用十分复杂。目前人-汽车闭环系统的汽车操纵稳定性主要通过典型行驶工况试验来测定和分析，如在双移线或蛇行试验过程中，要求汽车以一定车速，或以驾驶人认为安全的最高车速通过，可以对汽车的横摆角速度响应、车身侧倾等进行综合评价。

尽管试验得到的人-汽车闭环系统的性能可真实地反映汽车的操纵稳定性，但是由于驾驶人不确定的操作特性起了反馈作用，所以客观性及再现性不如开环系统汽车的时域响应好。

5.6.3　汽车操纵稳定性试验评价方法

汽车的操纵稳定性主要通过试验来进行测定与评价，试验中的性能评价方法有客观评价和主观评价两种方法。

1. 客观评价法

客观评价法是通过实车试验，检测一些与汽车操纵稳定性有关的物理量，再与相应的标准进行比较的汽车操纵稳定性评价方法，它主要包括 ESV（实验安全车）和 ISO（国际标准化组织）两种方法。

（1）ESV 法　ESV 法以安全性为研究目标，较系统地提出了汽车操纵稳定性的评价基准。在大量试验和理论分析的基础上，确定以响应参数作为评价汽车固有特性的指标，并提出稳态响应特性、瞬态响应特性、回正特性、侧风稳定性及路面不平敏感性的安全允许范围或限值。

（2）ISO 法　ISO 制定了统一的汽车操纵稳定性试验方法，包括：

1）稳态圆周试验：用于测试车辆行驶的动态参数与侧向加速度的关系，并由此确定汽车的稳态转向特性。

2）瞬态响应试验：用于测定汽车的瞬态响应特性。

3）双移线试验：模拟汽车超车后，随之很快返回原来车道上。

4）转向中心区试验：用于测定中、高速驾驶环境下及中、低侧向加速度下汽车的转向性能。

我国国家标准 GB/T 6323—2014《汽车操纵稳定性试验方法》采用的主要试验项目及评价参数见表 5.2。

表 5.2　GB/T 6323—2014《汽车操纵稳定性试验方法》的主要试验项目及评价参数

试验项目	评价参数
蛇形试验	平均转向盘转角、平均横摆角速度、平均车身侧倾角、平均侧向加速度、通过有效标桩区时间
转向瞬态响应试验（转向盘转角阶跃输入）	横摆角速度的增益、响应时间、峰值响应时间、超调量、总方差、车身侧倾角、侧向加速度的响应时间
转向瞬态响应试验（转向盘转角脉冲输入）	横摆角速度增益谐振频率、相位滞后角、谐振峰水平
转向回正性能试验	稳定时间、横摆角速度（残留值、超调量、自然频率、相对阻尼系数、总方差）
转向轻便性试验	转向盘最大作用力矩、最大作用力、最大转角、作用功、平均摩擦力矩和平均摩擦力
稳态回转试验	初始转弯半径、中性转向点的侧向加速度、侧向加速度为 $2m/s^2$ 时的不足转向度、车身侧倾度
转向盘中心区操纵稳定性试验	平均转向刚度、中心区转向刚度、转向摩擦力矩、转向盘转角迟滞（根据转向盘力矩-转向盘转角关系曲线确定） 横摆角速度增益、响应滞后时间（根据横摆角速度-转向盘转角关系曲线确定） 横摆角速度响应迟滞（根据横摆角速度-转向盘转矩关系曲线确定） 平均转向灵敏度、最小转向灵敏度、侧向加速度为 $\pm 1m/s^2$ 的转向灵敏度、侧向加速度迟滞、转向盘转角迟滞、转向迟滞（根据侧向加速度-转向盘转角关系曲线确定） 侧向加速度分别为 0 和 $\pm 1m/s^2$ 时的转向盘力矩及梯度、转向力矩为 0 时的侧向加速度及梯度、转向盘力矩迟滞、侧向加速度迟滞（根据转向盘力矩-侧向加速度关系曲线确定）

2. 主观评价法

主观评价法是驾驶人根据不同的驾驶任务操纵汽车时，依据对操纵动作难易程度的感觉来对汽车操纵稳定性进行评分的评价方法。主观评价一般包括定性评价和定量评价两种。定性评价是一种对多种汽车车型的相对排序。定量评价有两种：一是采用相对分数法，即首先确定一参考样车，其他车型的主观评价分数都是相对于样车而言的；二是绝对分数法，即把主观评价的结果用数值化的评分等级表示。

主观评价法的主要评价项目有：直线行驶特性（包括转向回正能力、侧风敏感性、路面不平敏感性等）、行车变道的操纵性、转弯稳定性（包括转向的准确性、固有转向特性、转弯制动特性等）以及操纵负荷等。此外还常常在多弯道路段上评价总的特性。图 5.25 所示为某汽车厂商得出的三种样车操纵稳定性的主观评价结果。

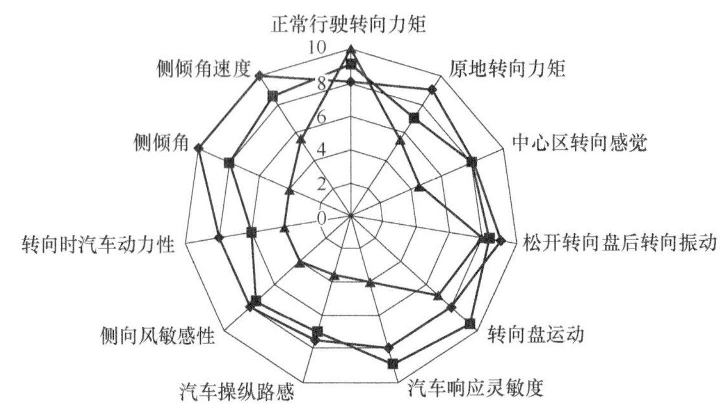

图 5.25　三种样车操纵稳定性的主观评价结果

由于主观评价是依据人们对汽车操纵动作难易程度的感觉来进行评价的，这种难易程度的感觉，除与汽车性能有关外，还与驾驶人的心理、生理等因素有密切的关系。由于各驾驶人在心理和生理上可能存在较大的差异，使评价结果具有较大的离散性，这是主观评价的缺点之一。

一般情况下，主观评价不能给出汽车性能与结构之间的联系信息。而对于开环系统试验中的客观评价指标，可以通过理论分析确定它们与汽车结构参数的函数关系，指出提高性能的具体途径。

习　　题

5.1　汽车的稳态响应有哪几种类型？表征稳态响应的常用指标有哪些？它们彼此之间的关系如何？

5.2　说明汽车质心位置和垂直载荷横向转移如何影响稳态转向特性。

5.3　什么是转向盘角阶跃输入下的瞬态响应？表征瞬态响应品质的参数有哪些？

5.4　何谓汽车的操纵稳定性？简要说明其评价方法？

5.5　为什么轿车采用前轮驱动会有利于操纵稳定性？

5.6　如果驾驶人意识到车辆已在向内“卷入”，立即进行紧急制动，会有助于缓解险情吗？

5.7　对于弯道性能要求高的轿车，其前轮外倾角为什么选择负值？

5.8　分析悬架对车辆操纵稳定性的影响。

5.9　已知车辆参数：$m=1500\text{kg}$，$a=1.1\text{m}$，$b=1.6\text{m}$，$C_{\alpha1}=40\text{kN/rad}$，$C_{\alpha2}=60\text{kN/rad}$。试计算车辆的稳定性因数、静态裕度，并计算车辆质心处稳态侧偏角为零时的车速。若为过多转向，试求车辆的临界车速。

5.10　已知某 4×2 型小客车前后单胎，总质量 $m=2010\text{kg}$，轴距 $L=3.2\text{m}$，其轴荷分配前轴为 53.5%，每个前轮胎侧偏刚度 $C_{\alpha1}=38142\text{N/rad}$，每个后轮胎侧偏刚度 $C_{\alpha2}=37485\text{N/rad}$。

1）试确定该车的稳态转向特性是哪种？

2）如果该车以 36km/h 的车速、转向盘转向角为 33°做定向圆周行驶，求此时汽车的横摆角速度 ω_Z 是多少？（转向系总传动比 $i=22$，悬架侧倾的影响不予考虑）

5.11 已知某轿车二自由度模型的有关参数见表 5.3。试求：

表 5.3 某轿车二自由度模型的有关参数

名称	参数值	名称	参数值
总质量	$m=2120\text{kg}$	质心至后轴距离	$b=1.585\text{m}$
绕轴转动惯量	$I_Z=4105\text{kg}\cdot\text{m}^2$	前轮总侧偏刚度	$C_{\alpha1}=63743\text{N/rad}$
轴距	$L=3.048\text{m}$	后轮总侧偏刚度	$C_{\alpha2}=113205\text{N/rad}$
质心至前轴距离	$a=1.463\text{m}$	转向系总传动比	$i=22$

1）稳定性因数 K 及特征车速的大小。

2）稳态横摆角速度增益曲线。

3）静态储备系数 S. M.，侧向加速度为 $0.4g$ 时的前、后轮侧偏角之差 $\alpha_1-\alpha_2$ 以及转弯半径比值 $R/R_0(R_0=15\text{m})$。

参考文献

[1] 余志生. 汽车理论［M］. 6 版. 北京：机械工业出版社，2019.

[2] 崔胜民. 汽车系统动力学与仿真［M］. 北京：北京大学出版社，2014.

[3] 张文春，徐立友. 汽车理论［M］. 3 版. 北京：机械工业出版社，2018.

[4] 陈浩. 汽车理论［M］. 北京：清华大学出版社，2015.

[5] CROLLA D，喻凡. 车辆动力学及其控制［M］. 北京：人民交通出版社，2003.

[6] GENTA G，GENTA A. Road vehicle dynamics-fundamentals of modeling and simulation［M］. Singapore：World Scientific Publishing Co. Pte. Ltd.，2017.

[7] ABE M. Vehicle handling dynamics：theory and applications［M］. 2nd ed. Oxford：Butterworth Heinemann，2015.

[8] WONG J Y. Theory of ground vehicles［M］. 4th ed. New York：John Wiley & Sons Inc.，2008.

[9] GILLISPIE T D. Fundamentals of vehicle dynamics［M］. Warrendale：SAE International，1992.

[10] 郭孔辉. 汽车操纵稳定性［M］. 长春：吉林人民出版社，1983.

[11] 郭孔辉. 汽车操纵动力学原理［M］. 南京：江苏科学技术出版社，2011.

[12] 安部正人，大沢洋. 自動車の運動性能向上技術［M］. 東京：朝倉書店，1998.

[13] 中华人民共和国工业和信息化部. 汽车操纵稳定性术语及其定义：GB/T 12549—2013［S］. 北京：中国标准出版社，2013.

[14] 白艳，贾鑫，宗长富，等. 汽车操纵稳定性客观评价方法综述［J］. 科学技术与工程，2012，12（6）：1339-1347.

[15] 中华人民共和国工业和信息化部. 汽车操纵稳定性试验方法：GB/T 6323—2014［S］. 北京：中国标准出版社，2014.

[16] PESCE M，GOSTOLI D，FAGIANO A，et al. Handling quality objective evaluation of light commercial vehicles［C］. Stuttgart：Proceedings of Vehicle Dynamics Exposition，2008.

[17] 肖启瑞，樊明明，黄学翾. 车辆工程仿真与分析：基于 MATLAB 的实现［M］. 北京：机械工业出版社，2012.

附　录

例题 5.2 的程序代码

```
clc
clear all
m=2045;
u=50;
Iz=5428;
L=3.2;
a=1.488;
b=L-a;
C1=77850;
C2=76510;

A11=-(C1+C2)/(m*u);
A12=(-a*C1+b*C2)/(m*u^2)-1;
A21=(-a*C1+b*C2)/Iz;
A22=-(a^2*C1+b^2*C2)/(Iz*u);
B11=C1/(m*u);
B21=a*C1/Iz;

C11=0;
C12=1;

A=[A11 A12;A21 A22];
B=[B11;B21];
C=[C11 C12];
D=[0];

sys=ss(A,B,C,D);

figure(1)
[wz,t]=step(sys,10);
plot(t,wz,'-r');
grid on
xlabel('时间/s');
ylabel('横摆角度 ω_Z/(rad/s)');

figure(2)
w=[0.01:0.01:10*2*pi];
```

```
[ym,yp,w]=bode(sys,w);
loglog(w/(2*pi),ym(1,:),'-r');
grid on
xlim([0.01 10]);
ylim([0.1  20]);
xlabel('频率/Hz');
ylabel('增益');

figure(3)
w=[0.01:0.01:10*2*pi];
[ym,yp,w]=bode(sys,w);
semilogx(w/(2*pi),yp(1,:),'-r');
grid on
xlim([0.01 10]);
ylim([-90 10]);
xlabel('频率/Hz');
ylabel('相位角/(^°)');

sy=tf(sys)

D=eig(sys)
wn=imag(D(1))/(2*pi)
damping=abs(real(D(1))/imag(D(1)))
```

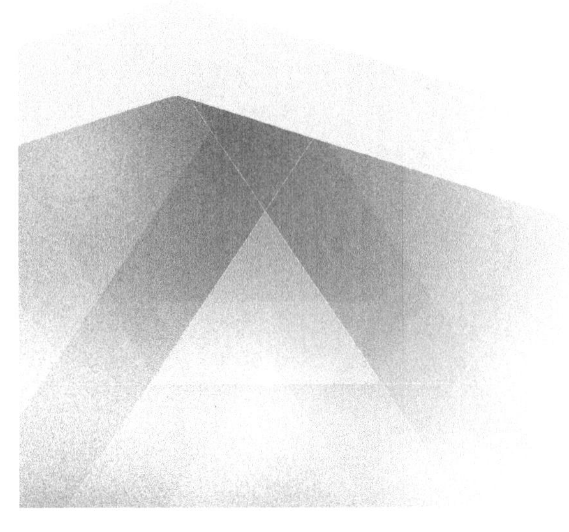

第 6 章 汽车乘载动力学

图 6.1 所示为“路面-汽车-人”系统框图，此图概要说明了汽车乘载动力学的分析过程。路面不平度和车速作为对汽车振动系统的输入，经过振动系统的传递输出到车身，或进一步经座椅传至人体，因此可通过车身振动或人体对振动的反应来评价汽车乘载动力学特性（又称平顺性）。

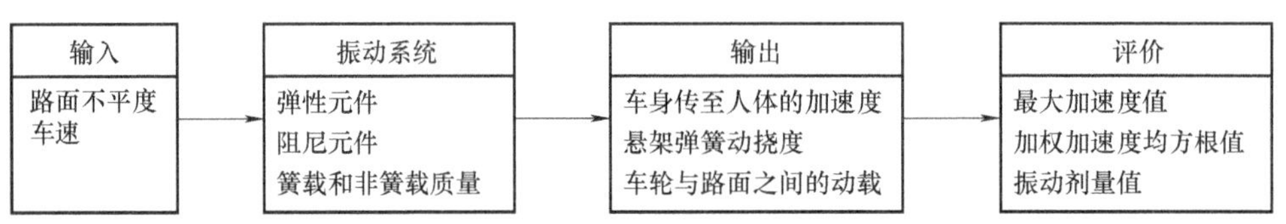

图 6.1 “路面-汽车-人”系统框图

6.1 路面不平度

6.1.1 路面不平度的空间频率功率谱密度

通常将路面相对基准平面的高度 q 沿道路走向长度 I 的变化 $q(I)$ 称为路面不平度函数，如图 6.2 所示。由于路面不平度属于“宽带随机信号”，故可以用轮廓统计特性来描述，其中最有效的表达方式是功率谱密度（PSD）函数。

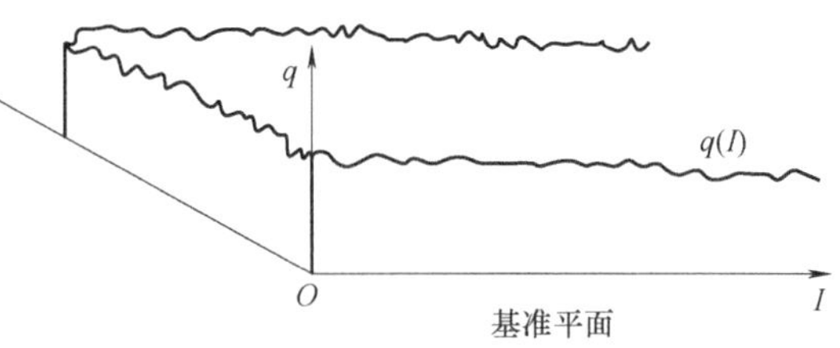

图 6.2 路面纵断面轮廓

可以用水准仪或专门的路面计来测量得到路面纵断面上的不平度值。由于测得的大量路面不平度随机数据均值 μ_q 近似为零，可认为其均方值 ϕ_q^2 等于方差 σ_q^2，换而言之，均方根值 ϕ_q 等于标准差 σ_q，则路面不平度单位空间频带内的“功率”，即空间频率功率谱密度可表示为

$$G_q(n)=\lim_{\Delta n\to 0}\frac{\sigma_{q-\Delta n}^2}{\Delta n} \tag{6.1}$$

式中，n 为空间频率（m^{-1}），它是波长 λ 的倒数，表示每米的波数。

经计算机处理得到的空间功率谱密度如图 6.3 所示。此图整体的幅值大小代表道路不平度的水平，各种路面频谱成分总体相似，其高度幅值随波数提高有规则地减小，较高的幅值表示道路较粗糙。混凝土路面较多集中在高波数（短波长）范围，将引起高频的车辆振动，而沥青路面则集中在低波数范围，在低频范围引起较大的激振。

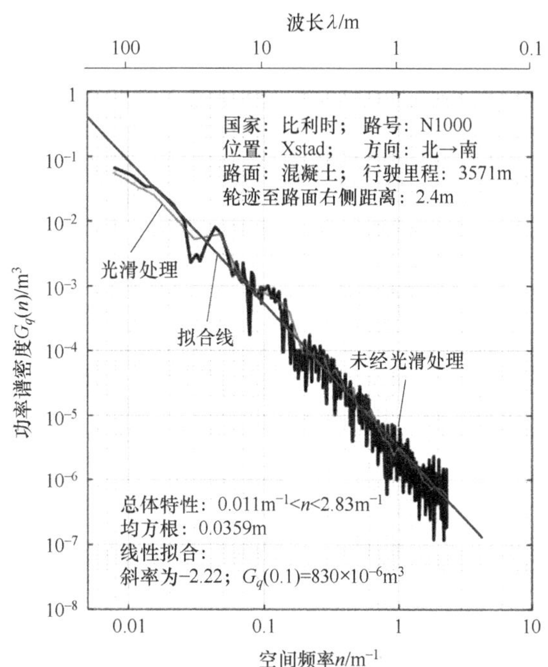

图 6.3　路面不平度空间功率谱密度

ISO 8608：2016(E) 和 GB/T 7031—2005《机械振动　道路路面谱测量数据报告》中均建议路面功率谱密度 $G_q(n)$ 用下述拟合公式表征平均路面特性的功率谱密度：

$$G_q(n)=G_q(n_0)\left(\frac{n}{n_0}\right)^{-w} \tag{6.2}$$

式中，n 为空间频率（m^{-1}）；n_0 为参考空间频率，$n_0=0.1\mathrm{m}^{-1}$；$G_q(n_0)$ 为参考空间频率 n_0 下路面的功率谱密度值，称为路面不平度系数（m^3）；w 为频率指数，为双对数坐标上斜线的斜率，它决定路面功率谱密度的频率结构。

上述标准还按路面功率谱密度将路面的不平程度分为 8 级。表 6.1 规定了各级路面不平度系数 $G_q(n_0)$ 的几何平均值，分级路面谱的频率指数 $w=2$。表上还同时列出了 $0.011\mathrm{m}^{-1}<n<2.83\mathrm{m}^{-1}$ 范围路面不平度相应的 σ_q 的几何平均值。

表 6.1　路面不平度分类标准

路面等级	$G_q(n_0)/10^{-6}\mathrm{m}^3$ $(n_0=0.1\mathrm{m}^{-1})$			$\sigma_q/10^{-3}\mathrm{m}$ $(0.011\mathrm{m}^{-1}<n<2.83\mathrm{m}^{-1})$		
	下限	几何平均值	上限	下限	几何平均值	上限
A	8	16	32	2.69	3.81	5.38
B	32	64	128	5.38	7.61	10.77
C	128	256	512	10.77	15.23	21.53
D	512	1024	2048	21.53	30.45	43.06
E	2048	4096	8192	43.06	60.90	86.13
F	8192	16384	32768	86.13	121.80	172.26
G	32768	65536	131072	172.26	243.61	344.52
H	131072	262144	524288	344.52	487.22	689.04

根据式（6.2）和表 6.1 中数据所绘制的路面不平度分级图如图 6.4 所示。路面功率谱密度 $G_q(n)$ 随空间频率 n 的提高或波长 λ 的减小而变小。当 $w=2$ 时，$G_q(n)$ 与 λ^2 成正比，$G_q(n)$ 是不平度幅值的均方值谱密度，故 $G_q(n)$ 又与不平度幅值的平方成正比，所以不平度幅值 q_0 大致与波长 λ 成正比。据统计，我国高等级公路路面谱也基本上在 A、B、C 三级范围之

内，其中 B、C 级路面占的比重比较大。

例题 6.1 某 A 级路面符合我国国家标准关于路面不平度功率谱密度的建议，路面波长范围为 $0.5\text{m}\leqslant\lambda\leqslant 50\text{m}$，求该路面不平度的均方值。

解： 路面不平度的波长 λ 与空间频率 n 的关系为 $n=1/\lambda$，故与题中波长范围相应的空间频率范围为 $0.02\text{m}^{-1}\leqslant n\leqslant 2\text{m}^{-1}$。由表 6.1 可知，A 级路面 $G_q(n_0)=16\times10^{-6}\text{m}^3$，$n_0=0.1\text{m}^{-1}$，$w=2$。

由于功率谱密度是信号在单位频率内的均方值，根据式（6.1）和式（6.2），路面不平度的均方值

$$
\begin{aligned}
\sigma_q^2 &= \int_{0.02}^{2} G_q(n_0)\left(\frac{n}{n_0}\right)^{-2}\mathrm{d}n \\
&= G_q(n_0)n_0^2\int_{0.02}^{2}\frac{1}{n^2}\mathrm{d}n \\
&= 7.92\times10^{-6}\text{m}^2
\end{aligned}
$$

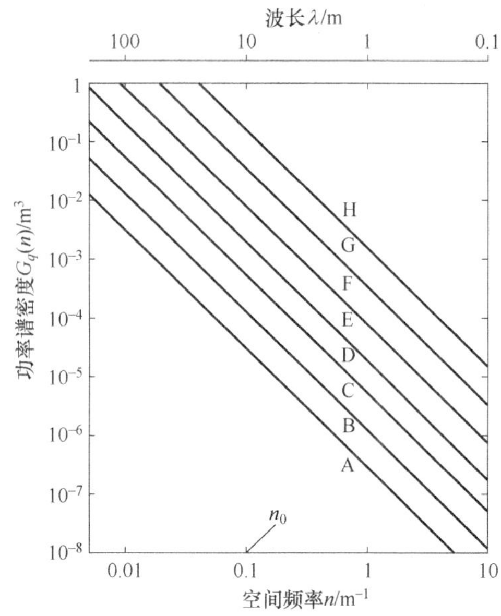

图 6.4　路面不平度分级图

6.1.2　路面不平度的时间频率功率谱密度

对汽车行驶系统的输入除了路面不平度，还要考虑车速这个因素。根据车速 v，可将空间频率功率谱密度 $G_q(n)$ 换算为时间频率功率谱密度 $G_q(f)$。当汽车以定车速 v（单位为 m/s）驶过不平度空间频率为 n（单位为 m^{-1}）的路面时，与空间频率带宽 Δn 相应的时间频率带宽 Δf 内所包含的不平度垂直位移 q 的谐量成分相同，其功率也相同，因此换算的时间功率谱密度可表示为

$$G_q(f)=\lim_{\Delta f\to 0}\frac{\sigma^2_{q-\Delta n}}{\Delta f} \tag{6.3}$$

由于时间频率 f（单位为 s^{-1}，Hz）与空间频率 n（单位为 m^{-1}），以及它们的带宽 Δf 与 Δn 有如下换算关系

$$f=vn \tag{6.4a}$$

$$\Delta f=v\Delta n \tag{6.4b}$$

根据式（6.1）、式（6.3）和式（6.4），换算的时间频率功率谱密度可表示为

$$G_q(f)=\frac{1}{v}G_q(n) \tag{6.5}$$

式中，$G_q(n)$ 的单位是 m^2/m^{-1}，即 m^3；$G_q(f)$ 的单位是 m^2/Hz 或 m^2/s^{-1}。

将式（6.2）、式（6.4）代入式（6.5），得到时间频率路面功率谱密度 $G_q(f)$ 的表达式，当 $w=2$ 时，有

$$G_q(f)=\frac{1}{v}G_q(n)=\frac{1}{v}G_q(n_0)\left(\frac{n}{n_0}\right)^{-2}=G_q(n_0)n_0^2\frac{v}{f^2} \tag{6.6a}$$

路面不平度作为车辆沿道路行驶时经历的高度变化，可视作对车轮输入的垂直位移，激励行驶系统产生振动。然而行驶系统振动最常见和最有意义的度量参数是加速度，因此，可

将不平度垂直加速度功率谱密度看作对车轮的加速度输入，这就需要进行两次转换。首先假定一个行驶车速，使高度轮廓转换成位移随时间变化的函数，然后对它进行一次微分得到对车轮输入的速度，然后再次微分得到加速度，则不平度垂直速度和垂直加速度的时间频率功率谱密度函数分别为

$$G_{\dot{q}}(f)=(2\pi f)^2G_q(f)=4\pi^2G_q(n_0)n_0^2v \tag{6.6b}$$

$$G_{\ddot{q}}(f)=(2\pi f)^4G_q(f)=16\pi^4G_q(n_0)n_0^2vf^2 \tag{6.6c}$$

路面不平度的空间功率谱密度按照式（6.4）~式（6.6）进行数学处理，可得到不平度垂直位移、速度和加速度的时间频率功率谱密度如图6.5所示，它们分别具有-2：1、0：1、2：1的斜率。

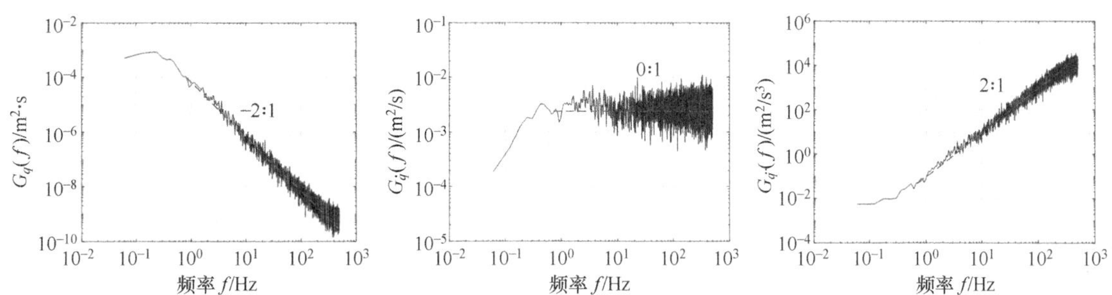

图6.5　路面不平度的位移、速度、加速度功率谱密度（C级路面，车速 $v=30$m/s）

由式（6.6）可以看出，$G_q(f)$、$G_{\dot{q}}(f)$、$G_{\ddot{q}}(f)$都与不平度$G_q(n_0)$以及车速v成正比。随着后两者的提高，都可使图6.5中三个谱密度向上平移。

式（6.6b）还表明，当车速恒定时，此时路面不平度垂直速度功率谱密度在整个频率范围内为一常数，即为一“白噪声”，幅值大小只与不平度系数$G_q(n_0)$有关。在建模仿真时，可通过随机序列生成，再经过积分环节或微分环节，生成路面不平度垂直位移或加速度的功率谱密度。为了能更真实地反映路面在低频范围内近似为水平的实际情况，常采用滤波白噪声路面谱模型，即在模型中引入一个下截止频率$f_L=vn_L$，则路面功率谱密度为

$$G_q(f)=G_q(n_0)n_0^2\frac{v}{(f+f_L)^2}=|H_q(f)|^2G_w(f) \tag{6.7}$$

式中，$G_w(f)$为单位强度是1的高斯白噪声的功率谱密度；f_L为引入的下截止频率；$|H_q(f)|$为传递函数$H_q(f)$的模。

由白噪声$w(t)$经过低通滤波产生路面不平度$q(t)$的传递函数为

$$H_q(j\omega)=\frac{q(j\omega)}{w(j\omega)}=\frac{2\pi n_0\sqrt{G_q(n_0)v}}{j\omega+\omega_L},\ \omega_L=2\pi f_L \tag{6.8}$$

则

$$H_q(s)=\frac{q(s)}{w(s)}=\frac{2\pi n_0\sqrt{G_q(n_0)v}}{s+\omega_L} \tag{6.9}$$

可得

$$q(s)(s+\omega_L)=2\pi n_0\sqrt{G_q(n_0)v}\,w(s) \tag{6.10}$$

经反拉普拉斯变换，得到路面不平度位移的时域表达式为

$$\dot{q}(t)=-2\pi f_Lq(t)+2\pi n_0\sqrt{G_q(n_0)v}\,w(t) \tag{6.11}$$

例题 6.2 根据滤波白噪声方法，应用 MATLAB/Simulink 仿真生成 C 级随机路面轮廓。

解： 根据表 6.1 中数据，C 级路面参考空间频率 $n_0=0.1\text{m}^{-1}$ 的功率谱密度 $G_q(n_0)=256\times10^{-6}\text{m}^3$，下截止空间频率 $n_L=0.011\text{m}^{-1}$，若以车速 $v=30\text{m/s}$ 为例按式（6.11）建立图 6.6 所示 Simulink 模型（为了使限带白噪声模块产生单边功率谱密度为 1 的随机信号，需将模块中白噪声的双边功率谱密度设置为 0.5），并通过 MATLAB 程序绘制随行驶距离变化的路面不平度曲线，以及空间功率谱密度，如图 6.7 和图 6.8 所示。可以看出，路面谱大部分落在了C 级路面的区域内。MATLAB 程序参见本章附录中例题 6.2 的程序代码。

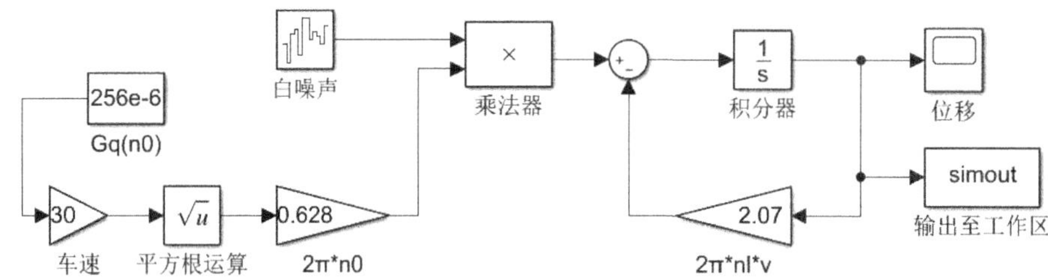

图 6.6 路面不平度的 Simulink 仿真模型

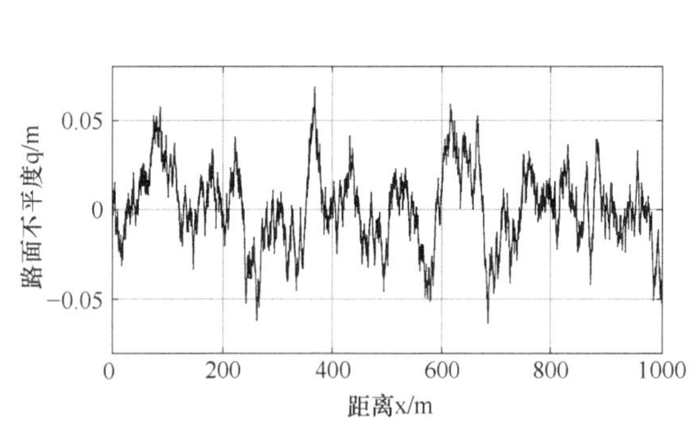

图 6.7 路面不平度轮廓

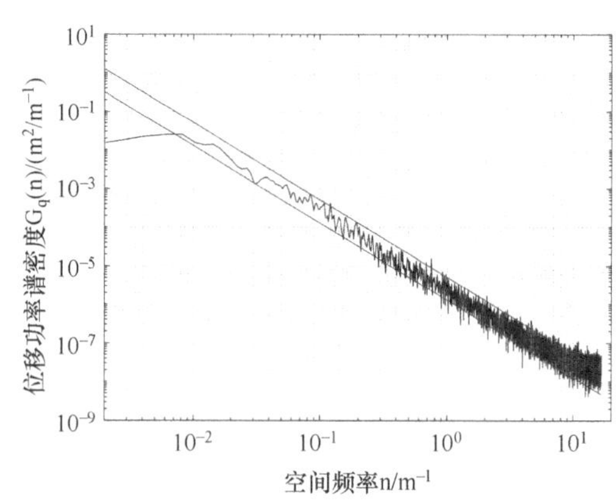

图 6.8 路面不平度空间功率谱密度

6.2 汽车垂向振动系统的简化

1. 四轮整车模型

汽车是一个复杂的振动系统，应根据所分析的问题进行简化。图 6.9 所示为一个把汽车车身质量看作刚体得到的简化整车模型。汽车的簧载质量为 m_s，它由车身、车架及其上的总成所构成。该质量绕横轴 Y（通过质心）的转动惯量为 I_Y，簧载质量通过减振器和悬架弹簧与车轴、车轮相连接。车轮、车轴构成的非簧载质量为 m_u。车轮经过具有一定弹性和阻尼的轮胎支承在不平的路面上。在汽车乘载动力学研究中，这一模型的车身质量主要考虑垂直、俯仰、侧倾 3 个自由度，另外 4 个车轮质量有 4 个自由度，因此该模型共有 7 个运动自由度。

2. 双轴半车模型

当汽车对称于其纵轴线，且左、右车辙的不平度函数 $x(I)=y(I)$，此时汽车车身只有垂直振动 Z 和俯仰振动 θ，这两个自由度的振动对车辆乘载性能影响最大。图 6.10 所示为汽车简化成 4 个自由度的双轴半车平面模型。在这个模型中，又因轮胎阻尼较小而予以忽略，同时把簧载质量为 m_s、转动惯量为 I_Y 的车身按动力学等效条件，分解为前轴、后轴及质心 c 位置的三个集中质量 m_{s1}、m_{s2}、m_{sc}。这三个质量由无质量的刚性杆连接，它们的大小由下述三个条件决定。

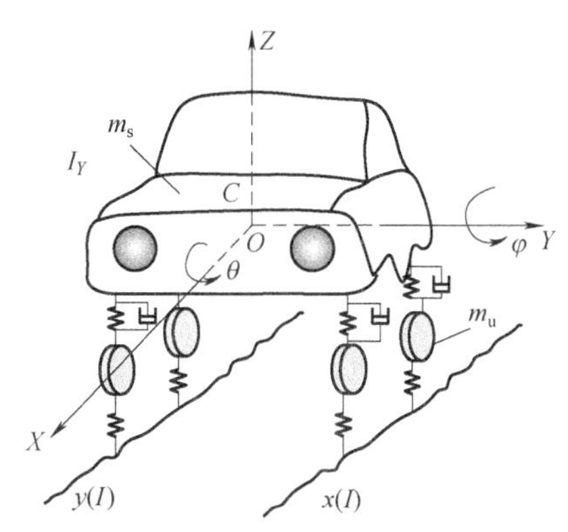

图 6.9　四轮整车模型

（1）总簧载质量保持不变

$$m_{s1}+m_{s2}+m_{sc}=m_s \tag{6.12a}$$

（2）质心位置不变

$$m_{s1}a-m_{s2}b=0 \tag{6.12b}$$

（3）转动惯量 I_Y 的值保持不变

$$I_Y=m_s\rho_Y^2=m_{s1}a^2+m_{s2}b^2 \tag{6.12c}$$

式中，ρ_Y 为绕横轴 Y 的回转半径；a、b 为车身质量部分的质心至前、后轴的距离。

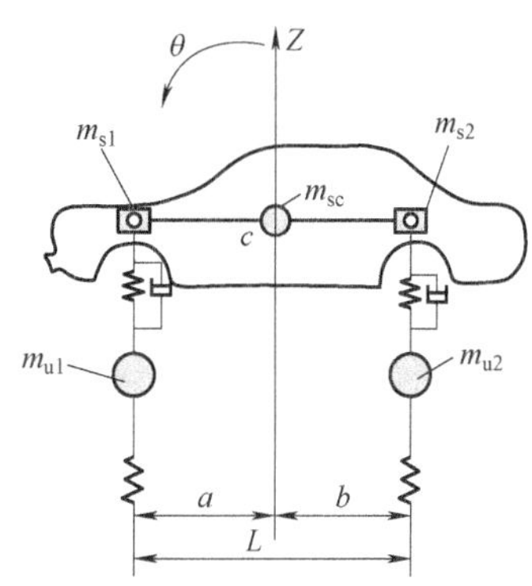

图 6.10　双轴半车模型

由式（6.12）得出三个集中质量的值为

$$m_{s1}=m_s\frac{\rho_Y^2}{aL} \tag{6.13a}$$

$$m_{s2}=m_s\frac{\rho_Y^2}{bL} \tag{6.13b}$$

$$m_{sc}=m_s(1-\varepsilon) \tag{6.13c}$$

式中，L 为轴距；ε 为簧载质量分配系数，$\varepsilon=\dfrac{\rho_Y^2}{ab}$，大部分汽车的 $\varepsilon=0.8\sim1.2$。

当 $I_Y=m_sab$，则簧载质量分配系数 $\varepsilon=1$，联系质量 $m_{sc}=0$，前、后轴上方车身部分的集中质量 m_{s1}、m_{s2}的垂直方向运动相互独立，不产生耦合。通常轿车的联系质量 m_{sc}很小，近似满足这一条件。如福特 Granada 轿车的簧载质量 $m_s=1380\text{kg}$，前轴距 $a=1.25\text{m}$，后轴距 $b=1.51\text{m}$，俯仰转动惯量 $I_Y=2444\text{kg}\cdot\text{m}^2$，可以计算出 $m_sab=2650\text{kg}\cdot\text{m}^2$，与 I_Y 相差不到 6.2%，说明该车辆前后部分耦合关系很小。

3. 四分之一汽车模型

对于上述双轴汽车四个自由度的振动模型，若前轮遇到路面不平度而引起振动时，前轴簧载质量 m_{s1}运动而后轴簧载质量 m_{s2}不运动，反之亦然。在这种特殊情况下，可以单独讨论图 6.10 上每个车轮部分相应的簧载质量和非簧载质量所构成的四分之一汽车系统振动，如图 6.11 所示。其中，m_s 为簧载质量，m_u 为非

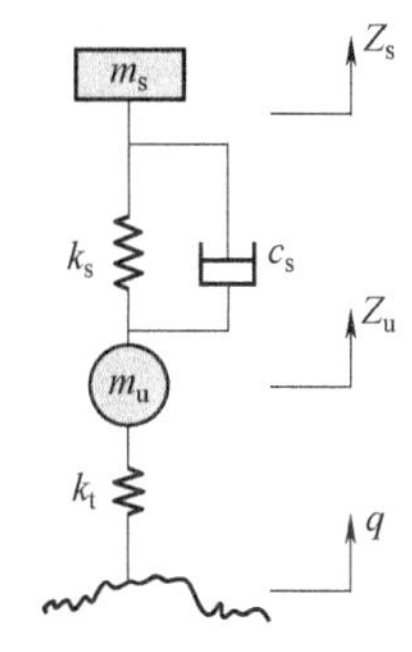

图 6.11　四分之一汽车模型

簧载质量；k_s 为悬架刚度；c_s 为减振器阻尼系数；k_t 为轮胎垂向刚度。

6.3 四分之一汽车系统的振动

6.3.1 运动方程与振型分析

针对图 6.11 所示的四分之一汽车系统，令车轮与车身的垂直位移坐标为 Z_u、Z_s，坐标原点选在各自的平衡位置，其运动方程为

$$\left.\begin{aligned}&m_s\ddot{Z}_s+c_s(\dot{Z}_s-\dot{Z}_u)+k_s(Z_s-Z_u)=0\\&m_u\ddot{Z}_u+c_s(\dot{Z}_u-\dot{Z}_s)+k_s(Z_u-Z_s)+k_t(Z_u-q)=0\end{aligned}\right\} \tag{6.14}$$

无阻尼自由振动时，运动方程变为

$$\left.\begin{aligned}&m_s\ddot{Z}_s+k_s(Z_s-Z_u)=0\\&m_u\ddot{Z}_u+k_s(Z_u-Z_s)+k_tZ_u=0\end{aligned}\right\} \tag{6.15}$$

由运动方程可以看出，m_u 与 m_s 的振动是相互耦合的。

若 m_u 不动（$Z_u=0$），则得

$$m_s\ddot{Z}_s+k_sZ_s=0 \tag{6.16}$$

这相当于只有车身质量 m_s 的单自由度无阻尼振动。其固有频率为

$$\omega_s=\sqrt{k_s/m_s} \tag{6.17}$$

同样，若 m_s 不动（$Z_s=0$），相当于车轮质量 m_u 做单自由度无阻尼振动，可得

$$m_u\ddot{Z}_u+(k_s+k_t)Z_u=0 \tag{6.18}$$

车轮部分固有圆频率为

$$\omega_u=\sqrt{(k_s+k_t)/m_u} \tag{6.19}$$

ω_s 与 ω_u 是系统中只有一个单独质量振动时的部分频率（偏频）。通常，簧载质量偏频 ω_s 为 1~1.5Hz，非簧载质量偏频 ω_u 为 10~12Hz。

在无阻尼振动时，设两个质量以相同的圆频率 ω 和相位角 ϕ 做简谐运动，振幅为 Z_{u0}、Z_{s0}，则其解为

$$Z_u=Z_{u0}e^{j(\omega t+\phi)}, \quad Z_s=Z_{s0}e^{j(\omega t+\phi)} \tag{6.20}$$

将式（6.20）代入方程组（6-15）得

$$-Z_{s0}\omega^2+\frac{k_s}{m_s}Z_{s0}-\frac{k_s}{m_s}Z_{u0}=0 \tag{6.21a}$$

$$-Z_{u0}\omega^2-\frac{k_s}{m_u}Z_{s0}+\frac{k_s+k_t}{m_u}Z_{u0}=0 \tag{6.21b}$$

将 $\omega_s^2=k_s/m_s$、$\omega_u^2=(k_s+k_t)/m_u$ 代入式（6.21），可得

$$(\omega_s^2-\omega^2)Z_{s0}-\omega_s^2Z_{u0}=0 \tag{6.22a}$$

$$-\frac{k_s}{m_u}Z_{s0}+(\omega_u^2-\omega^2)Z_{u0}=0 \tag{6.22b}$$

此方程组有非零解的条件是 Z_{s0} 和 Z_{u0} 的系数行列式为零，即

$$\begin{vmatrix} \omega_s^2-\omega^2 & -\omega_s^2 \\ -\frac{k_s}{m_u} & \omega_u^2-\omega^2 \end{vmatrix}=0 \tag{6.23}$$

或 $$\omega^4-(\omega_s^2+\omega_u^2)\omega^2+\omega_s^2\omega_u^2-\omega_s^2k_s/m_u=0 \tag{6.24}$$

也可写成 $$\omega^4-(\omega_s^2+\omega_u^2)\omega^2+\omega_s^2\omega_u^2-\omega_s^4m_s/m_u=0 \tag{6.25}$$

式（6.25）即是系统频率方程，它的两个根为系统主频率 ω_1 和 ω_2 的平方

$$\omega_{1,2}^2=\frac{1}{2}(\omega_s^2+\omega_u^2)\mp\sqrt{\frac{1}{4}(\omega_s^2-\omega_u^2)^2+\frac{m_s}{m_u}\omega_s^4} \tag{6.26}$$

例题 6.3 设某汽车的质量比 $\mu=m_s/m_u=10$，刚度比 $\gamma=k_t/k_s=9$，分析系统两阶主频率（ω_1、ω_2）与偏频（ω_s、ω_u）的关系和相应的主振型振幅比。

解： 将 $k_t=9k_s$、$m_s=10m_u$ 代入式（6.19），可得

$$\omega_u^2=(k_s+k_t)/m_u=100\omega_s^2 \tag{6.27}$$

将式（6.27）及 $m_s/m_u=10$ 代入式（6.26），得

$$\omega_1=0.95\omega_s,\ \omega_2=10.01\omega_s \tag{6.28}$$

由此可见，低的主频率 ω_1 和 ω_s 接近，高的主频率 ω_2 和 ω_u 接近，且有 $\omega_1<\omega_s<\omega_u<\omega_2$ 的关系。

将式（6.28）代入式（6.22），即可确定两个主振型中 Z_{s0} 与 Z_{u0} 的振幅比：

一阶主振型 $$\left(\frac{Z_{u0}}{Z_{s0}}\right)_1=\frac{\omega_s^2-\omega_1^2}{\omega_s^2}=0.1 \tag{6.29}$$

二阶主振型 $$\left(\frac{Z_{u0}}{Z_{s0}}\right)_2=\frac{\omega_s^2-\omega_2^2}{\omega_s^2}=-99.2 \tag{6.30}$$

车身与车轮两个自由度系统的主振型如图 6.12 所示。在强迫振动情况下，当激振频率 ω 接近 ω_1 时，产生低频共振，按一阶主振型振动，此时车身振幅是车轮质量振幅的 10 倍，主要是车身在振动，故称为车身型振动；当激振频率 ω 接近 ω_2 时，产生高频共振，按二阶主振型振动，此时车轮振幅会比车身振幅大将近 100 倍（由于存在阻尼，实际不会相差这么多），在该阶主振型下车身基本不动，故称为车轮型振动。

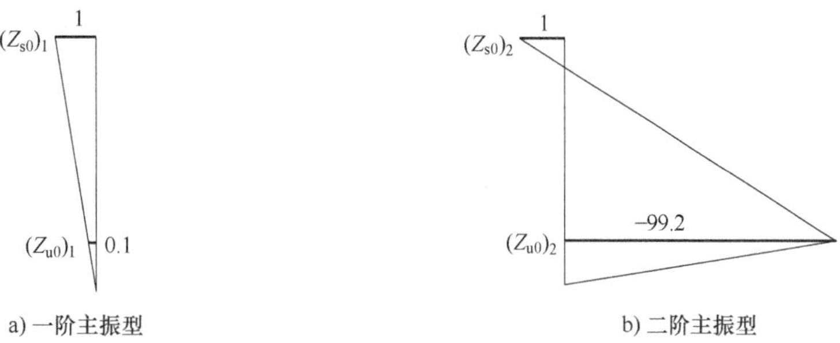

图 6.12 车身与车轮两个自由度系统的主振型

6.3.2 四分之一汽车系统的传递特性

将系统运动方程式（6.14）表示成矩阵形式，则有

$$\begin{bmatrix} m_s & 0 \\ 0 & m_u \end{bmatrix}\begin{bmatrix} \ddot{Z}_s \\ \ddot{Z}_u \end{bmatrix}+\begin{bmatrix} c_s & -c_s \\ -c_s & c_s \end{bmatrix}\begin{bmatrix} \dot{Z}_s \\ \dot{Z}_u \end{bmatrix}+\begin{bmatrix} k_s & -k_s \\ -k_s & k_s+k_t \end{bmatrix}\begin{bmatrix} Z_s \\ Z_u \end{bmatrix}=\begin{bmatrix} 0 \\ k_t \end{bmatrix}q \tag{6.31}$$

对式（6.31）进行拉普拉斯变换，得到

$$\begin{bmatrix} m_s s^2+c_s s+k_s & -c_s s-k_s \\ -c_s s-k_s & m_u s^2+c_s s+k_s+k_t \end{bmatrix}\begin{bmatrix} Z_s(s) \\ Z_u(s) \end{bmatrix}=\begin{bmatrix} 0 \\ k_t \end{bmatrix}q(s) \tag{6.32}$$

根据矩阵计算性质，整理得到车身位移 Z_s 和车轮轴位移 Z_u 对路面位移 q 的传递函数矩阵

$$\begin{bmatrix} H_{Z_s/q}(s) \\ H_{Z_u/q}(s) \end{bmatrix}=\begin{bmatrix} Z_s(s)/q(s) \\ Z_u(s)/q(s) \end{bmatrix}=\begin{bmatrix} m_s s^2+c_s s+k_s & -c_s s-k_s \\ -c_s s-k_s & m_u s^2+c_s s+k_s+k_t \end{bmatrix}^{-1}\begin{bmatrix} 0 \\ k_t \end{bmatrix}=\frac{k_t}{|\boldsymbol{\Delta}(s)|}\begin{bmatrix} c_s s+k_s \\ m_s s^2+c_s s+k_s \end{bmatrix} \tag{6.33}$$

式中，$\boldsymbol{\Delta}(s)=\begin{bmatrix} m_s s^2+c_s s+k_s & -c_s s-k_s \\ -c_s s-k_s & m_u s^2+c_s s+k_s+k_t \end{bmatrix}$。

显然，车身位移 Z_s 对车轮轴位移 Z_u 的传递函数为

$$H_{Z_s/Z_u}(s)=\frac{Z_s(s)}{Z_u(s)}=\frac{Z_s(s)}{Q(s)}\bigg/\frac{Z_u(s)}{q(s)}=\frac{c_s s+k_s}{m_s s^2+c_s s+k_s} \tag{6.34}$$

为了便于计算机建模仿真，令 $\boldsymbol{X}=[\dot{Z}_s \quad \dot{Z}_u \quad Z_s \quad Z_u]^{\mathrm{T}}$ 为状态变量，$\boldsymbol{Y}=[Z_s \quad Z_u]^{\mathrm{T}}$ 为输出变量，$\boldsymbol{u}=[q]$ 为输入变量，将式（6.31）改写成状态空间表达形式，即

$$\begin{aligned} \dot{\boldsymbol{X}}&=\boldsymbol{AX}+\boldsymbol{Bu} \\ \boldsymbol{Y}&=\boldsymbol{CX} \end{aligned} \tag{6.35}$$

式中，$\boldsymbol{A}=\begin{bmatrix} -\frac{c_s}{m_s} & \frac{c_s}{m_s} & -\frac{k_s}{m_s} & \frac{k_s}{m_s} \\ \frac{c_s}{m_u} & -\frac{c_s}{m_u} & \frac{k_s}{m_u} & -\frac{k_s+k_t}{m_u} \\ 1 & 0 & 0 & 0 \\ 0 & 1 & 0 & 0 \end{bmatrix}$，$\boldsymbol{B}=\begin{bmatrix} 0 \\ \frac{k_u}{m_u} \\ 0 \\ 0 \end{bmatrix}$，$\boldsymbol{C}=\begin{bmatrix} 0 & 0 & 1 & 0 \\ 0 & 0 & 0 & 1 \end{bmatrix}$。

进一步考虑，将 Z_u 作为输入，Z_s 作为输出，则为单自由度振动系统，有

$$m_s\ddot{Z}_s+c_s\dot{Z}_s+k_sZ_s=k_sZ_u \tag{6.36}$$

令 $\boldsymbol{X}=[\dot{Z}_s \quad Z_s]^{\mathrm{T}}$ 为状态变量，$\boldsymbol{Y}=[Z_s]$ 为输出变量，$\boldsymbol{u}=[Z_u]$ 为输入变量，可得到该单自由度系统在状态空间的标准形式，其系数矩阵 $\boldsymbol{A}=\begin{bmatrix} -\frac{c_s}{m_s} & -\frac{k_s}{m_s} \\ 1 & 0 \end{bmatrix}$，$\boldsymbol{B}=\begin{bmatrix} \frac{k_s}{m_s} \\ 0 \end{bmatrix}$，$\boldsymbol{C}=[0 \quad 1]$。

例题 6.4 已知四分之一车辆模型的非簧载质量 $m_u=40\text{kg}$，簧载质量 $m_s=400\text{kg}$，轮胎刚度 $k_t=180\text{kN/m}$，悬架刚度 $k_s=20\text{kN/m}$，悬架阻尼系数 $c_s=1.25\text{kN/(m/s)}$，编写 MATLAB 程

序，仿真分析车身、车轮振动位移的幅频特性。

解： 根据以上分析过程编写的 MATLAB 程序代码详见本章附录中例题 6.4 的程序代码，仿真结果如图 6.13 所示。

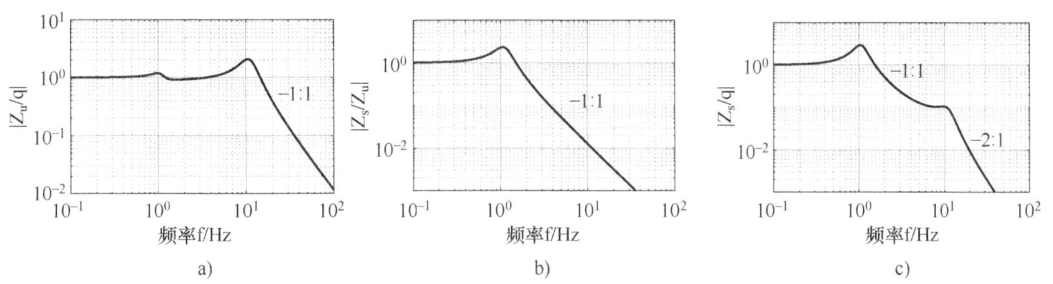

图 6.13 双质量系统的传递特性

可以看出，图 6.13c 所示的幅频特性 $|Z_s/q|$ 是由图 6.13a 幅频特性 $|Z_u/q|$ 和图 6.13b 幅频特性 $|Z_s/Z_u|$ 相乘得到的。在双对数坐标上，变为两个幅频特性曲线叠加。叠加后幅频特性的“频率指数”为两个环节“频率指数”之和，故叠加后的渐近线斜率为两个相乘幅频特性的渐近线斜率之和，幅频特性 $|Z_s/q|$ 在 $f=f_s$ 和 $f=f_u$ 处形成了两个共振峰，路面不平度输入 q 首先被轮胎衰减 $f \geqslant f_u$ 的频率成分，再由悬架衰减 $f \geqslant f_s$ 的频率成分。

由于汽车簧载质量 m_s 的固有频率一般为 1Hz 或稍高，因此在低频区域（<0.5Hz）时，簧载质量运动（加速度、速度或位移）与来自道路输入（加速度、速度或位移）的增益为 1，即簧载质量运动与道路输入完全相同；当激励频率在 1Hz 附近时，簧载质量 m_s 会共振，其振动幅值大于道路输入的幅值，但共振时的幅值比对阻尼大小非常敏感，一般而言，轿车共振时的幅值比为 1.5~3，货车的共振幅值比与使用状况有关，在最差的工况下会高达 5~6；在 10~12Hz 范围，非簧载质量 m_u 发生共振，但簧载质量 m_s 传递特性曲线上仅仅有一个小的凸起；当激励频率在非簧载质量 m_u 共振频率以上范围，对道路输入的衰减增加。

6.3.3 汽车平顺性分析

汽车平顺性是指汽车在一般行驶速度范围内行驶时，避免因汽车在行驶过程中所产生的振动和冲击，使人感到不舒服、疲劳，甚至损害健康，或者使货物损坏的性能。由于平顺性主要是根据乘员的舒适程度来评价，所以又称为乘坐舒适性，它是现代高速汽车的主要性能之一。

研究汽车平顺性的主要目的是控制汽车振动系统的动态特性，使振动的“输出”在给定工况的“输入”下不超过一定界限，以保持乘员的舒适性。

1. 汽车平顺性分析的振动响应量

在路面随机输入的情况下，常将车身垂直加速度 $\ddot{Z}$、悬架弹簧的动挠度 f_d 和车轮相对动载荷 F_u/G 作为汽车行驶系统振动分析的响应量，进行汽车平顺性分析。有时还用车身的侧倾角、纵倾角（主要指车辆在起步、急停时的俯仰角度）来评价。

2. 振动响应量的传递函数

由式（6.33）可得车身加速度 $\ddot{Z}_s$ 对路面不平度 q 的传递函数为

$$\frac{\ddot{Z}_s(s)}{q(s)}=\frac{Z_s(s)s^2}{q(s)}=\frac{k_t(c_s s+k_s)s^2}{\Delta(s)} \tag{6.37}$$

悬架动挠度 f_d 对路面不平度 q 的传递函数为

$$\frac{f_d(s)}{q(s)}=\frac{Z_s(s)-Z_u(s)}{q(s)}=\frac{-m_u k_t s^2}{\Delta(s)} \tag{6.38}$$

轮胎相对动载荷 F_s/G 对路面不平度 q 的传递函数为

$$\frac{F_s(s)/G}{q(s)}=\frac{k_t[q(s)-Z_u(s)]}{(m_u+m_s)g\,q(s)}=\frac{[m_u m_s s^2+(m_u+m_s)c_s s+(m_u+m_s)k_s]k_t s^2}{(m_u+m_s)g\Delta(s)} \tag{6.39}$$

将 $s=\mathrm{j}2\pi f$ 代入上述传递函数，即可求出系统参数的幅频特性和相频特性。

例题 6.5 某车辆四分之一模型参数分别为 $m_s=400\text{kg}$，$m_u=40\text{kg}$，$k_s=20000\text{N/m}$，$k_t=180000\text{N/m}$，$c_s=1250\text{N/(m/s)}$，仿真分析车身垂直加速度 $\ddot{Z}_s$、悬架动挠度 f_d、轮胎相对载荷 F_s/G 对路面不平度 q 和速度 $\dot{q}$ 的幅频特性。

解： 根据动力学系统分析理论，三个参数关于速度 $\dot{q}$ 的传递函数只需要用它们关于 q 的传递函数除以拉普拉斯因子 s 即可。由式（6.37）~式（6.39），应用 MATLAB 编程仿真，结果如图 6.14 和图 6.15 所示。编制的 MATLAB 程序参见本章附录中例题 6.5 的程序代码。

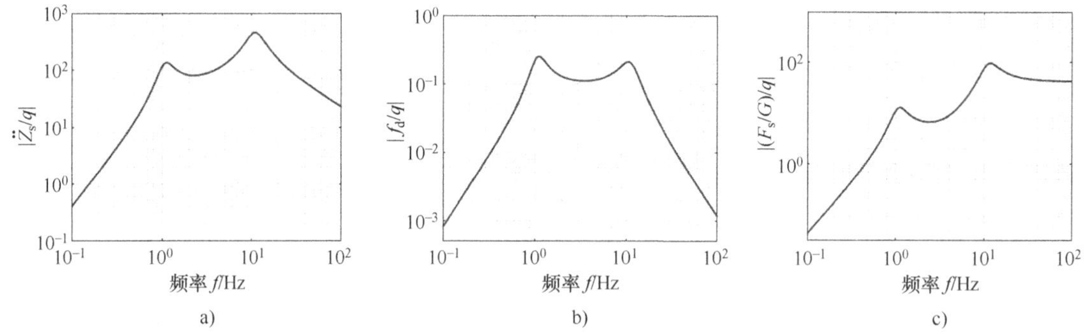

图 6.14 车身垂直加速度 $\ddot{Z}_s$、悬架动挠度 f_d、轮胎相对载荷 F_s/G 对路面不平度位移 q 的幅频特性

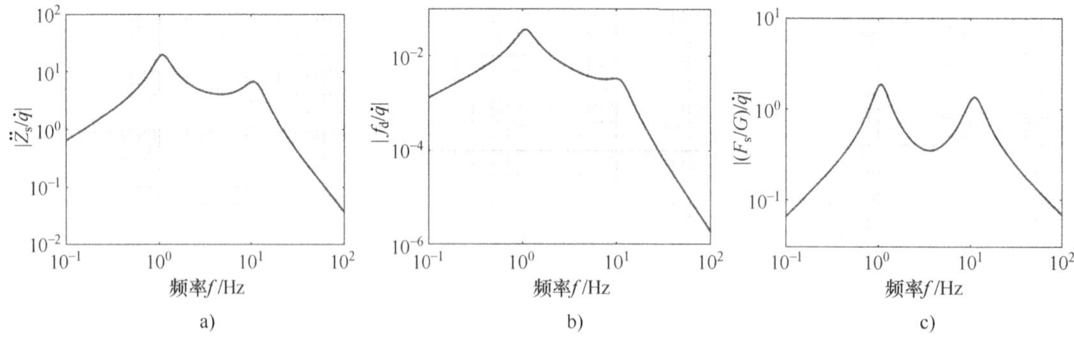

图 6.15 车身垂直加速度 $\ddot{Z}_s$、悬架动挠度 f_d、轮胎相对载荷 F_s/G 对路面不平度速度 $\dot{q}$ 的幅频特性

可以看出，$\ddot{Z}_s$、f_d、F_s/G 对 q 或 $\dot{q}$ 的幅频特性均有两个共振峰，分别在 1Hz 附近和 10Hz 附近；在小于 1Hz 的低频区，随着频率的降低，它们明显衰减；在大于 10Hz 的高频区，随着频率的增大，五个图的幅频特性均衰减，只有图 6.14c 中 F_s/G 对路面不平度位移 q 的幅频特性的渐近线为水平线。另外，相比于对 q 的幅频特性，各参数关于输入 $\dot{q}$ 的幅频特性的渐近线在全频段范围内均更加向下倾斜。

例题 6.6 车辆参数同上，定义悬架阻尼比 $\zeta = c_s/2\sqrt{m_s k_s}$，仿真分析由于簧载质量 m_s、非簧载质量 m_u、悬架刚度 k_s、轮胎刚度 k_t、悬架阻尼 c_s 变化（前四项参数变化时，通过调整悬架阻尼系数 c_s 使悬架阻尼比 ζ 保持不变），车身垂直加速度 $\ddot{Z}_s$ 对路面不平度 q 的幅频特性。

解： 根据式（6.37），编制 MATLAB 程序，详见本章附录中例题 6.6 的程序代码，仿真结果如图 6.16 所示。

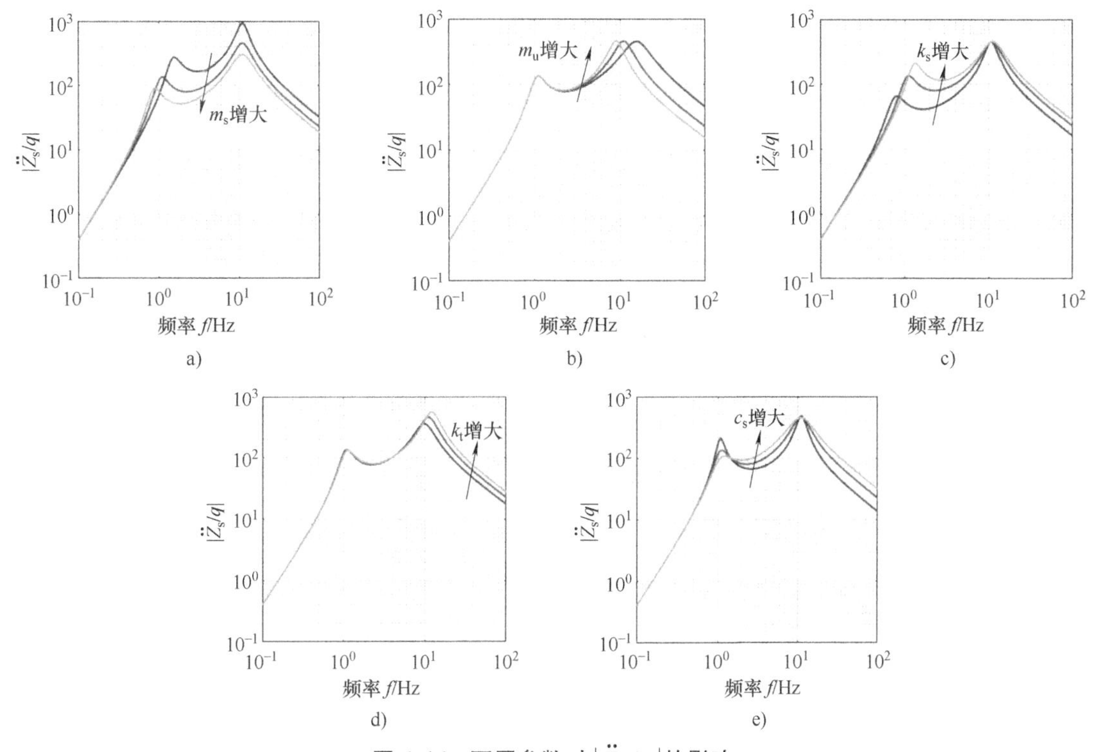

图 6.16 不同参数对 $|\ddot{Z}_s/q|$ 的影响

仿真结果表明：

随着簧载质量 m_s 的增大，第 1 阶固有频率降低，车身加速度在中频和高频范围内振动幅值减小，这是由于簧载质量增大，但输入能量一定，故振幅减小。

随着非簧载质量 m_u 的增大，第 2 阶固有频率降低，车身加速度在中频范围内振动幅值有所增大，这是由于增大的非簧载质量受路面不平作用产生更多的动能，并传输给簧载质量，使其振幅增大；而车身加速度在高频范围内振动幅值减小，这是由于非簧载质量的偏频下降，高频滤波作用更加显著所造成。目前，一些电动汽车由于采用轮毂电机驱动，增加了非簧载质量，从而使车辆平顺性和接地性（与车轮动载荷有关）变差，即所谓“非簧载质量负效应”。

随着悬架刚度 k_s 的增大，第 1 阶固有频率增大，簧载质量在中频和高频范围内滤波作用减弱，车身加速度振动幅值增大；第 2 阶固有频率主要取决于非簧载质量偏频，悬架刚度对该阶固有频率及其谐振幅值几乎无影响。

随着轮胎刚度 k_t 的增大，第 1 阶固有频率几乎无变化，在中、低频范围内振动幅值基本不变；第 2 阶固有频率增大，非簧载质量在高频范围内滤波作用减弱，车身加速度振动幅值增大。

随着悬架阻尼系数 c_s 的增大，第 1 阶固有频率处谐振幅值减小，而在第 2 阶固有频率处谐振幅值基本无变化，在中频和高频率范围内反而相当于增大悬架刚度，车身加速度振动幅值增大。

3. 振动响应量的功率谱密度

将汽车振动系统近似为线性系统，且路面仅通过一个车轮对系统输入时，振动响应的功率谱密度 $G_x(f)$ 与路面位移输入的功率谱密度 $G_q(f)$ 有如下简单关系：

$$G_x(f) = |H(f)|^2_{x/q} G_q(f) \tag{6.40}$$

式中，$|H(f)|_{x/q}$ 为系统响应 x 对输入 q 的频率响应函数 $H(f)_{x/q}$ 的模，即幅频特性。

以簧载质量的加速度功率谱密度为例，根据式（6.40）得

$$G_{\ddot{Z}_s}(f) = |\ddot{Z}_s/\ddot{q}|^2 G_{\ddot{q}}(f) \tag{6.41}$$

式中，$|\ddot{Z}_s/\ddot{q}|$ 为簧载质量频响增益。

图 6.17 所示为某车以速度 $v = 30\text{m/s}$ 行驶在 C 级道路上仿真分析得到的车身加速度功率谱。虽然道路不平度的加速度功率谱密度 $G_{\ddot{q}}(f)$ 随着频率 f 增大而提高，然而由于悬架的隔振作用，簧载质量频响增益 $|\ddot{Z}_s/\ddot{q}|$ 在 1Hz 以上区域随频率增大而降低，最终结果是在位于簧载质量共振频率时，车身在受较小路面振动激励和一定阻尼作用下，其加速度功率谱密度 $G_{\ddot{Z}_s}(f)$ 并不是很大，且在高频段迅速衰减。

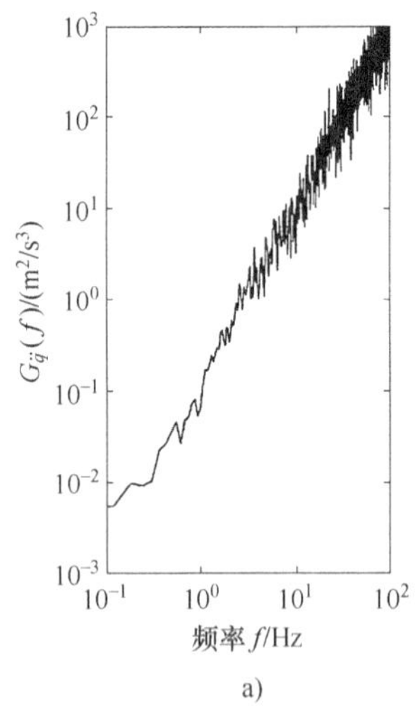

a)

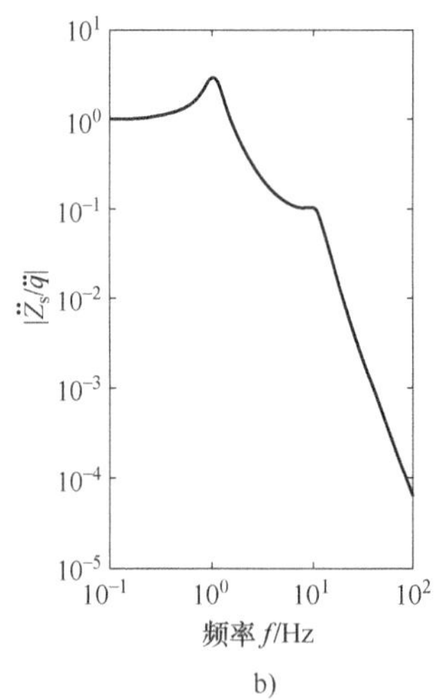

b)

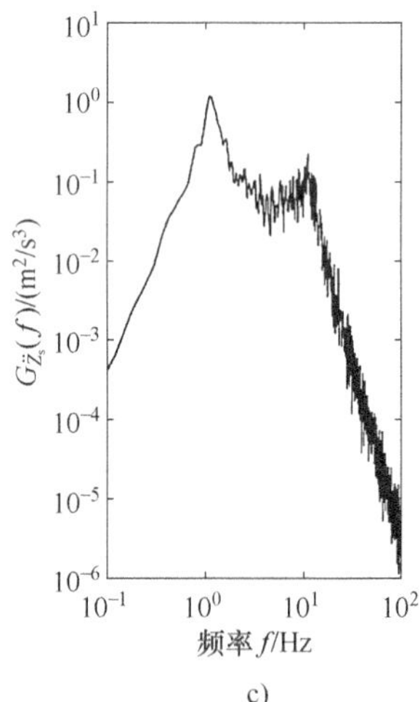

c)

图 6.17 车身加速度功率谱

根据随机振动分析理论，不论路面不平度采用位移、速度，还是加速度功率谱作为输入，通过相应的幅频特性，均能得到簧载质量加速度功率谱，即

$$G_{\ddot{Z}_s}(f) = \begin{cases} |\ddot{Z}_s/q|^2 G_q(f) \\ |\ddot{Z}_s/\dot{q}|^2 G_{\dot{q}}(f) \\ |\ddot{Z}_s/\ddot{q}|^2 G_{\ddot{q}}(f) \end{cases} \tag{6.42}$$

根据式（6.6b），路面不平度的速度功率谱密度 $G_{\dot{q}}(f)=4\pi^2 G_q(n_0)n_0^2 v$ 为白噪声，则响应量的功率谱密度为

$$G_x(f)=|H(f)|^2_{x/\dot{q}}G_{\dot{q}}(f) \tag{6.43}$$

若在双对数坐标图中绘制响应的功率谱密度 $G_x(f)$ 和幅频特性 $|H(f)|_{x/\dot{q}}$，两者图形非常相似，只是前者向上伸张了1倍并向上平移了 $\lg G_{\dot{q}}(f)$，因此，可以应用响应量对速度输入的幅频特性 $|H(f)|_{x/\dot{q}}$ 来定性分析响应的功率谱密度 $G_x(f)$。对比图6.17c和图6.15a，可以看出 $G_{\ddot{Z}_s}(f)$ 和 $|\ddot{Z}_s/\dot{q}|$ 具有明显的相似性。

4. 振动响应量的均方根

在路面随机输入情况下，振动响应量 $\ddot{Z}_s$、f_d、F_s/G 取正、负值的概率相同，所以其均值近似为零。因此，这些量的统计特征值——方差 σ_x^2 等于均方值 ϕ_x^2，并可由其功率谱密度对频率积分求得均方值，即

$$\phi_x^2=\sigma_x^2=\int_0^\infty G_x(f)\mathrm{d}f=\int_0^\infty |H(f)|^2_{x/\dot{q}}G_q(f)\mathrm{d}f \tag{6.44}$$

式中，σ_x 为标准差，当均值为零时，σ_x 等于均方根值 ϕ_x。

以车身加速度 $\ddot{Z}_s$ 为例，其均方值 $\phi^2_{\ddot{Z}_2}$ 为

$$\phi^2_{\ddot{Z}_s}=\int_0^\infty G_{\ddot{Z}_s}(f)\mathrm{d}f=\int_0^\infty |\ddot{Z}_s/\dot{q}|^2 G_{\dot{q}}(f)\mathrm{d}f \tag{6.45}$$

显然，对于图6.17c所示的车身加速度功率谱密度而言，其所研究频率范围内均方值 $\phi^2_{\ddot{Z}_s}$ 即为 $G_{\ddot{Z}_s}(f)$ 曲线下方的面积。

将式（6.6b）代入式（6.45），得

$$\phi^2_{\ddot{Z}_s}=4\pi^2 G_q(n_0)n_0^2 v\int_0^\infty |\ddot{Z}_s/\dot{q}|^2\mathrm{d}f \tag{6.46}$$

式（6.46）表明，当由系统参数确定的幅频特性 $|\ddot{Z}_2/\dot{q}|$ 一定时，车身加速度的均方值 $\phi^2_{\ddot{Z}_2}$ 与路面不平度系数 $G_q(n_0)$ 以及车速 v 成正比。

由于车辆振动响应量幅频特性的表达式相当复杂，一般难以用解析的方法直接进行积分，常采用数值积分的方法，对功率谱密度函数 $G_x(f)$ 在0.1~20Hz以内等间隔取 N 个离散频率值，频率带宽为 Δf，计算得到均方根

$$\phi_x=\sqrt{\sum_{n=1}^{N}[G_x(n\Delta f)\Delta f]},\ n=1,2,3,\cdots,N \tag{6.47}$$

由于均方根 ϕ_x 不仅是振动响应量在频带内的有效值，也是响应量正态分布的标准差 σ_x，因此，根据 σ_x 值，可以推断振动响应量数值有99.7%的概率落在 $\pm3\sigma_x$ 以内。

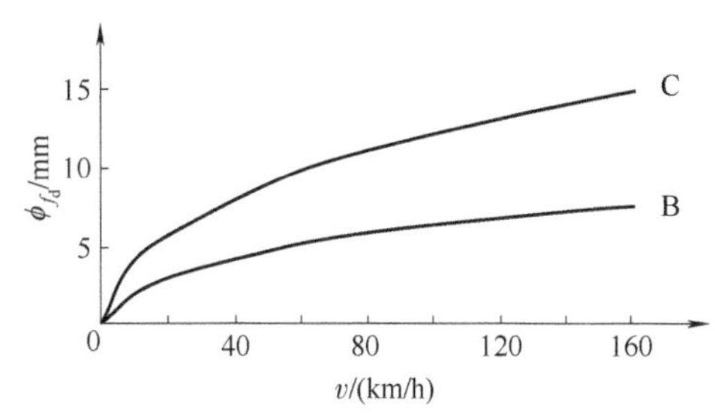

图6.18　某车辆悬架动挠度与车速关系

某车辆分别在B、C级路面行驶时，悬架动挠度的均方根值 ϕ_{f_d} 随车速 V 变化情况如图6.18所示。随着车速增大和路面等级下降，路面不平度功率谱密度 $G_q(f)$ 增大，悬架动挠度的功率谱密度

$G_{f_d}(f)$增大，因此，ϕ_{f_d}随之增大。

6.4 双轴汽车的振动

实际汽车由于前后轴运动不同，车辆不仅具有垂直跳动，还存在俯仰运动，两者相互作用使车身上任意点的振动叠加或抵消。值得注意的是，俯仰运动是车辆质心以上位置纵向角振动的主要来源，会引起驾乘人员不舒适的感觉。

6.4.1 运动方程与振型分析

在分析车身振动时，忽略图 6.10 所示双轴汽车模型中非簧载质量的影响，用等效刚度代替悬架和轮胎刚度，且不考虑悬架阻尼的作用，可得到如图 6.19 所示的双轴汽车的簧载质量振动模型。这些简化并不严重影响振动模型和它们的频率，每根车轴的等效刚度为

$$k=\frac{k_s k_t}{k_s+k_t} \tag{6.48}$$

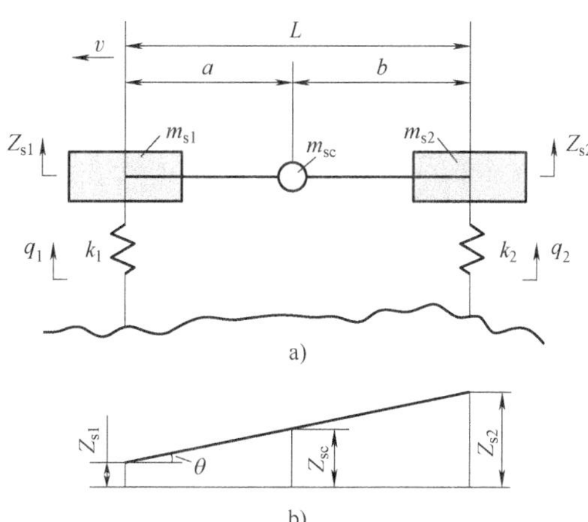

图 6.19　双轴汽车的簧载质量振动模型

图 6.19a 中，m_{s1}、m_{s2}、m_{sc}为按式（6.13）计算的三个动力学等效集中质量，选用簧载质量质心处的垂直位移 Z_{sc} 和俯仰角 θ 以及前、后轴上方垂直位移 Z_{s1}、Z_{s2}两组坐标来描述车身运动（以下用下标 1 表示前端，下标 2 表示后端）。

由图 6.19b 可以看出，坐标系 Z_{s1}、Z_{s2}与 Z_{sc}、θ 有以下关系

$$Z_{s1}=Z_{sc}-a\tan\theta\approx Z_{sc}-a\theta \tag{6.49a}$$

$$Z_{s2}=Z_{sc}+b\tan\theta\approx Z_{sc}+b\theta \tag{6.49b}$$

$$\theta=\frac{Z_{s2}-Z_{s1}}{L} \tag{6.49c}$$

$$Z_{sc}=Z_{s1}+a\theta=Z_{s1}+\frac{a(Z_{s2}-Z_{s1})}{L}=\frac{Z_{s2}a+Z_{s1}b}{L} \tag{6.49d}$$

可以看出，θ 的大小与 Z_{s1}、Z_{s2}幅值以及 Z_{s1}与 Z_{s2}之间的相位差有关。当相位差为 180°时，θ 最大，θ 角还与轴距 L 成反比；当 Z_{s1}、Z_{s2}同相位时，Z_{sc}最大。

由垂直方向力的平衡和绕质心 Z_{sc}的力矩平衡，得

$$m_s\ddot{Z}_{sc}+(k_1+k_2)Z_{sc}+(k_2b-k_1a)\theta=0 \tag{6.50a}$$

$$m_s\rho_Y^2\ddot{\theta}+(k_1a^2+k_2b^2)\theta+(k_2b-k_1a)Z_{sc}=0 \tag{6.50b}$$

式中，ρ_Y 为绕横轴 Y 的回转半径。

若仅考虑垂直或纵向角振动，则两者各自的固有圆频率的平方为

$$\omega_Z^2=\frac{k_1+k_2}{m_s},\ \omega_\theta^2=\frac{k_1a^2+k_2b^2}{m_s\rho_Y^2} \tag{6.51}$$

由式（6.50）运动方程，可以得到耦合系统的两个主频率为

$$\Omega_{1,2}^2=\frac{1}{2}\left[\omega_Z^2+\omega_\varphi^2\mp\sqrt{(\omega_Z^2-\omega_\theta^2)^2+4\eta_1\eta_2}\right] \tag{6.52}$$

式中，η_1 和 η_2 为耦合系数。

$$\eta_1=\frac{k_2b-k_1a}{m_s},\quad \eta_2=\frac{\eta_1}{\rho_Y^2} \tag{6.53}$$

根据式（6.50），对应主频率 Ω_1、Ω_2 的垂直振动振幅 Z_{sc0} 和纵向角振动振幅 θ_0 之比分别为

$$\left(\frac{Z_{sc0}}{\theta_0}\right)_1=\frac{\eta_1}{\Omega_1^2-\omega_Z^2}=\frac{\Omega_1^2-\omega_\theta^2}{\eta_2},\ \left(\frac{Z_{sc0}}{\theta_0}\right)_2=\frac{\eta_1}{\Omega_2^2-\omega_Z^2}=\frac{\Omega_2^2-\omega_\theta^2}{\eta_2} \tag{6.54}$$

车身振动的主振型如图 6.20 所示。为进一步说明垂直振动和纵向角振动的振型特性，引入振动中心的概念，其位置用它到车辆质心的距离 l_0 表示，且可根据振幅比来确定。因此，两个振动中心分别与 Ω_1 和 Ω_2 有关。

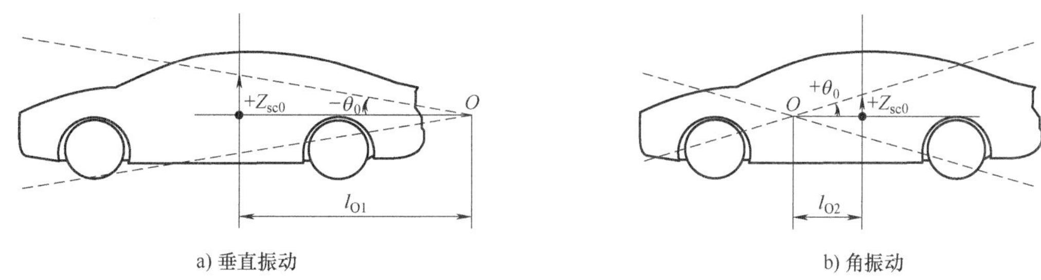

图 6.20　车身振动的主振型

对 Ω_1 而言，

$$l_{O1}=\left(\frac{Z_{sc0}}{\tan\theta_0}\right)_1\approx\left(\frac{Z_{sc0}}{\theta_0}\right)_1=\frac{\eta_1}{\Omega_1^2-\omega_Z^2} \tag{6.55}$$

对 Ω_2 而言，

$$l_{O2}=\left(\frac{Z_{sc0}}{\tan\theta_0}\right)_2\approx\left(\frac{Z_{sc0}}{\theta_0}\right)_2=\frac{\eta_1}{\Omega_2^2-\omega_Z^2} \tag{6.56}$$

由于振幅比值$(Z_{sc0}/\theta_0)_1$与$(Z_{sc0}/\theta_0)_2$的符号相反，根据图 6.20 中 Z_{sc0} 和 θ 方向的正负号用法，当振幅比 Z_{sc0}/θ_0 为负值时，振动中心将位于车身质心后；当振幅比为正值时，振动中心将位于车身质心前。位于轴距之外的振动中心称为垂直振动中心，与之相应的振动频率称为垂直振动频率；位于轴距之内的振动中心称为纵向角振动中心，与之相应的振动频率称为纵向角振动频率。通常，作用在前轮和后轮上的道路输入，会产生绕各个振动中心的力矩，从而引起垂直振动和纵向角振动，即车身运动是绕两个振动中心的振动之和。

例题 6.7　图 6.19 所示的双轴汽车的簧载质量振动模型相关参数见表 6.2。

表 6.2　例题 6.7 的相关参数

名称	参数值	名称	参数值
簧载质量 m_s/kg	1600	簧载质量分配系数 ε	1.1

（续）

名称	参数值	名称	参数值
前轴等效刚度 $k_1/(\mathrm{N/m})$	30000	前轴距 a/m	1.2
后轴等效刚度 $k_2/(\mathrm{N/m})$	35000	后轴距 b/m	1.3

试求：车身垂直振动和俯仰角振动两个主振型的主频率 Ω_1、Ω_2 及两个振动中心到质心的距离。

解： $\rho_Y^2=\varepsilon ab=1.1\times1.2\times1.3\mathrm{m}^2=1.72\mathrm{m}^2$

$$\omega_Z^2=\frac{k_1+k_2}{m_s}=\frac{30000+35000}{1600}(\mathrm{rad/s})^2=40.63(\mathrm{rad/s})^2\text{，则 }\omega_Z=6.37\mathrm{rad/s},\ f_Z=1.01\mathrm{Hz}$$

$$\omega_\theta^2=\frac{k_1a^2+k_2b^2}{m_s\rho_Y^2}=\frac{30000\times1.2^2+35000\times1.3^2}{1600\times1.72}(\mathrm{rad/s})^2=37.19(\mathrm{rad/s})^2\text{，则 }\omega_\theta=6.10\mathrm{rad/s},$$

$f_\theta=0.97\mathrm{Hz}$

$$\eta_1=\frac{k_2b-k_1a}{m_s}=\frac{35000\times1.3-30000\times1.2}{1600}\mathrm{m}\cdot(\mathrm{rad/s})^2=5.94\mathrm{m}\cdot(\mathrm{rad/s})^2$$

$$\eta_2=\frac{\eta_1}{\rho_Y^2}=\frac{5.94\mathrm{m}\cdot(\mathrm{rad/s})^2}{1.72\mathrm{m}^2}=3.45(\mathrm{rad/s})^2/\mathrm{m}$$

$$\eta_1\eta_2=5.94\mathrm{m}\cdot(\mathrm{rad/s})^2\times3.45(\mathrm{rad/s})^2/\mathrm{m}=20.49(\mathrm{rad/s})^4$$

$$\Omega_{1,2}^2=\frac{1}{2}\left[\omega_Z^2+\omega_\theta^2\mp\sqrt{(\omega_Z^2-\omega_\theta^2)^2+4\eta_1\eta_2}\right]$$

$$=\frac{1}{2}\left[40.63+37.19\mp\sqrt{(40.63-37.19)^2+4\times20.49}\right](\mathrm{rad/s})^2$$

$$=34.07(\mathrm{rad/s})^2,\ 43.75(\mathrm{rad/s})^2$$

则 $\Omega_1=5.84\mathrm{rad/s}$，$f_1=0.93\mathrm{Hz}$；$\Omega_2=6.61\mathrm{rad/s}$，$f_2=1.05\mathrm{Hz}$。

对 Ω_1 而言，$l_{01}=\left(\dfrac{Z_{sc0}}{\theta_0}\right)_1=\dfrac{\eta_1}{\Omega_1^2-\omega_Z^2}=\dfrac{5.94}{34.07-40.63}\mathrm{m}=-0.91\mathrm{m}$

对 Ω_2 而言，$l_{02}=\left(\dfrac{Z_{sc0}}{\theta_0}\right)_2=\dfrac{\eta_1}{\Omega_2^2-\omega_Z^2}=\dfrac{5.94}{43.75-40.63}\mathrm{m}=1.90\mathrm{m}$

这表明主频率 $f_1=0.93\mathrm{Hz}$ 的振动中心位于质心后面 0.91m 处，在轴距之内为纵向角振动振型；主频率 $f_2=1.05\mathrm{Hz}$ 的振动中心位于质心前面 1.90m，在轴距之外为垂直振动振型。

振动中心的位置对振动特性具有实际意义：

1）当 $k_2b-k_1a=0$ 时，$\eta_1=0$，$\eta_2=0$，垂直振动与纵向角振动不耦合，一个振动中心位于质心处，另一个位于距离质心无穷远的地方；主频率与部分系统固有圆频率（偏频）相等，即 $\Omega_Z=\omega_Z$，$\Omega_\theta=\omega_\theta$，相应的振型也相同。

2）当 $\rho_Y^2=ab$（即质量分配系数 $\varepsilon=1$）时，两个振动中心分别位于前、后悬架与车身的连接点处，图 6.20 所示的纵向角振动与垂直振动的两自由度模型，可用图 6.21 所示的在前、后连接点（或其等效的）处具有两个集中质量的等效振动系统来表示。前端的等效集中质量等

于 $m_s b/L$，后端的等效集中质量等于 $m_s a/L$。实际上，等效系统是两个单自由度系统，前、后端的自然频率分别为 $\Omega_1=\sqrt{\dfrac{k_1 L}{m_s b}}$、$\Omega_2=\sqrt{\dfrac{k_2 L}{m_s a}}$。前、后悬架间并无相互作用，一端的输入（前或后）并不引起另一端的运动，这是优良乘载特性所要求的条件。然而，对实际车辆来说，此条件一般不能满足。目前，赛车的质量分配系数 ε 约为 0.8，乘用车为 0.8~0.95，货车为 0.65~1.2。

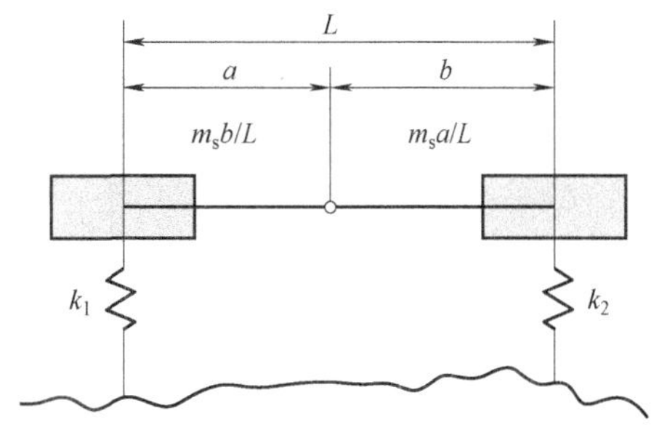

图 6.21　车身简化为两个集中质量的等效振动系统

由于在 3Hz 以下，人对水平方向的振动比垂直方向更为敏感，而俯仰振动会引起纵向水平振动，因此为了改善车辆乘载特性，应尽量减小俯仰角加速度。

当 $k_2 b-k_1 a\neq 0$ 时，Ω_θ 与 ω_θ 接近，Ω_Z 与 ω_Z 接近。若振动系统参数适当匹配，使 $\omega_\theta<\omega_Z$，则可以保证 $\Omega_\theta<\Omega_Z$，就可使车身产生俯仰角加速度比较小。一般汽车前、后悬架偏频之比为 0.85~0.95，可以减少汽车的角振动。为了说明其原因，考虑车辆前、后轮先后通过同一减速带，前、后簧载质量的振动响应如图 6.22 所示。可以看出，当前轮刚经过减速带时，车辆前悬架垂向振动最大，后悬架垂向振动为零，车辆处于最大俯仰状态；由于后悬架偏频高于前悬架偏频，后悬架振动约 1.5 次后，就能与前悬架同相位运动并衰减，这样车辆前、后悬架同时上、下跳动，即车身主要做垂直振动。

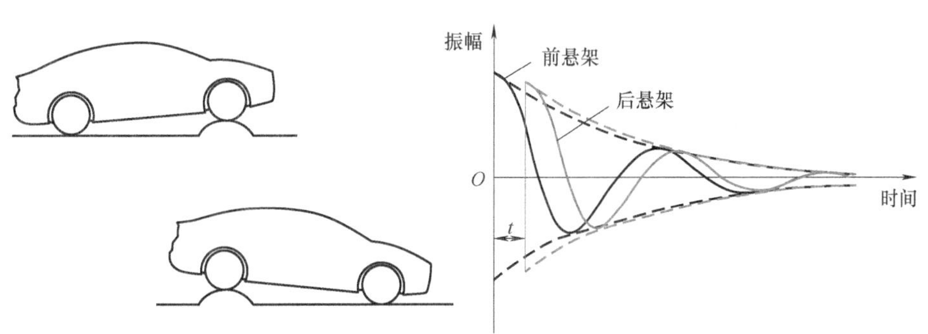

图 6.22　前、后簧载质量的振动响应

6.4.2　双轴车辆的“轴距滤波”效应

当车辆在道路上行驶时，路面轮廓对后轮的输入与对前轮的基本相同，只是在时间上有滞后，滞后时间等于轴距除以行驶速度。这种时间的滞后对车身位置跳动和俯仰运动的振幅有滤波效应，简称“轴距滤波”，并导致两种振动的频响曲线呈花瓣形状，如图 6.23 所示。为了便于分析轴距滤波的影响，假设车辆俯仰和跳动模态相互独立。尽管道路包括各种波长的不平度，为简化起见，此处仅考虑单个波长的影响。

当路面不平度波长 λ 等于车辆轴距 L 的整数分之一（$\lambda=L/n$，$n=1,2,3,\cdots$）时，仅产生垂向跳动运动，如图 6.23a 所示。若路面不平度波长 λ 是两倍的轴距 L 的奇数分之一（$\lambda=2L/n$，$n=1,3,5,\cdots$）时，则仅产生俯仰运动，如图 6.23b 所示。

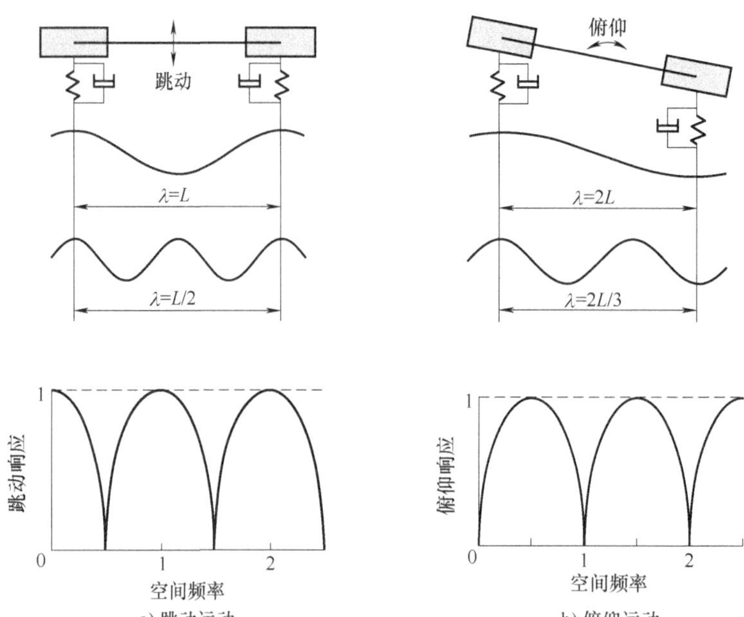

图 6.23　轴距滤波机理示意图

为方便分析，采用图 6.24 所示簧载质量分配系数 $\varepsilon=1$ 的双轴汽车等效振动系统。在车身任意点 P 处至前轮距离 l，其垂直位移 Z_{sP} 与 Z_{s1} 和 Z_{s2} 的关系为

$$Z_{sP}=Z_{s1}+\frac{l(Z_{s2}-Z_{s1})}{L} \tag{6.57}$$

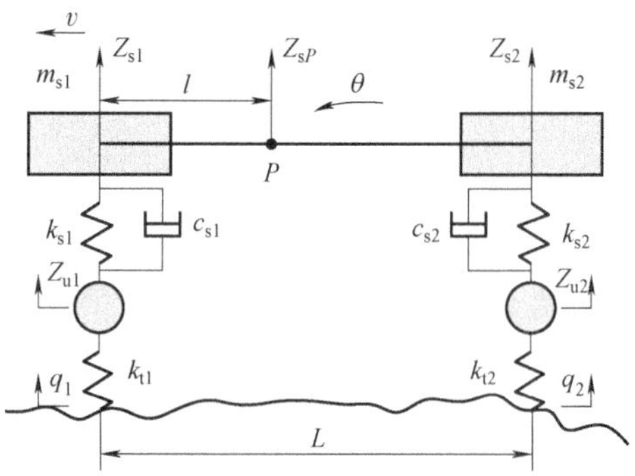

由于前、后轮走在同一轮辙上，前、后轮处路面输入 q_1、q_2 只相差一个时间滞后量 Δt，它取决于轴距 L 和车速 v，即

$$\Delta t=L/v \tag{6.58}$$

图 6.24　车身简化为两个集中质量的等效振动系统（$\varepsilon=1$）

此时，前、后轮的路面输入关系为

$$q_2(t)=q_1(t-\Delta t) \tag{6.59}$$

假设前后两个车身-车轮双质量系统的频响函数相等，即 $Z_{s1}/q_1=Z_{s2}/q_2$，可导出

$$Z_{s2}(t)=Z_{s1}(t-\Delta t) \tag{6.60}$$

根据式（6.57）和式（6.60），得到

$$Z_{sP}(t)=Z_{s1}(t)+\frac{l[Z_{s1}(t-\Delta t)-Z_{s1}(t)]}{L} \tag{6.61}$$

另外，根据式（6.49c），得到

$$\theta(t)=\frac{Z_{s1}(t-\Delta t)-Z_{s1}(t)}{L} \tag{6.62}$$

用复振幅代入或进行傅里叶变换，得

$$Z_{sP}=Z_{s1}+\frac{l[Z_{s1}\mathrm{e}^{-\mathrm{j}\omega\Delta t}-Z_{s1}]}{L} \tag{6.63a}$$

$$\theta=\frac{Z_{s1}\mathrm{e}^{-\mathrm{j}\omega\Delta t}-Z_{s1}}{L} \tag{6.63b}$$

整理得到它们对 Z_{s1} 的频响函数为

$$\frac{Z_{sP}}{Z_{s1}}=1+\frac{l}{L}(\mathrm{e}^{-\mathrm{j}\omega\Delta t}-1) \tag{6.64a}$$

$$\frac{\theta}{Z_{s1}}=\frac{1}{L}(\mathrm{e}^{-\mathrm{j}\omega\Delta t}-1) \tag{6.64b}$$

这样，车身任意点 P 处垂向振动加速度 $\ddot{Z}_{sP}$ 和俯仰角加速度 $\ddot{\theta}$ 对前轮路面不平度 q_1 的频响函数为

$$\frac{\ddot{Z}_{sP}}{q_1}=\frac{\ddot{Z}_{sP}}{Z_{s1}}\frac{Z_{s1}}{q_1}=\frac{Z_{sP}}{Z_{s1}}\frac{\ddot{Z}_{s1}}{q_1}=\left[1+\frac{l}{L}(\mathrm{e}^{-\mathrm{j}\omega\Delta t}-1)\right]\frac{\ddot{Z}_{s1}}{q_1} \tag{6.65a}$$

$$\frac{\ddot{\theta}}{q_1}=\frac{\ddot{\theta}}{Z_{s1}}\frac{Z_{s1}}{q_1}=\frac{\theta}{Z_{s1}}\frac{\ddot{Z}_{s1}}{q_1}=\frac{1}{L}(\mathrm{e}^{-\mathrm{j}\omega\Delta t}-1)\frac{\ddot{Z}_{s1}}{q_1} \tag{6.65b}$$

只要将式（6.37）代入式（6.65），即可完整求出 $\ddot{Z}_{sP}/q_1$、$\ddot{\theta}/q_1$。式（6.65）表明，加长轴距 L，有利于减小俯仰角振动。

通过图 6.25a 可以更好地看出“轴距滤波”对乘用车频响特性的影响，该车辆前、后车轴固有频率为 1.25Hz，跳动与俯仰振动相互独立。图中实线由 1/2 车辆模型计算得到，虚线是由四分之一汽车模型计算得到的垂直振动频响特性，表现为实线的包络线。当对后轴施加滞后于前轴的道路输入时，由于“轴距滤波”，位于前、后车轮之间乘员位置的响应有所不同。假设轴距为 2.7m、车速为 80km/h（约 22m/s），在大约 4Hz、12Hz、20Hz 等频率处跳动响应增益为零。零响应频率等于车速除以两倍轴距及此频率的奇数倍。随着车速提高，零响应点频率随之提高。高速行驶时，车身垂向跳动振动特性，除零响应点外，基本和四分之一汽车模型垂向跳动振动特性一致。

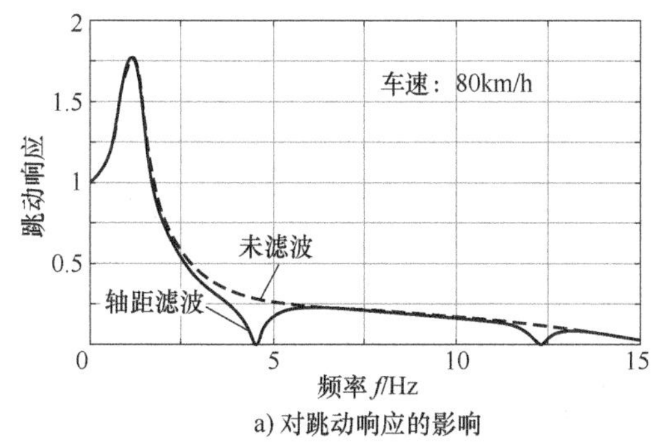

a) 对跳动响应的影响

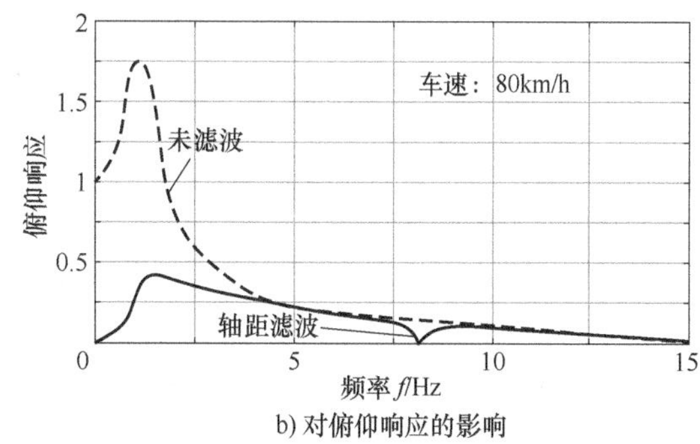

b) 对俯仰响应的影响

图 6.25 “轴距滤波”对乘用车频响特性的影响

图 6.25b 所示车辆俯仰振动响应特性亦如此。由于乘用车的俯仰固有频率通常与跳动固有频率相近，假设两种运动具有相同的共振频率，则同一车辆的俯仰振动零响应频率分别为

8Hz、16Hz、24Hz 等。车辆在高速行驶时，俯仰振动较弱；只有在低速行驶时，俯仰模态才容易被道路输入所激发。

6.4.3 双轴车辆随机振动分析

根据式（6.43），由单输入的传递函数 $\ddot{Z}_{sP}$、$\ddot{\theta}$ 的功率谱密度为

$$G_{\ddot{Z}_{sP}}(f)=\left|\frac{Z_{sP}}{Z_{s1}}\right|^2\left|\frac{\ddot{Z}_{s1}}{\dot{q}_1}\right|^2 G_{\dot{q}}(f) \tag{6.66a}$$

$$G_{\ddot{\theta}}(f)=\left|\frac{\theta}{Z_{s1}}\right|^2\left|\frac{\ddot{Z}_{s1}}{\dot{q}_1}\right|^2 G_{\dot{q}}(f) \tag{6.66b}$$

则 $\ddot{Z}_{sP}$、$\ddot{\theta}$ 的均方值为

$$\phi^2_{\ddot{Z}_{sP}}=\int_0^\infty G_{\ddot{Z}_{sP}}(f)\,\mathrm{d}f=\left(\int_0^\infty\left|\frac{Z_{sP}}{Z_{s1}}\right|^2\left|\frac{\ddot{Z}_{s1}}{\dot{q}_1}\right|^2\mathrm{d}f\right)4\pi^2G_q(n)n_0^2v \tag{6.67a}$$

$$\phi^2_{\ddot{\theta}}=\int_0^\infty G_{\ddot{\theta}}(f)\,\mathrm{d}f=\left(\int_0^\infty\left|\frac{\theta}{Z_{s1}}\right|^2\left|\frac{\ddot{Z}_{s1}}{\dot{q}_1}\right|^2\mathrm{d}f\right)4\pi^2G_q(n)n_0^2v \tag{6.67b}$$

例题 6.8 图 6.24 所示的双轴汽车车身振动模型相关参数见表 6.3。

表 6.3 例题 6.8 的相关参数

名称	参数值	名称	参数值
前轴簧载质量 m_{s1}/kg	730	后轴簧载质量 m_{s2}/kg	580
前轴非簧载质量 m_{u1}/kg	70	后轴非簧载质量 m_{u2}/kg	60
前悬架刚度 k_{s1}/(N/m)	30000	后悬架刚度 k_{s2}/(N/m)	32000
前悬架阻尼 c_{s1}/[N/(m/s)]	2400	后悬架阻尼 c_{s2}/[N/(m/s)]	2800
前轮刚度 k_{t1}/(N/m)	300000	后轮刚度 k_{t2}/(N/m)	340000
前轴距 a/m	1	后轴距 b/m	1.25

当车辆以速度 $v=30\text{m/s}$ 行驶在 C 级道路时，试仿真分析车辆前轴、后轴、$l=0.8\text{m}$ 处簧载质量的垂向加速度以及车辆俯仰角加速度的功率谱密度。

解： 车辆前轴、后轴簧载质量的垂向加速度 $\ddot{Z}_{s1}$、I_{s2}对路面不平度 q 的传递函数可由式（6.37）得到，即

$$\frac{\ddot{Z}_{s1}(s)}{q_1(s)}=\frac{Z_{s1}(s)s^2}{q_1(s)}=\frac{k_{t1}(c_{s1}s+k_{s1})s^2}{\Delta_1(s)} \tag{6.68a}$$

$$\frac{\ddot{Z}_{s2}(s)}{q_2(s)}=\frac{Z_{s2}(s)s^2}{q_2(s)}=\frac{k_{t2}(c_{s2}s+k_{s2})s^2}{\Delta_2(s)} \tag{6.68b}$$

由式（6.65a），得到 $l=0.8\text{m}$ 处车身垂向加速度的传递函数为

$$\frac{\ddot{Z}_{sc}}{q_1}=\left[1+\frac{l}{L}(\mathrm{e}^{-\mathrm{j}\omega\Delta t}-1)\right]\frac{\ddot{Z}_{s1}}{q_1}=\frac{k_{t1}(c_{s1}s+k_{s1})s^2}{2\Delta_1(s)}\left[1+\frac{l}{L}(\mathrm{e}^{-\mathrm{j}\omega\Delta t}-1)\right] \tag{6.69a}$$

由式（6.65b），得到车身俯仰角加速度传递函数为

$$\frac{\ddot{\theta}}{q_1}=\frac{1}{L}(\mathrm{e}^{-\mathrm{j}\omega\Delta t}-1)\frac{\ddot{Z}_{s1}}{q_1}=\frac{k_{t1}(c_{s1}s+k_{s1})s^2}{\Delta(s)L}(\mathrm{e}^{-\mathrm{j}\omega\Delta t}-1) \tag{6.69b}$$

根据相应传递函数，编写 MATLAB 程序，详见本章附录中例题 6.8 的程序代码，得到的仿真结果如图 6.26 所示。可以看出，“轴距滤波”能够降低车身垂直振动加速度及角加速度的功率谱密度和均方根值，有利于改善汽车的平顺性。

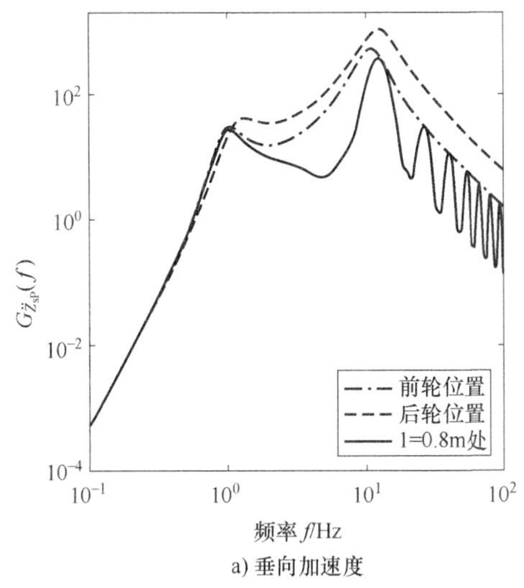

a) 垂向加速度

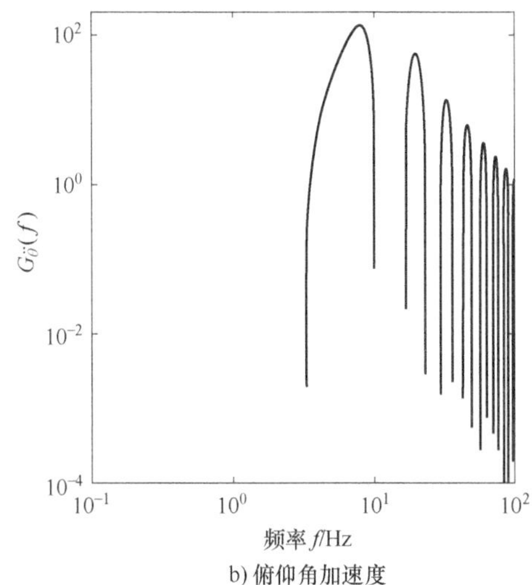

b) 俯仰角加速度

图 6.26　车辆垂向加速度以及俯仰角加速度的功率谱密度

6.5　汽车乘载动力学性能的评价

6.5.1　人体对振动的反应

振动对人体的影响取决于振动的频率、强度、作用方向和持续时间，而且每个人的心理与身体素质不同，对振动的敏感程度有很大差异。国际标准化组织（ISO）制定的 ISO 2631-1：1997（E）对于长时间随机振动和多输入点、多轴向振动环境对人体的影响，能与主观感觉更好地符合。我国目前颁布实施与之相对应的国家标准为 GB/T 13441.1—2007《机械振动与冲击　人体暴露于全身振动的评价　第 1 部分：一般要求》和 GB/T 4970—2009《汽车平顺性试验方法》。

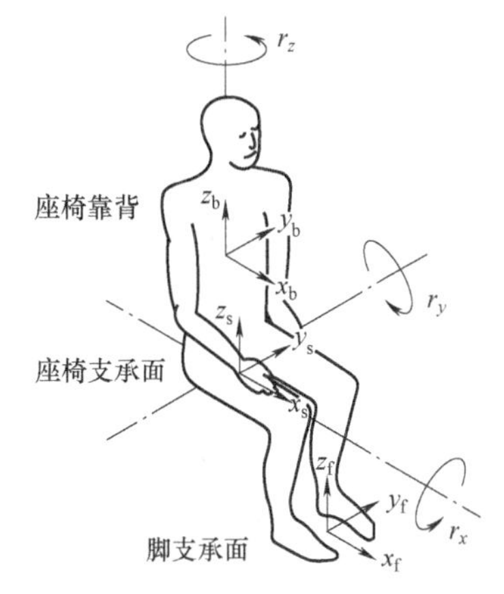

图 6.27　人体坐姿受振模型

ISO 2631-1：1997（E）标准规定了如图 6.27 所示的人体坐姿受振模型。在进行舒适性评价时，它除了考虑座椅支承面处输入点在 3 个方向的线振动，还要考虑该点绕这 3 个方向的角振动，以及座椅靠背和脚支承面 2 个输入点各 3 个方向的线振动，共 3 个输入点 12 个方向的振动。

考虑到不同输入点的不同轴向振动对人体影响的差异，表 6.4 列出了舒适性评价采用的各轴向振动频率加权函数和轴加权系数。座椅支承面输入点 3 个线振动 x_s、y_s、z_s 是 12 个轴向中人体最敏感的，轴加权系数 k 取 1，其余各轴加权系数均小于或等于 0.8。当评价振动对人体健康的影响时，就考虑 x_s、y_s、z_s 这 3 个轴向，且 x_s、y_s 两个水平轴的轴加权系数 k 取 1.4，垂直轴 z_s 的轴加权系数 k 取 1。

表 6.4　舒适性评价采用的各轴向振动频率加权函数和轴加权系数

位置	坐标轴名称	频率加权函数	轴加权系数 k
座椅支承面	x_s	w_d	1
	y_s	w_d	1
	z_s	w_k	1
	r_x	w_e	0.63m/rad
	r_y	w_e	0.4m/rad
	r_z	w_e	0.2m/rad
座椅靠背	x_b	w_c	0.8
	y_b	w_d	0.5
	z_b	w_d	0.4
脚支承面	x_f	w_k	0.25
	y_f	w_k	0.25
	z_f	w_k	0.4

根据人体健康、舒适度、感知和运动病（如晕车）对不同频率振动的敏感程度不同，上述标准还给出了各轴向的频率加权函数，图 6.28 所示为基本计权值的频率计权曲线（为了简化计算，有时也采用渐近线进行替代）。就人体健康和舒适度而言，座椅支承面垂直轴向 z_s 和脚支承面轴向 x_f、y_f、z_f 的频率加权函数 w_k 最敏感频率范围为 4~12.5Hz，在 4~8Hz 范围内，人的内脏器官产生共振，而 8~12.5Hz 范围的振动对人的脊椎系统影响很大。座椅支承面水平轴向 x_s、y_s 和座椅靠背轴向 y_b、z_b 的频率加权函数 w_d 最敏感范围为 0.5~2Hz。大约在 3Hz 以下，人对水平振动比对垂直振动更敏感，且汽车车身部分系统会在此频率范围产生共振，故

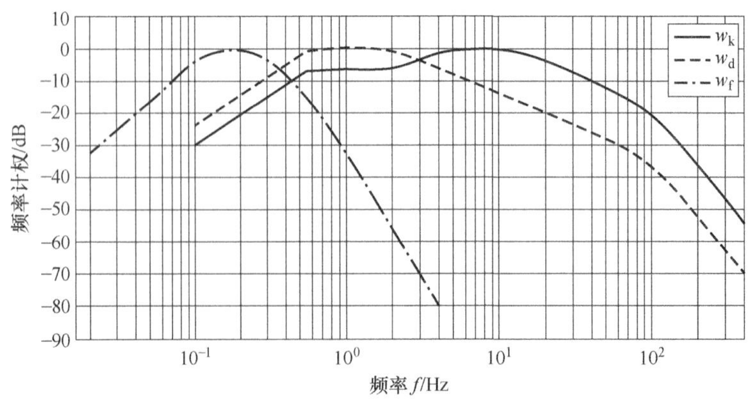

图 6.28　基本计权值的频率计权曲线

要对水平振动给予充分重视。就人的运动病而言，垂直方向振动的频率加权函数 w_f 最敏感频率范围为0.1~0.5Hz。

6.5.2 汽车平顺性的评价方法

汽车平顺性的评价方法分为脉冲输入行驶评价方法和随机输入行驶评价方法。

1. 脉冲输入行驶评价方法

（1）基本评价方法——最大（绝对值）加速度响应法　振动波形峰值系数是加权加速度时间历程 $a_w(t)$ 的峰值（绝对最大值）与加权加速度均方根值 $\bar{a}_w$ 比值的绝对值。当振动波形峰值系数小于9时，脉冲输入行驶试验就用座椅座垫上方、座椅靠背、乘员（或驾驶人）脚部地板和车厢地板等处的最大（绝对值）加速度响应 $\ddot{z}_{max}$ 与车速 v 的关系评价。

最大（绝对值）加速度响应

$$\ddot{z}_{max} = \frac{1}{n}\sum_{j=1}^{n}\ddot{z}_{maxj} \tag{6.70}$$

式中，n 为脉冲试验有效试验次数，$n \geqslant 5$；$\ddot{z}_{max}$ 为最大（绝对值）加速度响应（m/s^2）；$\ddot{z}_{maxj}$ 为第 j 次试验结果的最大（绝对值）加速度响应（m/s^2）。

（2）辅助评价方法——振动剂量值法　当振动波形峰值系数大于9时，用基本评价方法不能完全描述振动对人体的影响，还应采用辅助评价方法即振动剂量值VDV（单位为 $m \cdot s^{-1.75}$）来评价。

$$\mathrm{VDV} = \left[\int_0^T a_w^4(t)\,\mathrm{d}t\right]^{\frac{1}{4}} \tag{6.71}$$

式中，T 为作用时间（s），即从前轮接触凸块到汽车驶过凸块且冲击响应消失的时间段。

2. 随机输入行驶评价方法

随机输入行驶评价方法的评价指标主要是加权加速度的均方根值 $\bar{a}_w$，它是按振动方向并根据人体对振动频率的敏感程度来进行加权计算的，是人体振动的评价指标。加权加速度均方根值分为单轴向加权加速度均方根值和总加权加速度均方根值。

（1）单轴向加权加速度均方根值 $\bar{a}_w$

1）方法一：由等带宽频率分析得到的加速度自功率谱密度函数 $G_a(f)$ 计算 $\bar{a}_w$，需要先计算1/3倍频带加速度均方根值：

$$\bar{a}_j = \left[\int_{f_{uj}}^{f_{lj}} G_a(f)\,\mathrm{d}f\right]^{\frac{1}{2}} \tag{6.72}$$

式中，$\bar{a}_j$ 为中心频率为 f_j 的第 j 个($j=1,2,3,\cdots,23$)1/3倍频带加速度均方根值（m/s^2）；f_{lj}、f_{uj} 分别是1/3倍频带的中心频率为 f_j 的上、下限频率（Hz）；$G_a(f)$ 为加速度的自功率谱密度函数（m^2/s^3）。

然后计算单轴向加权加速度均方根值：

$$\bar{a}_w = \left[\sum_{j=1}^{23}(w_j\bar{a}_j)^2\right]^{\frac{1}{2}} \tag{6.73}$$

式中，$\bar{a}_j$ 为第 j 个1/3倍频带的加速度均方根值（m/s^2）；w_j 为表6.5给出的第 j 个1/3倍频带的加权系数。

2）方法二：对于记录的加速度时间历程 $a(t)$，通过符合表 6.5 规定的频率加权函数 $w(f)$ 的滤波网络，得到加权加速度时间历程 $a_w(t)$（单位为 m/s^2），则加权加速度均方根值：

$$\bar{a}_w = \left[\frac{1}{T}\int_0^T a_w^2(t)\,dt\right]^{\frac{1}{2}} \tag{6.74}$$

式中，T 为振动的分析时间，一般取 120s。

（2）总加权加速度均方根值

1）座椅座垫上方、座椅靠背和驾驶室地板处各点的加权加速度均方根值。

$$\bar{a}_{vj} = (k_x^2\bar{a}_{wx}^2 + k_y^2\bar{a}_{wy}^2 + k_z^2\bar{a}_{wz}^2)^{\frac{1}{2}} \tag{6.75}$$

式中，$\bar{a}_{wx}$、$\bar{a}_{wy}$、$\bar{a}_{wz}$ 分别为前后方向（x 轴向）、左右方向（y 轴向）、垂直方向（z 轴向）加权加速度均方根值（m/s^2）；k_x、k_y、k_z 为表 6.4 所示各轴的轴加权系数；j=1、2、3 分别代表座椅座垫上方、座椅靠背及驾驶室地板三个位置；$\bar{a}_{vj}$ 为某点总加权加速度均方根值（m/s^2）。

2）综合总加权加速度均方根值 $\bar{a}_v$。研究振动对人体舒适性感觉时，建议采用座椅座垫上方、座椅靠背和脚支承面处各轴向振动加速度的综合总加权均方根值来评价，即

$$\bar{a}_v = \left(\sum \bar{a}_{vj}^2\right)^{\frac{1}{2}} \tag{6.76}$$

表 6.5　1/3 倍频带下的基本频率计权

频率 f_j/Hz	下限频率 f_{lj}/Hz	上限频率 f_{uj}/Hz	频率计权 w_k		频率计权 w_d		频率计权 w_f	
			频率加权系数×1000	dB	频率加权系数×1000	dB	频率加权系数×1000	dB
0.1	0.09	0.112	31.2	-30.11	62.4	-24.09	695	-3.16
0.125	0.112	0.14	48.6	-26.26	97.3	-20.24	895	-0.96
0.16	0.14	0.18	79.0	-22.05	158	-16.01	1006	0.05
0.2	0.18	0.224	121	-18.33	243	-12.28	992	-0.07
0.25	0.224	0.28	182	-14.81	365	-8.75	854	-1.37
0.315	0.28	0.355	263	-11.60	530	-5.52	619	-4.17
0.4	0.355	0.45	352	-9.07	713	-2.94	384	-8.31
0.5	0.45	0.57	418	-7.57	853	-1.38	224	-13.00
0.63	0.57	0.71	459	-6.77	944	-0.50	116	-18.89
0.8	0.71	0.9	477	-6.43	992	-0.07	53	-25.51
1	0.9	1.12	482	-6.33	1011	0.1	23.5	-32.57
1.25	1.12	1.4	484	-6.29	1008	0.07	9.98	-40.02
1.6	1.4	1.8	494	-6.12	968	-0.28	3.77	-48.47
2	1.8	2.24	531	-5.49	890	-1.01	1.55	-56.19
2.5	2.24	2.8	631	-4.01	776	-2.20	0.64	-63.93
3.15	2.8	3.55	804	-1.90	642	-3.85	0.25	-71.96
4	3.55	4.5	967	-0.29	512	-5.82	0.097	-80.26
5	4.5	5.6	1039	0.33	409	-7.76	—	—
6.3	5.6	7.1	1054	0.46	323	-9.81	—	—

（续）

频率f_j/Hz	下限频率f_{lj}/Hz	上限频率f_{uj}/Hz	频率计权w_k		频率计权w_d		频率计权w_f	
			频率加权系数×1000	dB	频率加权系数×1000	dB	频率加权系数×1000	dB
8	7.1	9	1036	0.31	253	-11.93	—	—
10	9	11.2	988	-0.1	212	-13.91	—	—
12.5	11.2	14	902	-0.89	161	-15.87	—	—
16	14	18	768	-2.28	125	-18.03	—	—
20	18	22.4	636	-3.93	100	-19.99	—	—
25	22.4	28	513	-5.80	80.0	-21.94	—	—
31.5	28	35.5	405	-7.86	63.2	-23.98	—	—
40	35.5	45	314	-10.05	49.4	-26.13	—	—
50	45	56	246	-12.19	38.8	-28.22	—	—
63	56	71	186	-14.61	29.5	-30.60	—	—
80	71	90	132	-17.56	21.1	-33.53	—	—

表6.6所列为总加权加速度均方根值$\overline{a}_v$与人的主观感觉之间的关系。表6.7所列为某乘用车在城市公路上行驶，实测的各轴向加速度时间历程$a(t)$，然后根据上述计算过程，得到各轴向加权加速度均方根值$\overline{a}_{vj}$。根据式（6.76），计算得到综合总加权加速度均方根值$\overline{a}_v=0.628$。根据表6.6，该车驾乘人员主观感觉介于有些不舒适与比较不舒适之间。

表6.6　总加权加速度均方根值与人的主观感觉之间的关系

加权加速度均方根值$\overline{a}_v$/(m/s²)	人的主观感觉
<0.315	没有不舒适
0.315~0.63	有些不舒适
0.5~1	比较不舒适
0.8~1.6	不舒适
1.25~2.5	很不舒适
>2	极不舒适

表6.7　某乘用车振动测试结果

位置	坐标轴名称	频率加权函数$w(f)$	轴加权系数k	加权加速度均方根值$\overline{a}_{vj}$/(m/s²)	峰值系数
座椅支承面	x_s	w_d	1	0.080	5.0
	y_s	w_d	1	0.114	4.7
	z_s	w_k	1	0.407	5.5
	r_x	w_e	0.63m/rad	0.106	4.9
	r_y	w_e	0.4m/rad	0.085	5.0
	r_z	w_e	0.2m/rad	0.011	4.5

（续）

位置	坐标轴名称	频率加权函数 $w(f)$	轴加权系数 k	加权加速度均方根值 $\bar{a}_{vj}/(m/s^2)$	峰值系数
座椅靠背	x_b	w_c	0.8	0.212	4.3
	y_b	w_d	0.5	0.087	4.4
	z_b	w_d	0.4	0.140	4.9
脚支承面	x_f	w_k	0.25	0.090	5.4
	y_f	w_k	0.25	0.093	5.1
	z_f	w_k	0.4	0.319	6.2

习题

6.1 用于汽车乘载动力学性能评价的振动响应量主要有哪些？

6.2 在车速为 108km/h 时，分析计算 A 级路面不平度垂直位移和速度的时间功率谱密度。

6.3 在对汽车进行乘载动力学分析时，可以根据不同的前提条件将车辆简化为不同的模型，请说明各种模型的前提条件以及分别考虑哪些自由度。

6.4 针对四分之一汽车振动模型，建立系统动力学方程，推导偏频和主频计算公式，并绘制各主频对应的振型。

6.5 已知簧载质量 $m_s=1000$kg，非簧载质量 $m_u=100$kg，悬架刚度 $k_s=50$kN/m，车轮刚度 $k_t=440$kN/m，若汽车行驶在波长 $\lambda=3$m 的路面上，试计算发生车轮型振动时的车速。

6.6 建立四分之一汽车的二自由度模型。仿真分析簧载质量 m_s、非簧载质量 m_u、悬架阻尼系数 c_s 对车身加速度、悬架动挠度、轮胎动载荷频响特性的影响。

6.7 根据例题 6.8 中的车辆结构参数。试计算：①车身的纵向角振动和垂直振动的自然频率，并确定振动中心的位置。②车辆驶过每 15m 有一个伸缩缝的公路时，最易引起车身垂直振动和纵向角振动的车速。

参考文献

[1] 余志生. 汽车理论［M］. 6 版. 北京：机械工业出版社，2019.

[2] WONG J Y. Theory of ground vehicles［M］. 4th ed. New York：John Wiley & Sons Inc.，2008.

[3] GILLISPIE T D. Fundamentals of vehicle dynamics［M］. Warrendale：SAE International，1992.

[4] 张文春，徐立友. 汽车理论［M］. 3 版. 北京：机械工业出版社，2018.

[5] 潘公宇. 汽车振动学基础及其应用［M］. 北京：北京大学出版社，2013.

[6] 崔胜民. 汽车系统动力学与仿真［M］. 北京：北京大学出版社，2014.

[7] International Organization for Standardization. Mechanical vibration-Road surface profiles-Reporting of measured data：ISO 8608：2016（E）［S］. Geneva：International Organization for Standardization，2016.

[8] 国家发展和改革委员会. 汽车平顺性试验方法：GB/T 4970—2009［S］. 北京：中国标准出版社，2010.

[9] International Organization for Standardization. Mechanical vibration and shock-Evaluation of human exposure to whole-body vibration-Part 1: General requirements: ISO 2631-1: 1997 (E) [S]. Geneva: International Organization for Standardization, 1997.

[10] 全国机械振动与冲击标准化委员会. 机械振动与冲击 人体暴露于全身振动的评价 第1部分：一般要求：GB/T 13441.1—2007 [S]. 北京：中国标准出版社，2007.

[11] 全国汽车标准技术委员会. 客车平顺性评价指标及限值：QC/T 474—2011 [S]. 北京：中国计划出版社，2011.

[12] 顾林，朱跃. 车辆底盘建模与分析 [M]. 北京：北京大学出版社，2014.

[13] 张聚. 基于MATLAB的控制系统仿真及应用 [M]. 2版. 北京：电子工业出版社，2018.

[14] 靳晓雄，张立军，江浩. 汽车振动分析 [M]. 上海：同济大学出版社，2002.

[15] 殷珺，陈辛波，吴利鑫，等. 滤波白噪声路面时域模拟方法与悬架性能仿真 [J]. 同济大学学报（自然科学版），2017，45（3）：398-407.

[16] 宁国宝. 轮边驱动系统垂向振动负效应的抑制方法研究 [D]. 上海：同济大学，2006.

[17] ZUO L, ZHANG P S. Energy harvesting, ride comfort, and road handling of regenerative vehicle suspensions [J]. Journal of Vibration and Acoustics, 2013, 135 (1): 48-65.

[18] GRIFFIN M J. Evaluation of vibration with respect to human response [J]. SAE Technical Paper, 860047.

[19] VELLA A D, VIGLIANI A, TOTA A, et al. Experimental ride comfort analysis of an electric light vehicle in urban scenario [J]. SAE Technical Paper, 2020-01-1086.

附　录

例题6.2的程序代码

```
v=30;              %速度(单位 m/s)
down=128;          %C 级路面不平度下限
up=512;            %C 级路面不平度上限

x=simout.time*v;
y=simout.data;

figure(1)
plot(x,y,'b');
grid on;
set(gca,'FontSize',14,'FontName','Times New Roman')
xlabel('距离 x(m)','FontSize',14,'FontName','宋体')
ylabel('路面不平度 q(m)','FontSize',14,'FontName','宋体')

figure(2)
Fs=1000;
[pxx,f]=pwelch(y,[],[],[],Fs);
 n=f/v;
 pxx=pxx*v;
```

```
loglog(n,pxx,'b');grid on;
hold on;
y1=down.*1e-8./n.^2;
y2=up.*1e-8./n.^2;
loglog(n,y1,'r');
loglog(n,y2,'r');
 z=std(y);
 set(gca,'FontSize',14,'FontName','Times New Roman')
xlabel('空间频率 n(m^-^1)','FontSize',14,'FontName','宋体')
ylabel('位移功率谱密度 G_q(n)(m^3)','FontSize',14,'FontName','宋体')
```

例题 6.4 的程序代码

```
clc
clear all
mu=40;
ms=400;
kt=180000;
ks=20000;
cs=1250;

A=[-cs/ms cs/ms-ks/ms ks/ms;cs/mu-cs/mu ks/mu-(ks+kt)/mu;1 0 0 0;0 1 0 0];
B=[0;kt/mu;0;0];
C=[0 0 1 0;0 0 0 1];
D=[0;0];

w=[0.1*2*pi:0.01:100*2*pi];
[mdl,pdl,w]=bode(ss(A,B,C,D),w);

figure(1)
loglog(w/(2*pi),mdl(2,:),'-r','LineWidth',1.5);
xlim([0.1  100]);
ylim([0.01 10]);
grid on
xlabel(频率 f/Hz');
ylabel('|Z_u/q|');

figure(3)
loglog(w/(2*pi),mdl(1,:),'-r','LineWidth',1.5);
xlim([0.1  100]);
ylim([0.001 10]);
```

```
grid on
xlabel('频率 f/Hz');
ylabel('|Z_s/q|');

A1=[-cs/ms-ks/ms;1 0];
B1=[ks/ms;0];
C1=[0 1];
D1=[0];

figure(2)
[mdl1,pdl1,w]=bode(ss(A1,B1,C1,D1),w);
loglog(w/(2*pi),mdl1(1,:),'-r','LineWidth',1.5);
xlim([0.1  100]);
ylim([0.001 10]);
grid on
xlabel('频率 f/Hz');
ylabel('|Z_s/Z_u|');
```

例题 6.5 的程序代码

```
clc
clear all

mu=40;ms=400;kt=180000;ks=20000;cs=1250;g=9.81;
num1=kt*conv([cs,ks],[1,0,0]);
num2=-mu*kt*[1,0,0];
num3=conv([mu*ms,(mu+ms)*cs,(mu+ms)*ks],[kt,0,0])/((mu+ms)*g);
den=conv([ms,cs,ks],[mu,cs,ks+kt])-[0,0,conv([cs,ks],[cs,ks])];
H1=tf(num1,den);
H2=tf(num2,den);
H3=tf(num3,den);

w=[0.1*2*pi:0.01:100*2*pi];

[mag1,phase1,z1]=bode(H1,w);
[mag2,phase2,z2]=bode(H2,w);
[mag3,phase3,z3]=bode(H3,w);

figure(1);
loglog(w/2/pi,mag1(1,:),'-r','LineWidth',1.5);grid on;
set(gca,'FontSize',14,'FontName','Times New Roman')
```

```
xlim([1e-1 100]);ylim([1e-1 1e3])
xlabel('频率 f/Hz','FontSize',14,'FontName','宋体')
ylabel'|Z"_s/q|','FontSize',14,'FontName','宋体')

figure(2)
loglog(w/2/pi,mag2(1,:),'-r','LineWidth',1.5);grid on;
set(gca,'FontSize',14,'FontName','Times New Roman')
xlim([1e-1 100]);ylim([5e-4 1])
xlabel('频率 f/Hz','FontSize',14,'FontName','宋体')
ylabel('|f_d/q|','FontSize',14,'FontName','宋体')

figure(3)
loglog(w/2/pi,mag3(1,:),'-r','LineWidth',1.5);grid on;
set(gca,'FontSize',14,'FontName','Times New Roman')
xlim([1e-1 100]);ylim([3e-2 1000])
xlabel('频率 f/Hz','FontSize',14,'FontName','宋体')
ylabel('|(F_s/G)/q|','FontSize',14,'FontName','宋体')

num4=kt*conv([cs,ks],[1,0]);
num5=-mu*kt*[1,0];
num6=conv([mu*ms,(mu+ms)*cs,(mu+ms)*ks],[kt,0])/((mu+ms)*g);
den=conv([ms,cs,ks],[mu,cs,ks+kt])-[0,0,conv([cs,ks],[cs,ks])];
H4=tf(num4,den);
H5=tf(num5,den);
H6=tf(num6,den);

w=[0.1*2*pi:0.01:100*2*pi];

[mag4,phase4,z1]=bode(H4,w);
[mag5,phase5,z2]=bode(H5,w);
[mag6,phase6,z3]=bode(H6,w);

figure(4);
loglog(w/2/pi,mag4(1,:),'-r','LineWidth',1.5);grid on;
set(gca,'FontSize',14,'FontName','Times New Roman')
xlim([1e-1 100]);ylim([1e-2 1e2])
xlabel('频率 f/Hz','FontSize',14,'FontName','宋体')
ylabel('|Z"_s/q'|','FontSize',14,'FontName','宋体')

figure(5)
loglog(w/2/pi,mag5(1,:),'-r','LineWidth',1.5);grid on;
```

```
set(gca,'FontSize',14,'FontName','Times New Roman')
xlim([1e-1 100]);ylim([1e-6 1e-1])
xlabel('频率 f/Hz','FontSize',14,'FontName','宋体')
ylabel('|f_d/q'|','FontSize',14,'FontName','宋体')

figure(6)
loglog(w/2/pi,mag6(1,:),'-r','LineWidth',1.5);grid on;
set(gca,'FontSize',14,'FontName','Times New Roman')
xlim([1e-1 100]);ylim([3e-2 10])
xlabel('频率 f/Hz','FontSize',14,'FontName','宋体')
ylabel('|(F_s/G)/q'|','FontSize',14,'FontName','宋体')
```

例题 6.6 的程序代码

```
mu=40;ms=[200 400 600];kt=180000;ks=20000;g=9.81;
cs=0.442.*sqrt(ms.*ks);
w=[0.1*2*pi:0.01:100*2*pi];

figure(1)
for i=1:1:3
num=kt*conv([cs(i),ks],[1,0,0]);
den=conv([ms(i),cs(i),ks],[mu,cs(i),ks+kt])-[0,0,conv([cs(i),ks],[cs(i),
ks])];
H(i)=tf(num,den);
[mag,phase1]=bode(H(i),w);
loglog(w/2/pi,mag(1,:),'LineWidth',1.5);hold on
end

grid on;
set(gca,'FontSize',14,'FontName','Times New Roman')
xlim([1e-1 100]);ylim([1e-1 1e3])
xlabel('频率 f(Hz)','FontSize',14,'FontName','宋体')
ylabel('Z_s','FontSize',14,'FontName','宋体')

clear all
mu=[20 40 60];ms=400;kt=180000;ks=20000;g=9.81;
cs=0.442.*sqrt(ms.*ks);
w=[0.1*2*pi:0.01:100*2*pi];

figure(2)
for i=1:1:3
```

```
num=kt*conv([cs,ks],[1,0,0]);
den=conv([ms,cs,ks],[mu(i),cs,ks+kt])-[0,0,conv([cs,ks],[cs,ks])];
H(i)=tf(num,den);
[mag,phase1]=bode(H(i),w);
loglog(w/2/pi,mag(1,:),'LineWidth',1.5);hold on
end

grid on;
set(gca,'FontSize',14,'FontName','Times New Roman')
xlim([1e-1 100]);ylim([1e-1 1e3])
xlabel('频率 f(Hz)','FontSize',14,'FontName','宋体')
ylabel('Z_s,'FontSize',14,'FontName','宋体')

clear all
mu=40;ms=400;kt=180000;ks=[10000 20000 30000];g=9.81;
cs=0.442.*sqrt(ms.*ks);
w=[0.1*2*pi:0.01:100*2*pi];

figure(3)
for i=1:1:3
num=kt*conv([cs(i),ks(i)],[1,0,0]);
den=conv([ms,cs(i),ks(i)],[mu,cs(i),ks(i)+kt])-[0,0,conv([cs(i),ks(i)],
[cs(i),ks(i)])];
H(i)=tf(num,den);
[mag,phase1]=bode(H(i),w);
loglog(w/2/pi,mag(1,:),'LineWidth',1.5);hold on
end

grid on;
set(gca,'FontSize',14,'FontName','Times New Roman')
xlim([1e-1 100]);ylim([1e-1 1e3])
xlabel('频率 f(Hz)','FontSize',14,'FontName','宋体')
ylabel('Z_s','FontSize',14,'FontName','宋体')

clear all
mu=40;ms=400;kt=[140000 180000 220000];ks=20000;g=9.81;
cs=0.442.*sqrt(ms.*ks);
w=[0.1*2*pi:0.01:100*2*pi];

figure(4)
for i=1:1:3
```

```
num=kt(i).*conv([cs,ks],[1,0,0]);
den=conv([ms,cs,ks],[mu,cs,ks+kt(i)])-[0,0,conv([cs,ks],[cs,ks])];
H(i)=tf(num,den);
[mag,phase1]=bode(H(i),w);
loglog(w/2/pi,mag(1,:),'LineWidth',1.5);hold on
end

grid on;
set(gca,'FontSize',14,'FontName','Times New Roman')
xlim([1e-1 100]);ylim([1e-1 1e3])
xlabel('频率 f(Hz)','FontSize',14,'FontName','宋体')
ylabel('Z_s','FontSize',14,'FontName','宋体')

clear all
mu=40;ms=400;kt=180000;ks=20000;g=9.81;
cs=[750 1250 1750];
w=[0.1*2*pi:0.01:100*2*pi];

figure(5)
for i=1:1:3
num=kt.*conv([cs(i),ks],[1,0,0]);
den=conv([ms,cs(i),ks],[mu,cs(i),ks+kt])-[0,0,conv([cs(i),ks],[cs(i),ks])];
H(i)=tf(num,den);
[mag,phase1]=bode(H(i),w);
loglog(w/2/pi,mag(1,:),'LineWidth',1.5);hold on
end

grid on;
set(gca,'FontSize',14,'FontName','Times New Roman')
xlim([1e-1 100]);ylim([1e-1 1e3])
xlabel('频率 f(Hz)','FontSize',14,'FontName','宋体')
ylabel('Z_s','FontSize',14,'FontName','宋体')
```

例题 6.8 的程序代码

```
clc
clear all

mu1=70;ms1=730;mu2=60;ms2=580;
ks1=30000;ks2=32000;cs1=2400;cs2=2800;
```

```
kt1=300000;kt2=340000;
L=2.25;v=30;dt=L/v;l=0.8;
Gqn0=256e-6;n0=0.1;
Gqn=4*pi^2*Gqn0*n0^2*v;

num1=conv([cs1,ks1],[kt1,0,0]);
num2=conv([cs2,ks2],[kt2,0,0]);
den1=conv([ms1,cs1,ks1],[mu1,cs1,ks1+kt1])-[0,0,conv([cs1,ks1],[cs1,ks1])];
den2=conv([ms2,cs2,ks2],[mu2,cs2,ks2+kt2])-[0,0,conv([cs2,ks2],[cs2,ks2])];

H1=tf(num1,den1);
H2=tf(num2,den2);

w=linspace(0.1*2*pi,100*2*pi,1e5);

[mag1,phase1]=bode(H1,w);
[mag2,phase2]=bode(H2,w);

Gzs1=Gqn*(mag1(1,:)).^2;
Gzs2=Gqn*(mag2(1,:)).^2;
Gzs3=Gqn*(mag1(1,:).*(1+(exp(-w*dt*1i)-1).*l./L)).^2;
Gzs4=Gqn*(mag1(1,:).*(exp(-w*dt*1i)-1)./L).^2;

figure(1);
loglog(w/2/pi,Gzs1(1,:),'-.b','LineWidth',1);hold on
loglog(w/2/pi,Gzs2(1,:),'--b','LineWidth',1);hold on
loglog(w/2/pi,Gzs3(1,:),'-r','LineWidth',1);
grid on;
set(gca,'FontSize',14,'FontName','Times New Roman')
xlim([1e-1 100]);ylim([1e-4 2000])
xlabel('频率 f/Hz','FontSize',14,'FontName','宋体')
ylabel('G_Z"_sP(f)','FontSize',14,'FontName','宋体')
legend('前轮位置','后轮位置','l=0.8m 处');

figure(2);
loglog(w/2/pi,Gzs4(1,:),'-r','LineWidth',1);hold on
grid on;
```

```
set(gca,'FontSize',14,'FontName','Times New Roman')
xlim([1e-1 100]);ylim([1e-4 200])
xlabel('频率 f(Hz)','FontSize',14,'FontName','宋体')
ylabel('G_θ"(f)','FontSize',14,'FontName','宋体')
```

说明：由于 MATLAB 软件中不便于生成 $\ddot{z}$、$\dot{z}$、$\dot{q}$ 和 $\ddot{\theta}$ 等符号，本章例题 6.5、6.6、6.8 的图中标注均有后期修改。

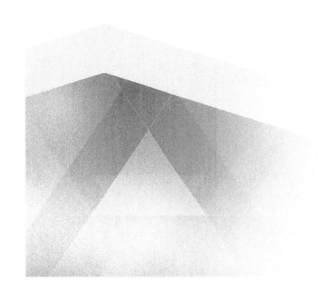

第 7 章 汽车侧倾动力学

汽车车身通过弹性元件支承在车桥及轮胎上。当汽车承受侧向力时，车身便相对地发生侧向倾斜，使法向力在左、右轮间重新分配，并影响弹性轮胎的侧偏特性，还会引起前轮定位参数发生变化以及轴转向现象，从而影响汽车稳态及瞬间转向特性等。过大的车身侧倾会使车辆（特别是货车和客车）发生绕其纵轴旋转 90°以上的侧翻，造成严重的交通事故。

7.1 侧倾几何学

7.1.1 侧倾中心

车身在前、后轴处横断面上的瞬时转动中心，称为侧倾中心。假设侧倾中心位置固定不变，采用侧倾中心研究车身的侧倾运动，可以简化汽车动力学问题的研究。

侧倾中心的位置取决于悬架的导向机构，常用图解法或试验法求得。用图解法求车身的侧倾中心时可利用可逆原理，即假设车身不动，地面相对于车身发生转动，求出地面相对于车身的瞬时转动中心，显然，它就是车身的侧倾中心。下面以两种悬架为例介绍车身侧倾中心的图解法，分析时假定车轮是刚性的，且与地面无相对滑动。

1. 单横臂独立悬架上车身的侧倾中心

图 7.1 所示为单横臂独立悬架上车身的侧倾中心简图。设车身不动，地面按顺时针方向相对车身转动，地面与轮胎接触点 D、G 的速度 v_D、v_G 必与 ED、FG 垂直。因此，ED、FG 延长线的交点 O_m 是地面绕车身转动的瞬时中心，即在单横臂独立悬架上车身的侧倾中心就是 O_m 点。

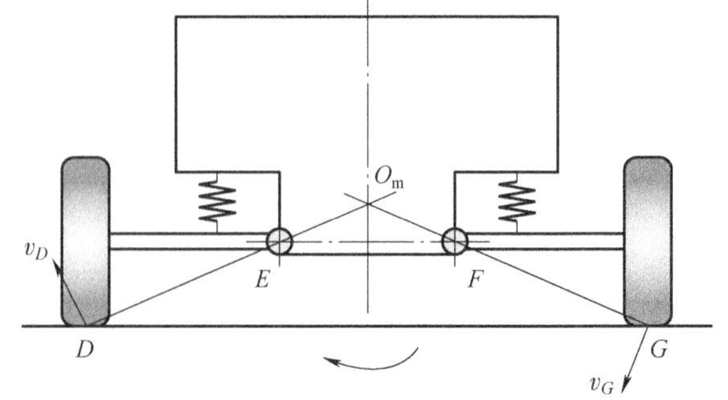

图 7.1　单横臂独立悬架上车身的侧倾中心简图

2. 双横臂独立悬架上车身的侧倾中心

机械原理中“三心定理”指出：做相对平面运动的三构件之间共有三个瞬心，它们位于同一直线上。例如，图 7.2 所示的四连杆机构，杆 1 和杆 3 相对运动的瞬时中心 O_{13} 在 $O_{12}O_{23}$ 与 $O_{14}O_{34}$ 的延长线上，即这两条线的

交点便是 O_{13}。

汽车双横臂独立悬架左右两侧的导向杆系与车身各构成一个四连杆机构，其左侧结构示意如图 7.3a 所示，车轮组件相对于车身运动的瞬时中心为 O_1。因此，地面上 D 点相对于车身的速度沿 v_D 的箭头方向。瞬时转动中心与车轮接地点的连线 O_1D 和车辆中心线的交点 O_m 即为车身的侧倾中心。

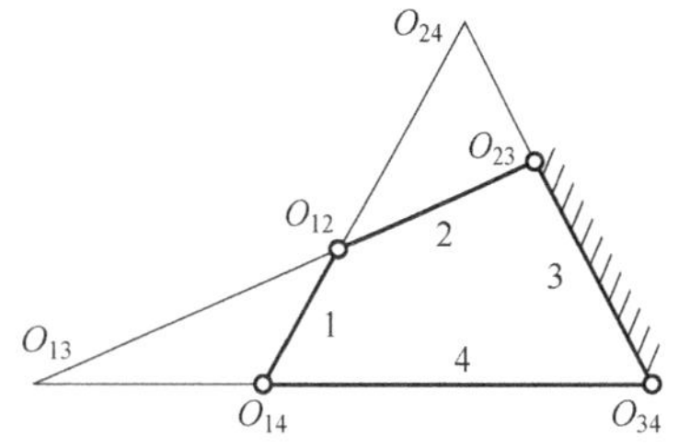

图 7.2　四连杆机构的相对运动瞬心

从运动学的观点来看，可以用以 O_1 为铰接点的单横臂独立悬架来代替双横臂独立悬架，故称它为等效单横臂悬架，如图 7.3b 所示。对各种独立悬架一般都能找出等效单横臂独立悬架。

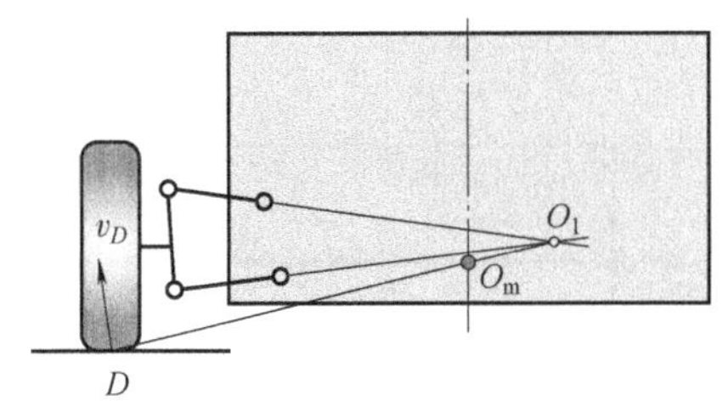

a) 车身的侧倾中心

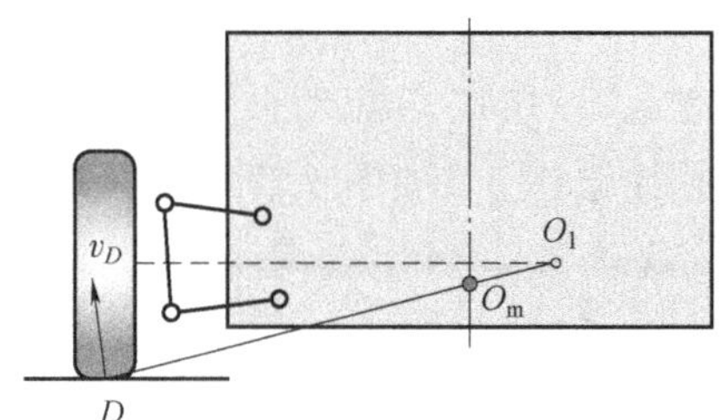

b) 等效单横臂悬架

图 7.3　双横臂独立悬架上车身的侧倾中心及等效单横臂悬架

7.1.2　侧倾轴线

车身前后侧倾中心的连线称为侧倾轴线，它是车身相对地面转动时的瞬时轴线，如图 7.4 中 m-m 连线所示。

轿车前悬架的侧倾中心通常比后悬架的侧倾中心更靠近地面，这样，轮距随着悬架压缩、伸张的变化更小，有利于增强直线行驶方向稳定性，减小前轮胎的磨损；而后悬架侧倾中心与前悬架的等高或稍微高一点，可以减小侧倾力臂，从而减小车辆的侧倾角。

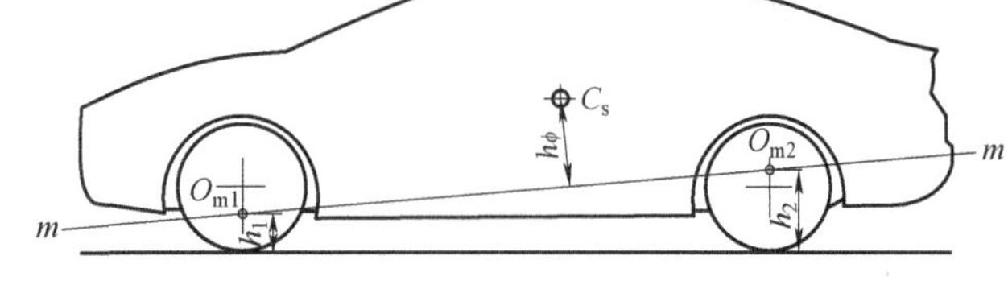

图 7.4　车身侧倾轴线

现代轿车前悬架侧倾中心高度一般在 0~140mm 范围内；而后悬架侧倾中心高度一般在 0~400mm 范围内。表 7.1 所示为一些乘用车的侧倾中心高度。

表 7.1　一些乘用车的侧倾中心高度　（单位：mm）

汽车	前悬架	后悬架
大众 Golf	40	154
日产 NV200	78	129
大众 Lavida	21	138
奔驰 E300L	79	164
通用 Encore	90	205

应该指出，随着车身侧倾程度的增加，侧倾中心的位置是变化的。此外，在分析中没有考虑导向杆系中的铰接运动副内装有橡胶衬套，以及侧倾中车身碰到缓冲块等因素的影响，所以上面介绍的只是侧倾中心的近似位置。

7.2　车身侧倾变形与受力分析

7.2.1　悬架的线刚度

悬架的线刚度指的是车轮保持在地面上而车身做垂直运动时，单位车身位移下，悬架系统施加给车身的总弹性恢复力。

1. 非独立悬架的线刚度

位于非独立悬架之上的车身做垂直运动时所受到的弹性恢复力，就是弹簧直接作用于车身的弹性力。所以，悬架的线刚度就等于两个弹簧线刚度之和。如图 7.5 所示，若一个弹簧的线刚度为 k_s，则左右两侧悬架总的线刚度 $K_1 = 2k_s$。

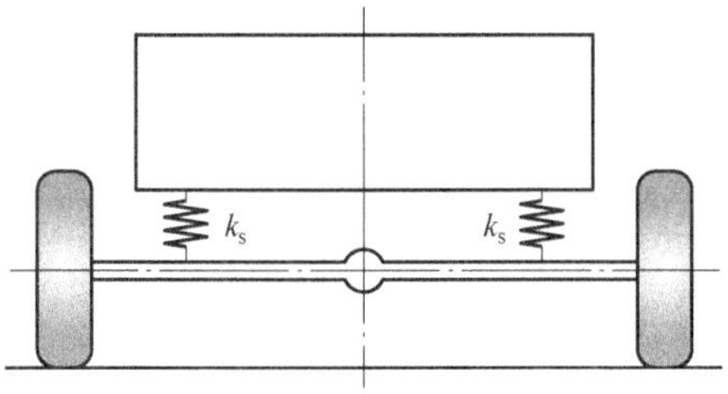

图 7.5　非独立悬架的线刚度

2. 独立悬架的线刚度

以图 7.6 所示的单横臂独立悬架为例求它的线刚度。设车身不动，汽车处于静止受力状态，两侧轮胎受到的地面法向反作用力分别为 F_Z 和 F'_Z，其大小均为 $1/2(G_s+G_u)$，G_s 为簧载质量重力，G_u 为非簧载质量重力。若在左侧轮胎上施加一个向上的微元力 $\Delta F'_Z$，由此引起车轮在垂直方向的微元位移 Δs_t 和弹簧沿其中心线方向的微元位移 Δs_s，弹簧力也相应增加了 ΔF_Q，且 $\Delta F_Q = k_s \Delta s_s$，$k_s$ 为弹簧刚度。由图 7.6 可知

$$\frac{\Delta s_s}{m} = \frac{\Delta s_t}{n} \tag{7.1}$$

式中，m 为弹簧中心至横臂铰接点的距离；n 为横臂长。

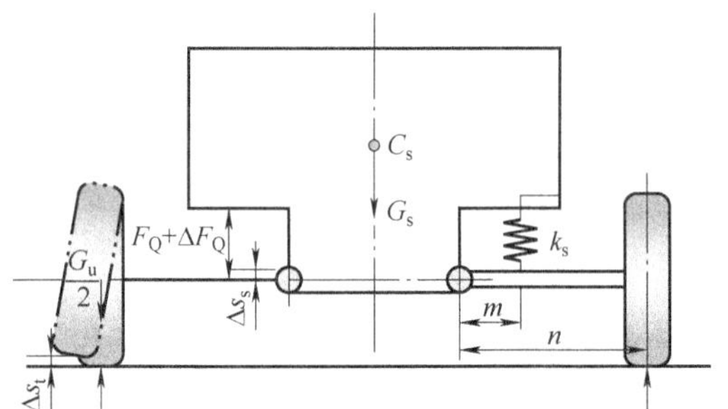

图 7.6　单横臂独立悬架的线刚度

另外，根据力矩平衡有

$$\Delta F'_Z n = \Delta F_Q m = k_s \Delta s_s m \tag{7.2}$$

故

$$\Delta F'_Z = k_s \frac{m}{n} \Delta s_s = k_s \left(\frac{m}{n}\right)^2 \Delta s_t \tag{7.3}$$

即一侧悬架的线刚度为

$$K'_1 = \frac{\Delta F'_Z}{\Delta s_t} = k_s \left(\frac{m}{n}\right)^2 \tag{7.4}$$

整个悬架的线刚度为

$$K_1 = 2k_s \left(\frac{m}{n}\right)^2 \tag{7.5}$$

7.2.2 悬架的侧倾角刚度

悬架的侧倾角刚度是指在单位车身侧倾转角下（车轮保持在地面上），悬架系统施加给车身总的弹性恢复力偶矩。若令 T 为悬架系统作用于车身的总弹性恢复力偶矩，ϕ 为车身侧倾角，则悬架的侧倾角刚度为

$$K_\phi = \frac{dT}{d\phi} \tag{7.6}$$

由于车身垂直运动时受到的弹性恢复力，就是由具有悬架线刚度的等效弹簧所产生的弹性力。因此，车身侧倾时受到悬架的弹性恢复力偶矩，也可以用等效弹簧的概念来进行分析。

如图 7.7 所示，当车身发生小侧倾角 dϕ 时，等效弹簧的变形量为$\pm\frac{B}{2}d\phi$，故车身受到的弹性恢复力偶矩为

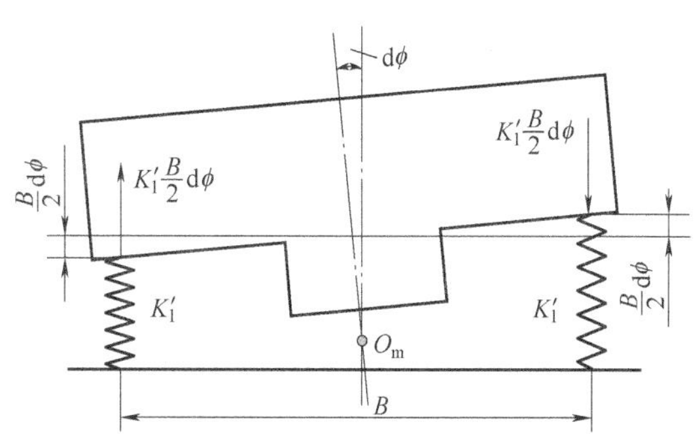

图 7.7 利用等效弹簧概念计算悬架侧倾角刚度

$$dT = 2\left(K_1' \cdot \frac{B}{2}d\phi \cdot \frac{B}{2}\right) = \frac{1}{2}K_1'B^2 d\phi \tag{7.7}$$

式中，K_1' 为一侧悬架的线刚度；B 为轮距。

悬架侧倾角刚度为

$$K_\phi = \frac{1}{2}K_1'B^2 \tag{7.8}$$

若已知悬架的线刚度，则可算出该悬架的侧倾角刚度。例如，单横臂独立悬架的侧倾角刚度为

$$K_\phi = \frac{1}{2}k_s \left(\frac{Bm}{n}\right)^2 \tag{7.9}$$

一般轿车及客车常装有横向稳定杆，它是影响悬架侧倾角刚度的一个重要零件。若已知杆端的线刚度，则可用类似方法求出其侧倾角刚度。因此，悬架总的侧倾角刚度$\sum K_\phi$ 等于前、后悬架及横向稳定杆的侧倾角刚度之和。

应当指出，上面的计算只适用于小侧倾角，且未考虑铰接运动副中弹性衬套的影响。实际轿车的前侧倾角刚度为 300～1200N · m/(°)，后侧倾角刚度为 180～700N · m/(°)。

7.2.3 侧倾力矩

汽车做稳态圆周行驶时，会受到侧倾力矩作用而使车身产生侧倾角。侧倾力矩主要由三部分组成：

1. 簧载质量离心力引起的侧倾力矩 $M_{\phi I}$

汽车做匀速圆周行驶时，簧载质量 m_s 的离心力为

$$F_{sY}=m_s\frac{v^2}{R} \tag{7.10}$$

由图 7.8 可得，F_{sY}引起的侧倾力矩为

$$M_{\phi I}=F_{sY}h_{\phi} \tag{7.11}$$

式中，h_{ϕ} 为簧载质量的质心至侧倾轴线的距离。

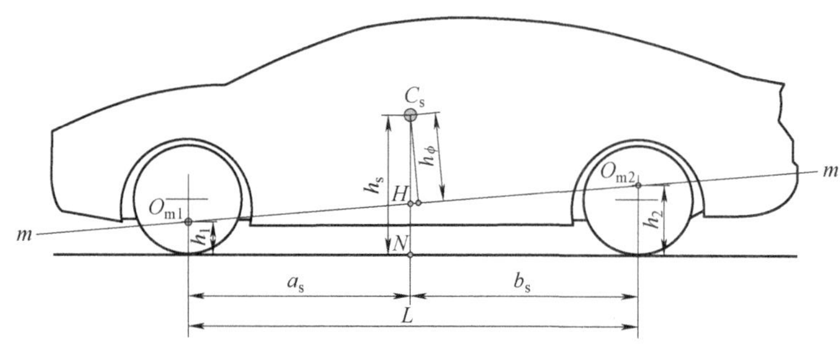

图 7.8　侧倾力矩的确定

若车身前、后侧倾中心至地面的距离分别为 h_1、h_2，簧载质量质心 C_s 至前、后轴的距离为 a_s 及 b_s，则有

$$h_{\phi}\approx h_s-HN=h_s-\frac{h_1b_s+h_2a_s}{L} \tag{7.12}$$

2. 簧载质量重力引起的侧倾力矩 $M_{\phi II}$

车身侧倾后，簧载质量的质心偏出距离 e（图 7.9），其重力引起的侧倾力矩方向与 $M_{\phi I}$ 相反。簧载质量重力引起的侧倾力矩为

$$M_{\phi II}=-G_se\approx G_sh_{\phi}\phi \tag{7.13}$$

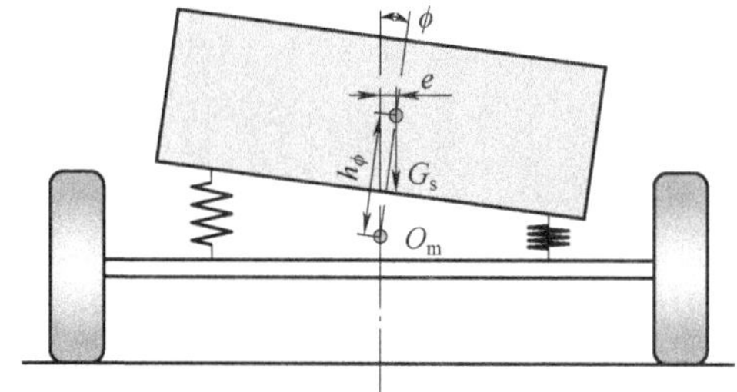

图 7.9　侧倾时簧载质量重力引起的侧倾力矩

3. 非簧载质量的离心力引起的侧倾力矩 $M_{\phi III}$

为了简化受力状态分析，在讨论非簧载质量引起的侧倾力矩时，把汽车的重力及相应的地面法向反作用力构成的平衡力系、簧载质量的离心力及相应的地面侧向反作用力构成的平衡力系，都从整个受力状态中分离出去，不予考虑，如同在汽车上只作用有非簧载质量所引起的离心力。

以图 7.10 所示的单横臂独立悬架为例，设非簧载质量的质心通过车轴轴线，即质心离地面高度等于车轮半径 r_w。两侧非簧载质量产生的离心力分别为 $F_{uY}/2$，则它们通过铰接点 E 和 F 对车身侧倾中心 O_m 作用的侧倾力矩为

$$M_{\phi III}=-F_{uY}(h_s-r_w) \tag{7.14}$$

式中，h_s 是侧倾中心到地面的高度。

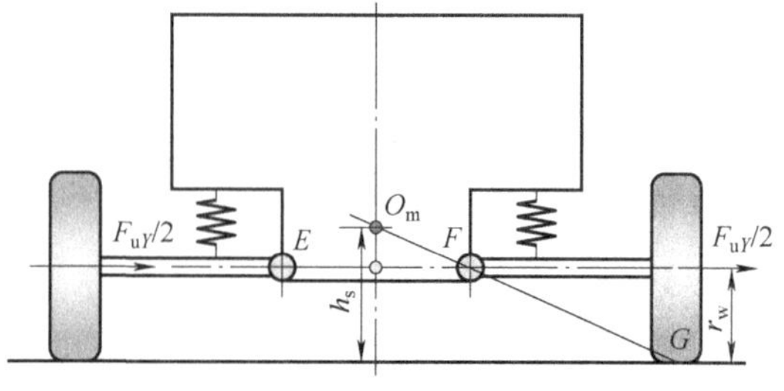

图 7.10　单横臂独立悬架中非簧载质量离心力引起的侧倾力矩

对于其他各种独立悬架，找出等效单横臂独立悬架后，可以用类似的方法求得其非簧载质量离心力引起的侧倾力矩。

因此，汽车在做稳态圆周运动时，其所受到的总侧倾力矩为

$$M_{\phi}=M_{\phi \mathrm{I}}+M_{\phi \mathrm{II}}+M_{\phi \mathrm{III}} \tag{7.15}$$

7.2.4 车身侧倾角

车身在侧向力作用下绕侧倾轴线的转角为车身侧倾角。若已知侧倾力矩 M_{ϕ} 及悬架总的角刚度 $\sum K_{\phi}$，则可求得车身侧倾角

$$\phi=\frac{M_{\phi}}{\sum K_{\phi}} \tag{7.16}$$

车身侧倾角会影响到汽车横摆角速度的稳态响应和瞬态响应，当汽车以 0.4g 的向心加速度沿定圆等速行驶时，车身侧倾角控制在 3°以内较好，最大不允许超过 7°。这是因为过大的侧倾角会使驾驶人感到不稳定、不安全。对平顺性而言，虽然侧倾角过大的汽车，乘客会感到不舒适，但是若通过增大悬架侧倾角刚度以减小车身侧倾角，则当汽车一侧车轮遇到凸起或凹坑时，车内乘员就会感受到冲击，使平顺性变差。

通常，采用一定侧向加速度(g)下车身相对地面的侧倾角 ϕ(°)，或者产生单位侧倾角(°) 所需的侧向加速度 $a_Y(g)$ 或惯性力 F_Y(N)来评价汽车抗侧倾能力。根据大量试验数据，日本汽车研究所给出 1996 年轿车的平均侧倾角增益约为 7.00(°)/g。

若要提高汽车抗侧倾能力，常通过以下两种途径：

1）提高前、后侧倾中心离地高度，是缩短侧倾力臂的有效方法，而降低车辆质心高度虽然可以有效地缩短侧倾力臂，但往往受到许多因素的限制。

2）加装横向稳定杆以增大侧倾角刚度，一般先加在前悬架，当整车角刚度不够时再加在后悬架，以增大不足转向效应。

7.3 车辆转弯侧倾时的载荷转移

在正常工作状态下，汽车左、右车轮的垂直载荷大体上是相等的。但曲线行驶时，由于侧倾力矩的作用，垂直载荷在左、右车轮上是不相等的。这将影响轮胎的侧偏特性，导致汽车操纵稳定性发生变化。有的汽车甚至会从不足转向变为过多转向。

由于作用于车轮的垂直载荷等于地面对车轮的垂向反作用力，所以可通过分析作用于汽车前、后轴左、右侧车轮的地面垂向反作用力，来确定左、右侧车轮垂直载荷的分配。

在分析左、右侧车轮地面垂向反作用力时，可把汽车简化为图 7.11 所示的模型。其中，m_s 为簧载质量；C_s 为簧载质量的质心；F_{sY}为簧载质量惯性力；F_{uY1}、F_{uY2}分别为前、后非簧载质量惯性力；h_{u1}、h_{u2}为前、后非簧载质量质心离地面的高度，一般可取为车轮半径；h_1、h_2 为前、后侧倾中心高度；h_{ϕ} 为簧载质量质心到侧倾轴线距离；B_1、B_2 为前、后轮距。

1. 簧载质量惯性力引起的载荷转移

簧载质量惯性力 $F_{sY}=m_s a_Y$，按其质心所在位置分配到前、后簧载质量上，则

$$F_{sY1}=F_{sY}\frac{b_s}{L} \tag{7.17a}$$

$$F_{sY2}=F_{sY}\frac{a_s}{L} \tag{7.17b}$$

相应的前、后轴左、右车轮垂向载荷转移为

$$\Delta F_{Zs1}=\frac{m_s a_Y b_s h_1}{LB_1} \tag{7.18a}$$

$$\Delta F_{Zs2}=\frac{m_s a_Y a_s h_2}{LB_2} \tag{7.18b}$$

2. 非簧载质量惯性力引起的载荷转移

非簧载质量（m_{u1}和 m_{u2}）惯性力（F_{uY1}和 F_{uY2}）引起的载荷转移为

$$\Delta F_{Zu1}=\frac{m_{u1} a_Y h_{u1}}{B_1} \tag{7.19a}$$

$$\Delta F_{Zu2}=\frac{m_{u2} a_Y h_{u2}}{B_2} \tag{7.19b}$$

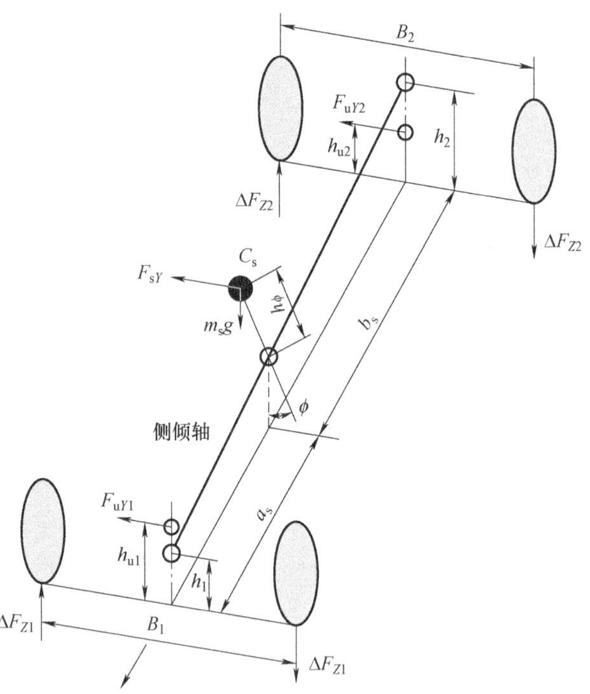

图 7.11　车辆转弯时载荷转移分析简图

3. 侧倾力矩引起的载荷转移

车身侧倾角 ϕ 可由式（7.16）求出。前、后悬架作用于车身的恢复力矩为

$$T_{\phi1}=K_{\phi1}\phi \tag{7.20a}$$

$$T_{\phi2}=K_{\phi2}\phi \tag{7.20b}$$

式中，$K_{\phi1}$、$K_{\phi2}$为前、后悬架的侧倾角刚度。

相应的前、后轴上左右车轮垂向载荷转移为

$$\Delta F_{Z\phi1}=\frac{K_{\phi1}\phi_r}{B_1}=\frac{M_\phi K_{\phi1}}{B_1\sum K_\phi} \tag{7.21a}$$

$$\Delta F_{Z\phi2}=\frac{K_{\phi2}\phi_r}{B_2}=\frac{M_\phi K_{\phi2}}{B_2\sum K_\phi} \tag{7.21b}$$

因此，总的前、后轴上左、右车轮垂向载荷转移量分别为

$$\Delta F_{Z1}=\Delta F_{Zs1}+\Delta F_{Zu1}+\Delta F_{Z\phi1} \tag{7.22a}$$

$$\Delta F_{Z2}=\Delta F_{Zs2}+\Delta F_{Zu2}+\Delta F_{Z\phi2} \tag{7.22b}$$

可以看出，汽车前、后轴上左、右车轮载荷变动量取决于：前、后悬架的侧倾角刚度，簧载质量及其质心位置，非簧载质量和前、后悬架侧倾中心位置等一系列参数。

根据 5.5 节中有关分析，由于垂向载荷横向转移，各轴轮胎的侧偏刚度之和小于静态条件下轮胎侧偏刚度之和，这样，前轴垂向载荷转移使汽车不足转向量增加，而后轴垂向载荷转移使汽车不足转向量减少。

7.4 侧倾外倾和侧倾转向

当车身绕侧倾轴产生侧倾角时，如果车轮接地点不动，包括车轮在内的非簧载质量也相对地面产生侧倾，称为侧倾外倾。同时，由于车身侧倾，也使车轮相对于车身产生垂向的相对位移。此时，由于悬架结构的不同，车轮可能还会在水平面内产生角位移，称为侧倾转向。

7.4.1 侧倾外倾

对非独立悬架而言，不会因车身侧倾而引发车轮的任何外倾角变化。只有独立悬架，才会由于车身侧倾而导致车轮的外倾变化，如图 7.12 所示。对于上、下横臂长度相等且平行的双横臂独立悬架，车轮倾斜方向与车身侧倾方向相同，而上横臂短、下横臂长的双横臂独立悬架，大体上可以保持其外侧车轮垂直于地面。

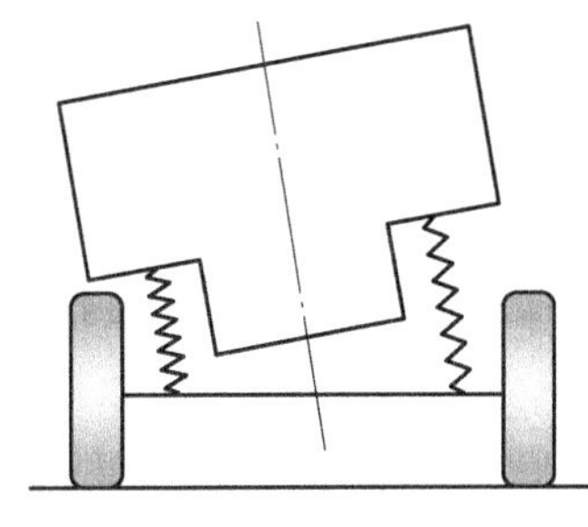

a) 非独立悬架

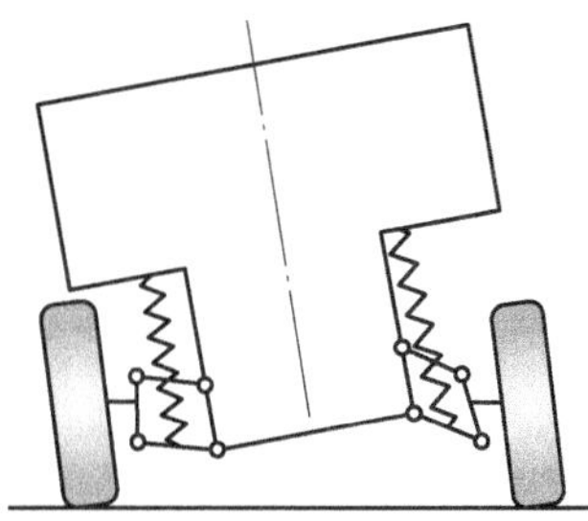

b) 双横臂独立悬架

图 7.12 车身侧倾时车轮外倾角的变化情况

根据各种独立悬架结构的不同，有两种情形可能发生：若车轮沿车身侧倾相同方向产生对地面的外倾变化，称之为正外倾；反之，若车轮沿车身侧倾相反方向产生对地面的外倾变化，则称之为负外倾，分别如图 7.13a、b 所示。

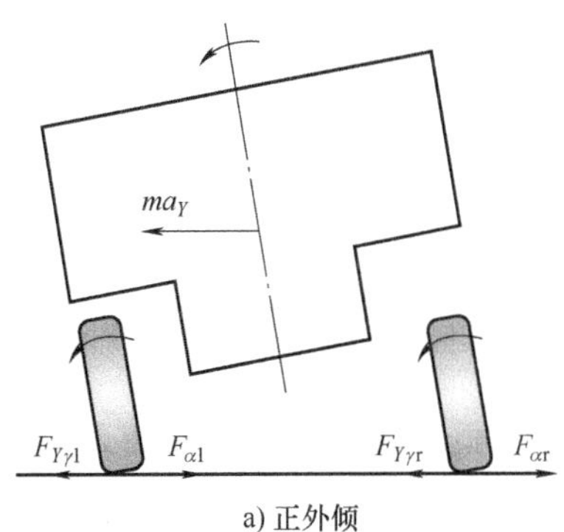

a) 正外倾

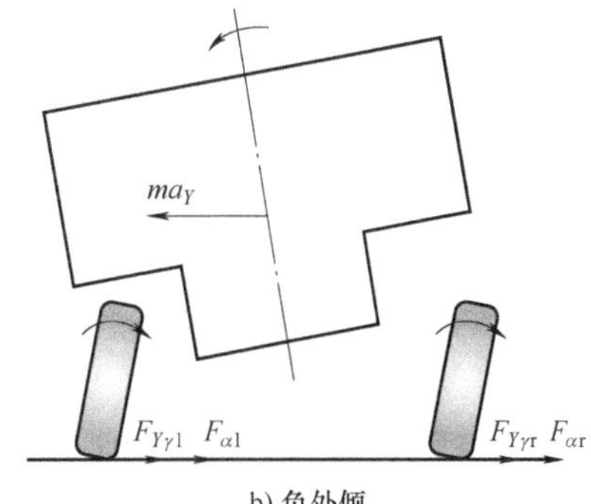

b) 负外倾

图 7.13 车身侧倾引起的外倾变化量

车身侧倾引起的车轮外倾角的变化计算公式为

$$\gamma=\frac{\partial\gamma}{\partial\phi}\phi \tag{7.23}$$

式中，$\frac{\partial \gamma}{\partial \phi}$称为侧倾外倾系数。

当车身侧倾引起车轮对地面产生外倾角 γ 时，将有地面外倾推力 $F_{Y\gamma}$作用于轮胎，如图 2.23 和图 5.17 所示。外倾推力 $F_{Y\gamma}$与外倾角 γ 近似成正比关系，详见式（2.11）和式（5.49）。在稳态转向运动时，外倾推力是与车辆离心力相平衡的力之一，如图 7.13 所示。当发生正外倾时，外倾侧推力与离心力同向，为了使车辆能以与无外倾角时的半径做稳态转向运动，其轮胎侧偏角必须比无外倾角时进一步加大，以抵消外倾推力。相反，如果产生负外倾角时，由于外倾推力与离心力的方向相反，因而与无外倾角时相比，其侧偏力 $F_{Y\alpha}$减小，从而所需的侧偏角也更小。

由于车辆的转向特性由其前、后车轮侧偏角的相对大小关系决定。因此，正外倾变化若发生在前轮，则使车辆趋于不足转向；若发生在后轮，则趋于过多转向。相反，负外倾变化若发生在前轮，则使车辆趋于过多转向；若发生在后轮，则趋于不足转向。

为了说明这种外倾变化对汽车稳态转向响应的作用，在其数值后括注“不足”或“过多”两字。若外倾的变化使汽车不足转向量增加，则在数值后注（不足）；若外倾的变化使汽车不足转向量减少或过多转向量增加，则在数值后注（过多）。

轿车的前侧倾外倾系数$\left(\frac{\partial \gamma}{\partial \phi}\right)_1$为 0.61～0.88(°)/(°)(不足)，后侧倾外倾系数$\left(\frac{\partial \gamma}{\partial \phi}\right)_2$为 0～0.86(°)/(°)(过多)。

7.4.2　侧倾转向

当车身侧倾时，对于非转向后轴，悬架导向机构的运动会引起车轮定位参数变化或车轴转动，使车辆发生转向；对于转向前轴，还会由于悬架导向杆系与转向杆系在运动学上不协调而发生干涉，导致车轮转向，这种转向效应也称为侧倾干涉转向。从运动学的观点来看，车辆侧倾转向与车轮转向的效果是一样的。

由于前、后侧倾转向的方向与数值的不同，汽车的不足转向量可能增加或减少。图 7.14 所示为后悬架的侧倾转向对稳态转向特性的影响。

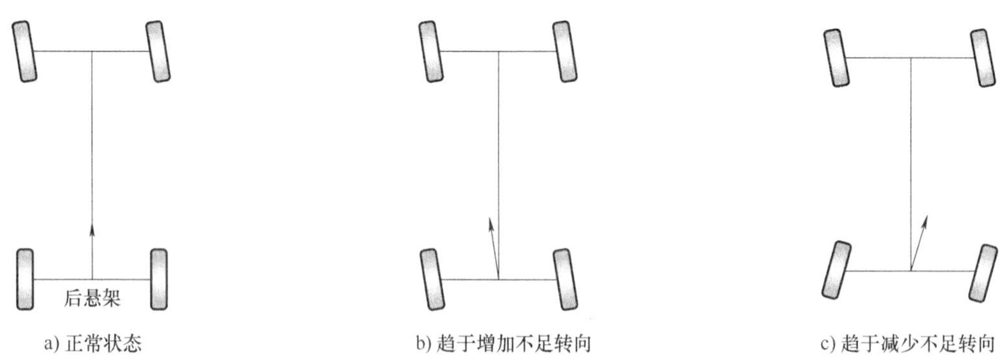

图 7.14　后悬架的侧倾转向对稳态转向特性的影响

独立悬架的侧倾转向效果，可以用车轮相对车身跳动时的前束变化曲线来说明。图 7.15 所示为某双横臂独立悬架的前轮定位参数变化曲线。转弯行驶时，车身侧倾，外侧车轮与车身的距离缩小，处于压缩行程；内侧车轮与车身间的距离加大，处于伸张行程。因此，装有此独立悬架的汽车，外侧车轮的前束减小，车轮向外转动；内侧车轮的前束增加，车轮向汽车纵向中心线方向转动。这辆汽车的侧倾转向增加了不足转向量，这种侧倾转向称为不足侧倾转向。

但是具有侧倾转向效应的汽车在直线行驶时，路面不平引起车轮相对于车身的跳动也会使车轮产生一定的转向角，从而影响汽车直线行驶稳定性，所以近代轿车趋于减少侧倾转向量。图 7.16 所示为某轿车多连杆式后独立悬架与原车斜臂式后独立悬架的前束变化曲线，可以看出，此多杆式独立悬架的侧倾转向量几乎等于零。

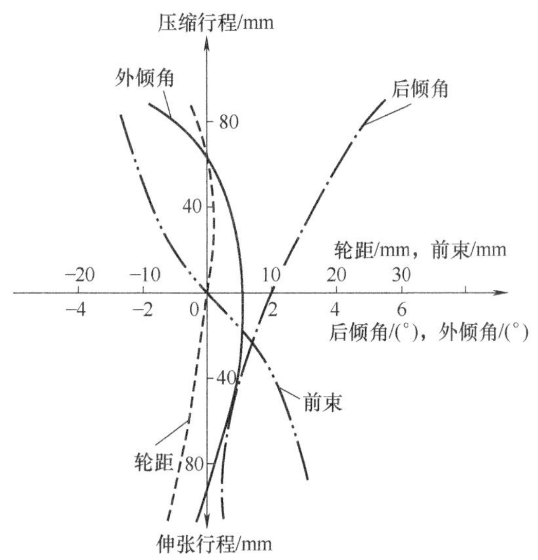

图 7.15　某双横臂独立悬架的前轮定位参数变化曲线

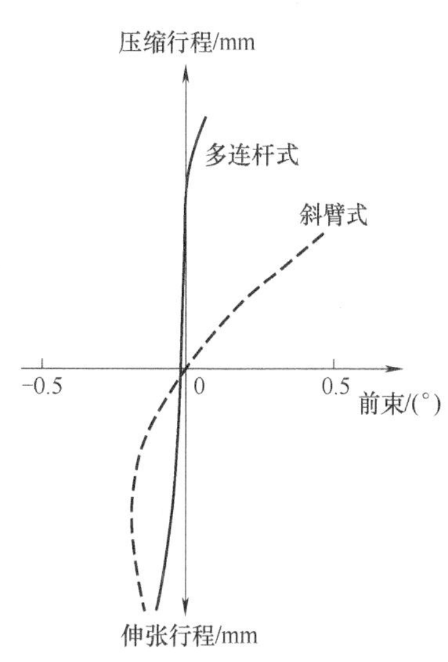

图 7.16　某轿车多杆式后独立悬架与原车斜臂式后独立悬架的前束变化曲线

车轮的侧倾转向角与车身侧倾角的关系式为

$$\delta = \phi \frac{\partial \delta}{\partial \phi} \tag{7.24}$$

式中，$\frac{\partial \delta}{\partial \phi}$为侧倾转向系数，表示每单位侧倾角引起的车轮转向角。

轿车的前侧倾转向系数$\left(\frac{\partial \delta}{\partial \phi}\right)_1$为 0.2(不足)~0.1(°)/(°)(过多)，后侧倾转向系数$\left(\frac{\partial \delta}{\partial \phi}\right)_2$为 0.13(不足)~0.06(°)/(°)(过多)。由于前转向轮与转向杆系相连接，因此实际的$\frac{\partial \delta}{\partial \phi}$数据还包含侧倾干涉转向的作用在内。

7.5　单自由度汽车侧倾动力学分析

当汽车行驶在水平路面上，路面侧向倾斜度为零，仅考虑车身等簧载质量的侧倾运动，左、右悬架动态作用力总是保持竖直方向，可得到最简单的单自由度侧倾动力学模型，如图 7.17 所示。

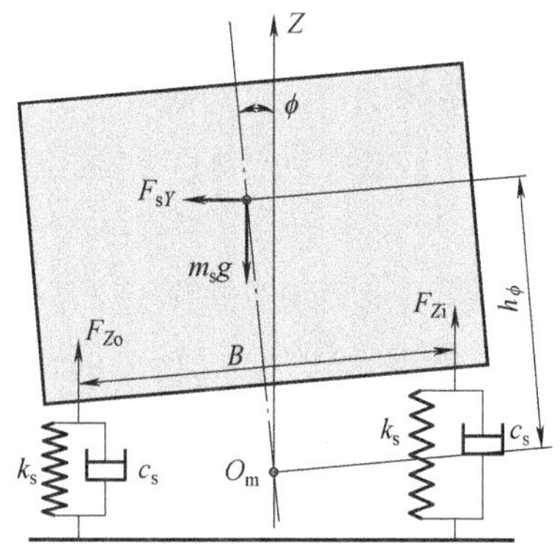

图 7.17 单自由度侧倾动力学模型

定义簧载质量 m_s 绕其质心位置转动惯量为 I_X，簧载质量质心到侧倾中心距离为 h_ϕ，车辆转弯时的侧向加速度为 a_Y，簧载质量惯性力 F_{sY}，内、外侧悬架动态作用力为 ΔF_{Zi} 和 ΔF_{Zo}。对侧倾中心进行力矩平衡分析，得到簧载质量的侧倾动力学方程：

$$I_X\ddot{\phi}=F_{sY}h_\phi\cos\phi+m_s gh_\phi\sin\phi+\frac{B}{2}(\Delta F_{Zi}-\Delta F_{Zo}) \tag{7.25}$$

惯性力
$$F_{sY}=m_s a_Y \tag{7.26}$$

悬架动态作用力
$$\Delta F_{Zo}=\frac{B}{2}(k_s\sin\phi+c_s\dot{\phi}\cos\phi),\ \Delta F_{Zi}=-\frac{B}{2}(k_s\sin\phi+c_s\dot{\phi}\cos\phi) \tag{7.27}$$

将式（7.26）和式（7.27）代入式（7.25），得到

$$I_X\ddot{\phi}=m_s a_Y h_\phi\cos\phi+m_s gh_\phi\sin\phi-\frac{B^2}{2}(k_s\sin\phi+c_s\dot{\phi}\cos\phi) \tag{7.28}$$

通过求解式（7.28），可得到车身侧倾角的瞬态响应 $\phi(t)$，并代入到式（7.27），从而得到内、外侧悬架的动态作用力 ΔF_{Zi} 和 ΔF_{Zo}。

由于无侧倾时内、外侧车轮作用于地面的静态力均为 $mg/2$，则在发生侧倾时内、外侧车轮作用于地面的瞬态垂向力为

$$F_{Zi}=\frac{mg}{2}+\Delta F_{Zi}=\frac{mg-B(k_s\sin\phi+c_s\dot{\phi}\cos\phi)}{2} \tag{7.29a}$$

$$F_{Zo}=\frac{mg}{2}+\Delta F_{Zo}=\frac{mg+B(k_s\sin\phi+c_s\dot{\phi}\cos\phi)}{2} \tag{7.29b}$$

当车辆行驶在有一定侧向倾斜度 ϕ_g 的路面时，如图 7.18 所示。对侧倾中心进行力矩平衡分析，有

$$I_X\ddot{\phi}=F_{sY}h_\phi\cos\phi+m_s gh_\phi\sin(\phi-\phi_g)+\frac{B}{2}(F_{Zi}-F_{Zo})\cos\phi_g \tag{7.30}$$

将式（7.26）和式（7.27）代入式（7.30），整理得到

$$I_X\ddot{\phi}=m_s a_Y h_\phi\cos\phi+m_s gh_\phi\sin(\phi-\phi_g)-\frac{B^2}{2}(k_s\sin\phi+c_s\dot{\phi})\cos\phi_g \tag{7.31}$$

可见，有侧向倾斜度和无侧向倾斜度方程的主要区别是簧载质量重力转矩项 $m_s gh_\phi\sin\phi$ 被 $m_s gh_\phi\sin(\phi-\phi_g)$ 所代替，最后一项中 $\cos\phi_g$ 在 ϕ_g 较小的情况下对悬架动态作用力影响较小。

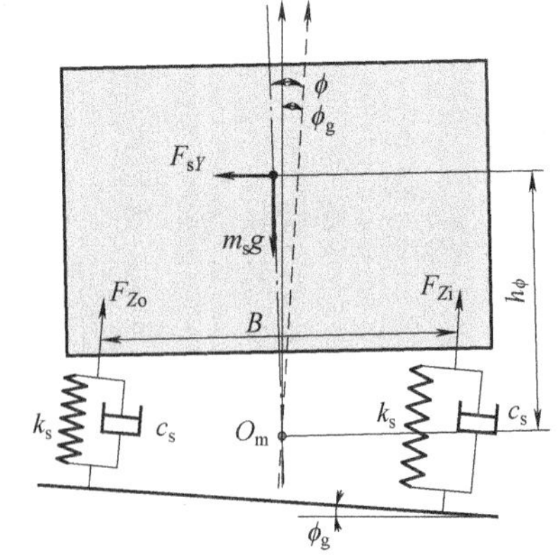

图 7.18 考虑路面侧向倾斜度的车辆侧倾模型

例题 7.1 根据表 7.2 所示车辆参数，应用 MATLAB 软件编程仿真分析 $a_Y=0.4g$ 时车辆的侧倾响应。

表 7.2　车辆侧倾模型参数

名称	参数值	名称	参数值
m_s/kg	1663	h_ϕ/m	0.31
I_X/kg·m^2	753	k_s/(N/m)	28478
B/m	2	c_s/[N/(m/s)]	1748

解：令 $x_1=\phi$，$x_2=\dot{\phi}$，根据式（7.31），整理得到以下运动微分方程

$$\left.\begin{aligned}&\dot{x}_1=x_2\\&\dot{x}_2=\left[m_s a_Y h_\phi \cos x_1+m_s g h_\phi \sin x_1-\frac{B^2}{2}(k_s \sin x_1+c_s x_2)\right]/I_X\end{aligned}\right\}\tag{7.32}$$

分别编写主程序和函数程序，详见本章附录中例题 7.1 的程序代码，得到 $a_Y=0.4g$ 时车辆侧倾角和车轮载荷横向转移的瞬态响应结果，如图 7.19 所示。

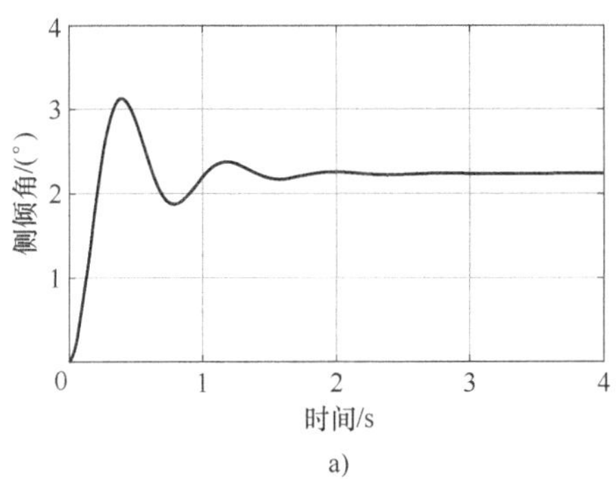

a)

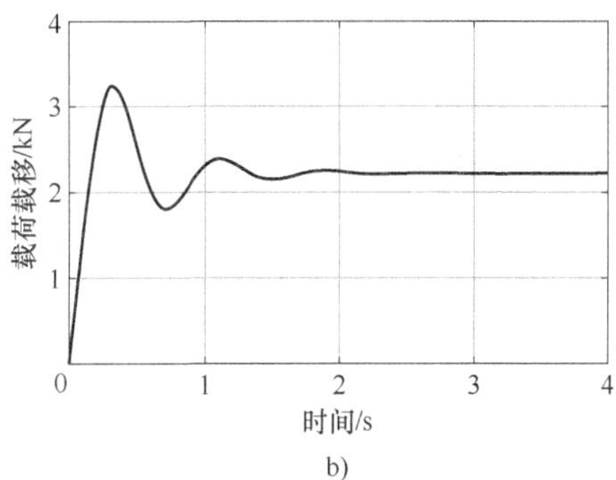

b)

图 7.19　阶跃输入下车辆瞬态响应

7.6　三自由度汽车侧倾动力学分析

当车辆在水平路面上高速行驶并转向时，车辆的侧向运动和侧倾运动会相互耦合。若前轮转角 δ 很小，车身侧倾角 ϕ 也很小，则可在 5.4 节中二自由度汽车操纵动力学线性系统模型基础上，进一步考虑侧倾运动，建立考虑车辆侧偏、横摆和侧倾的三自由度汽车操纵动力学线性系统模型，如图 7.20 所示。为了简化分析，车身侧倾过程中仅考虑侧倾弹性力和侧倾阻尼力作用。

分别对沿 Y 轴侧向力、绕 Z 轴横摆力矩和绕 X 轴侧倾力矩进行平衡分析如下。

侧向运动：$$(m-m_s)(\dot{v}_Y+v_X\omega_Z)+m_s(\dot{v}_Y+v_X\omega_Z-h_\phi\ddot{\phi})=F_{Y1}\cos\delta+F_{Y2}\tag{7.33a}$$

横摆运动：$$I_Z\dot{\omega}_Z-I_{XZ}\ddot{\phi}=aF_{Y1}\cos\delta-bF_{Y2}\tag{7.33b}$$

侧倾运动：$$I_X\ddot{\phi}-m_s h_\phi(\dot{v}_Y+v_X\omega_Z-h_\phi\ddot{\phi})-I_{XZ}\dot{\omega}_Z=m_s g h_\phi\phi-K_\phi\phi-C_\phi\dot{\phi}\tag{7.33c}$$

式中　m——整车质量（kg）；

m_s——簧载质量（kg）；

I_X——簧载质量绕 X 轴的转动惯量（kg·m^2）；

I_Z——整车质量绕 Z 轴的转动惯量（$kg \cdot m^2$）；
I_{XZ}——簧载质量绕 X、Z 两轴的转动惯量（$kg \cdot m^2$）；
δ——前轮转向角（rad）；
ω_Z——横摆角速度（rad/s）；
ϕ——侧倾角（rad）；
v——车速（m/s）；
a、b——前轴距和后轴距（m）；
h_ϕ——簧载质量质心到侧倾中心距离（m）；
F_{Y1}、F_{Y2}——前、后轮侧偏力（N）；
K_ϕ——簧载质量侧倾刚度（N·m/rad）；
C_ϕ——簧载质量侧倾阻尼［N·m/(rad/s)］。

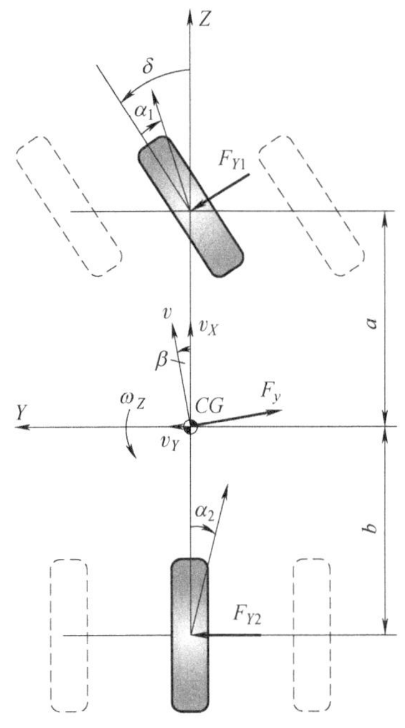

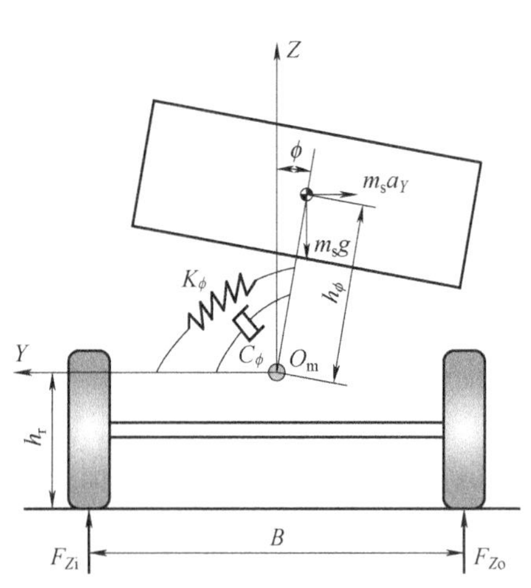

图 7.20　三自由度汽车操纵动力学线性系统模型

由于前轮转向角 δ 很小，$\cos\delta \approx 1$，且轮胎侧偏力与侧偏角近似呈线性关系，则

$$F_{Y1}=C_{\alpha1}\alpha_1=C_{\alpha1}\left(\delta+\frac{\partial\delta_1}{\partial\phi}\phi-\frac{a\omega_Z}{v}-\beta\right) \tag{7.34}$$

$$F_{Y2}=C_{\alpha2}\alpha_2=C_{\alpha2}\left(\frac{\partial\delta_2}{\partial\phi}\phi+\frac{b\omega_Z}{v}-\beta\right) \tag{7.35}$$

式中，$C_{\alpha1}$、$C_{\alpha2}$分别为前、后轮侧偏刚度（N/rad）；$\frac{\partial\delta_1}{\partial\phi}$、$\frac{\partial\delta_2}{\partial\phi}$分别为前、后轮的侧倾转向系数；$\beta$ 为质心侧偏角（rad）。

将式（7.34）和式（7.35）代入式（7.33），并考虑到 $v_X \approx v$ 及 $\beta \approx \frac{v_Y}{v_X}$，整理得到

$$\left.\begin{aligned}&mv(\dot{\beta}+\omega_Z)-m_sh_\phi\ddot{\phi}=C_{\alpha1}\left(\delta+\frac{\partial\delta_1}{\partial\phi}\phi-\frac{a\omega_Z}{v}-\beta\right)+C_{\alpha2}\left(\frac{\partial\delta_2}{\partial\phi}\phi+\frac{b\omega_Z}{v}-\beta\right)\\&I_Z\dot{\omega}_Z-I_{XZ}\ddot{\phi}=aC_{\alpha1}\left(\delta+\frac{\partial\delta_1}{\partial\phi}\phi-\frac{a\omega_Z}{v}-\beta\right)-bC_{\alpha2}\left(\frac{\partial\delta_2}{\partial\phi}\phi+\frac{b\omega_Z}{v}-\beta\right)\\&(I_X+m_sh_\phi^2)\ddot{\phi}-m_sh_\phi v(\dot{\beta}+\omega_Z)-I_{XZ}\dot{\omega}_Z=m_sgh_\phi\phi-K_\phi\phi-C_\phi\dot{\phi}\end{aligned}\right\}\tag{7.36}$$

微分方程（7.36）可整理为

$$\begin{bmatrix}mv&0&0&-m_sh_\phi\\0&I_Z&0&-I_{XZ}\\0&0&1&0\\-m_sh_\phi v&-I_{XZ}&0&I_X+m_sh_\phi^2\end{bmatrix}\begin{bmatrix}\dot{\beta}\\\dot{\omega}_Z\\\dot{\phi}\\\ddot{\phi}\end{bmatrix}+$$

$$\begin{bmatrix}C_{\alpha1}+C_{\alpha2}&mv+\dfrac{aC_{\alpha1}-bC_{\alpha2}}{v}&-\left(C_{\alpha1}\dfrac{\partial\delta_1}{\partial\phi}+C_{\alpha2}\dfrac{\partial\delta_2}{\partial\phi}\right)&0\\aC_{\alpha1}-bC_{\alpha2}&\dfrac{a^2C_{\alpha1}+b^2C_{\alpha2}}{v}&-\left(aC_{\alpha1}\dfrac{\partial\delta_1}{\partial\phi}-bC_{\alpha2}\dfrac{\partial\delta_2}{\partial\phi}\right)&0\\0&0&0&-1\\0&-m_sh_\phi v&m_sgh_\phi+K_\phi&C_\phi\end{bmatrix}\begin{bmatrix}\beta\\\omega_Z\\\phi\\\dot{\phi}\end{bmatrix}=\begin{bmatrix}C_{\alpha1}\\aC_{\alpha1}\\0\\0\end{bmatrix}[\delta]\tag{7.37}$$

定义状态空间变量 $\boldsymbol{X}=[\beta\quad\omega_Z\quad\phi\quad\dot{\phi}]^{\mathrm{T}}$，输入变量 $\boldsymbol{u}=[\delta]$，将式（7.37）写成矩阵形式

$$\boldsymbol{P}\dot{\boldsymbol{X}}+\boldsymbol{Q}\boldsymbol{X}=\boldsymbol{R}\boldsymbol{u}\tag{7.38}$$

式中，$\boldsymbol{P}=\begin{bmatrix}mv&0&0&-m_sh_\phi\\0&I_Z&0&-I_{XZ}\\0&0&1&0\\-m_sh_\phi v&-I_{XZ}&0&I_X+m_sh_\phi^2\end{bmatrix}$，$\boldsymbol{Q}=\begin{bmatrix}C_{\alpha1}+C_{\alpha2}&mv+\dfrac{aC_{\alpha1}-bC_{\alpha2}}{v}&-\left(C_{\alpha1}\dfrac{\partial\delta_1}{\partial\phi}+C_{\alpha2}\dfrac{\partial\delta_2}{\partial\phi}\right)&0\\aC_{\alpha1}-bC_{\alpha2}&\dfrac{a^2C_{\alpha1}+b^2C_{\alpha2}}{v}&-\left(aC_{\alpha1}\dfrac{\partial\delta_1}{\partial\phi}-bC_{\alpha2}\dfrac{\partial\delta_2}{\partial\phi}\right)&0\\0&0&0&-1\\0&-m_sh_\phi v&m_sgh_\phi+K_\phi&C_\phi\end{bmatrix}$，

$\boldsymbol{R}=\begin{bmatrix}C_{\alpha1}\\aC_{\alpha1}\\0\\0\end{bmatrix}$。

定义输出变量 $\boldsymbol{Y}=[\beta\quad\omega_Z\quad\phi]^{\mathrm{T}}$，得到系统的状态空间表达形式

$$\begin{aligned}\dot{\boldsymbol{X}}&=\boldsymbol{AX}+\boldsymbol{Bu}\\\boldsymbol{Y}&=\boldsymbol{CX}\end{aligned}\tag{7.39}$$

式中，$\boldsymbol{A}=-\boldsymbol{P}^{-1}\boldsymbol{Q}$，$\boldsymbol{B}=\boldsymbol{P}^{-1}\boldsymbol{R}$，$\boldsymbol{C}=\begin{bmatrix}1&0&0&0\\0&1&0&0\\0&0&1&0\end{bmatrix}$。

例题 7.2 某燃油汽车质量和结构参数见表 7.3。

1）根据二自由度模型和三自由度模型仿真分析车辆质心侧偏角、横摆角速度和侧倾角的幅频特性。

2）若将该车改装成电动汽车后，簧载质量 m_s 及整车质量均增加了 200kg，绕 X 轴转动惯量 I_X 增大到 920kg · m^2，簧载质量质心到侧倾中心的高度 h_ϕ 为 0.45m，分析其侧倾角瞬态响应变化情况。

3）若将稳定杆刚度提高 30%，该电动汽车侧倾角又将如何变化？

表 7.3　汽车质量和结构参数

名称	参数值	名称	参数值
m/kg	1988	$C_{\alpha1}$/(N/rad)	59496
m_s/kg	1663	$C_{\alpha2}$/(N/rad)	109400
I_X/kg · m^2	753	K_ϕ/(N · m/rad)	56957
I_Z/kg · m^2	4510	C_ϕ/[N · m/(rad/s)]	3496
I_{XZ}/kg · m^2	90	v/(m/s)	30
a/m	1.15	$\partial\delta_1/\partial\phi$/(rad/rad)	0.055
b/m	1.43	$\partial\delta_2/\partial\phi$/(rad/rad)	0.07
h_ϕ/m	0.31		

解： MATLAB 程序详见本章附录中例题 7.2 的程序代码。

1）仿真得到车辆各状态参数在前轮转向角输入下的幅频特性结果如图 7.21 所示。可以看出，该车辆侧倾运动存在两阶谐振频率，其中第 1 阶谐振频率与侧偏与横摆运动谐振频率相同，表明系统侧倾运动和侧向运动相互耦合。与二自由度（2DOF）模型相比，三自由度（3DOF）模型中侧偏角稳态增益减小，谐振峰值也有所减小，高频部分几乎无变化；而横摆角速度幅频特性几乎不受影响。

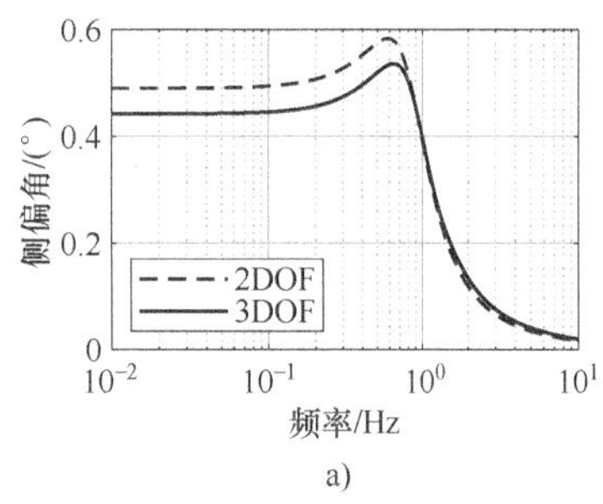

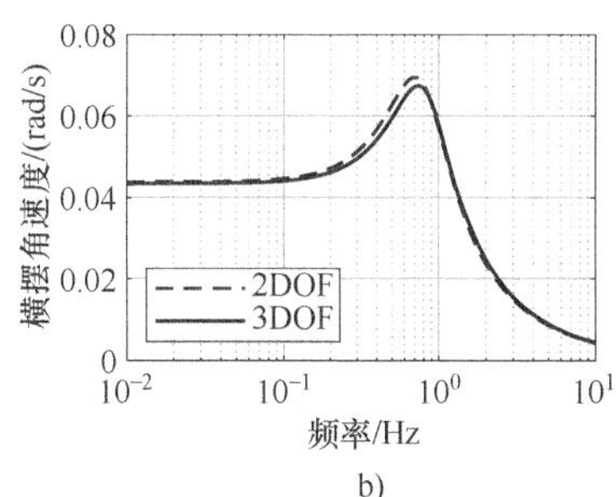

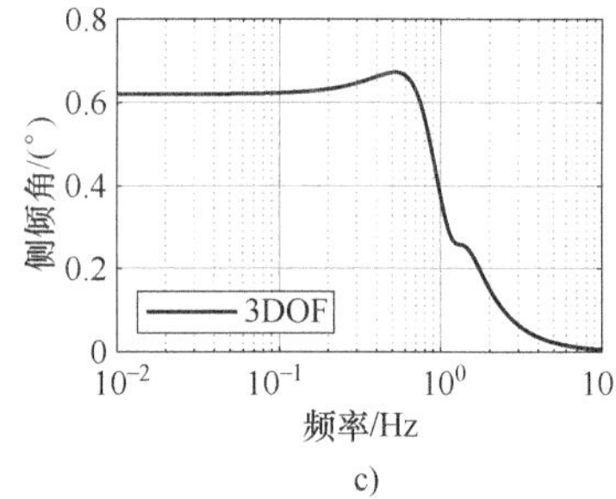

图 7.21　车辆状态参数的幅频特性

2）应用三自由度模型，仿真得到车辆在前轮单位角阶跃输入下，改装前后的侧倾角瞬态响应变化情况，如图 7.22 所示。可以看出，由于簧载质量及其质心到侧倾轴线距离增大、绕 X 轴转动惯量增加，改装后电动车侧倾角瞬态响应峰值和稳定值均比改装前燃油车要有所增大。

3）加装稳定杆后，车辆侧倾角瞬态响应如图 7.22 中实线所示，可以看出，加装稳定杆后的电动车侧倾角瞬态响应峰值和稳态值比改装后均有所减小。

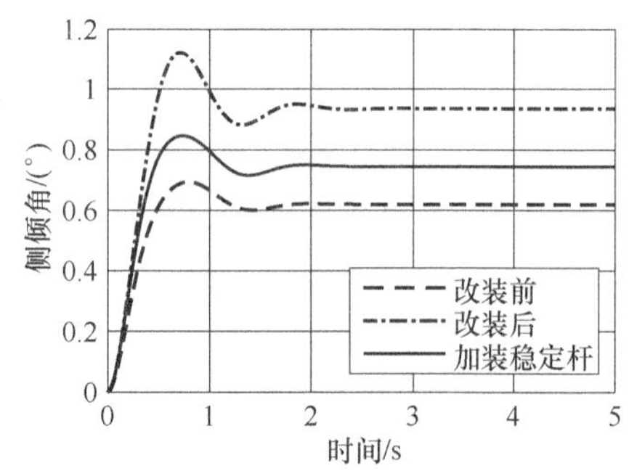

图 7.22　车辆侧倾角的瞬态响应

7.7 汽车侧翻

汽车侧翻是指汽车在行驶过程中绕其纵轴线转动90°或更大的角度，以至车身与地面相接触的一种极其危险的运动。有很多因素可能引起汽车的侧翻，包括汽车结构、驾驶人和道路条件等。

汽车侧翻大体上可分为两大类：一类是绊倒侧翻，它是指汽车行驶时产生侧向滑动，并冲撞路面凸起或凹坑等障碍物时因“绊倒”而发生的侧翻；另一类是转向侧翻，它是指汽车在道路（包括侧向坡道）上转弯时，由于汽车的侧向加速度超过一定限值，使得汽车内侧车轮的垂直反力为零而引起的侧翻。本节仅介绍转向侧翻。

7.7.1 刚性汽车的准静态侧翻

汽车侧翻过程中所涉及的最基本力学关系就是刚性汽车在转向过程中的力和力矩的平衡。这里，刚性汽车指忽略汽车悬架及轮胎的弹性变形，准静态指汽车稳态转向，无侧倾角加速度。若路面内侧高于外侧，在侧倾平面内，刚性汽车稳态转向模型如图7.23所示。

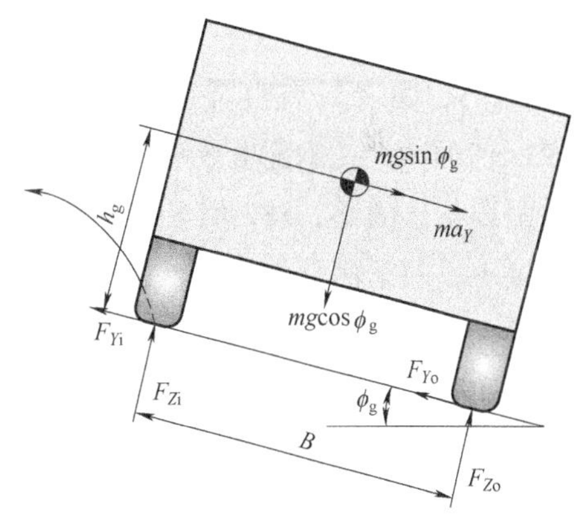

图7.23 侧倾平面内刚性汽车模型

假设道路的侧向坡道角 ϕ_g 很小，即 $\sin\phi_g\approx\phi_g$，$\cos\phi_g\approx1$，以外侧车轮接地点为支点，进行力矩平衡分析，有

$$\frac{1}{2}mgB-ma_Yh_g-mg\phi_gh_g-F_{Zi}B=0 \tag{7.40}$$

整理得到

$$\frac{a_Y}{g}=\frac{\frac{1}{2}B-\phi_gh_g-\frac{F_{Zi}}{mg}B}{h_g}=\left(\frac{1}{2}-\frac{F_{Zi}}{mg}\right)\frac{B}{h_g}-\phi_g \tag{7.41}$$

汽车在水平路面上直线行驶（$\phi_g=0$、$a_Y=0$）时，内侧车轮的垂直反力 $F_{Zi}=mg/2$。当 $a_Y\neq0$ 时，若要仍保持 $F_{Zi}=mg/2$ 不变，则需要道路的侧向坡道角 $\phi_g=-a_Y/g=-v^2/(Rg)$，即路面外侧高于内侧，和图7.23中方向相反。因此，在设计高速公路时，应该根据转弯方向、半径和设计车速确定道路的横向坡度。

由式（7.41）可知，随着侧向加速度 a_Y 的增大，F_{Zi}逐渐减小。当 F_{Zi}减小到零时，汽车在侧倾平面内不能保持平衡，从而开始侧翻。汽车开始侧翻时所受的侧向加速度与重力加速度比值称为侧翻阈值（rollover threshold），计算公式为

$$\frac{a_Y}{g}=\frac{B}{2h_g}-\phi_g \tag{7.42}$$

显然，当车辆在水平路面转弯时，侧翻阈值为 $B/2h_g$，又称为静态稳定系数（static stability factor，SSF）。此值常用来预估汽车的抗侧翻能力，因为它只需要轮距 B 和质心高度 h_g 两个结构参数，应用起来十分方便。表7.4所列为几种汽车的静态稳定系数范围。可以看

出，商用车由于质心位置高，其静态稳定系数小，更容易侧翻。

表 7.4 几种汽车静态稳定系数的范围

车辆类型	质心高度/cm	轮距/cm	SSF/g
跑车	46～51	127～154	1.2～1.7
微型轿车	51～58	127～154	1.1～1.5
豪华轿车	51～61	154～165	1.2～1.6
轻便客货两用车（皮卡）	76～89	165～178	0.9～1.1
轻型客车	76～102	165～178	0.8～1.1
中型货车	114～140	165～190	0.6～0.8
重型货车	154～216	178～183	0.4～0.6

图 7.24 所列为几种轿车和多用途车的 SSF 值及侧翻事故率。可以看出，特别是对于多用途车（CJ-5、CJ-7、Bronco 和 Blazer 等），两者具有很强的相关性，随着 SSF 值的增大，侧翻事故率降低。

需要指出的是，SSF 值虽然能够在一定程度上反映车辆侧翻的特性，但是由于它仅涉及车辆几何参数，而不包括悬架、轮胎及车辆操纵动力学特性的影响，所以 SSF 值仅能用于分析汽车的准静态侧翻，它比车辆的实际侧翻阈值偏高。

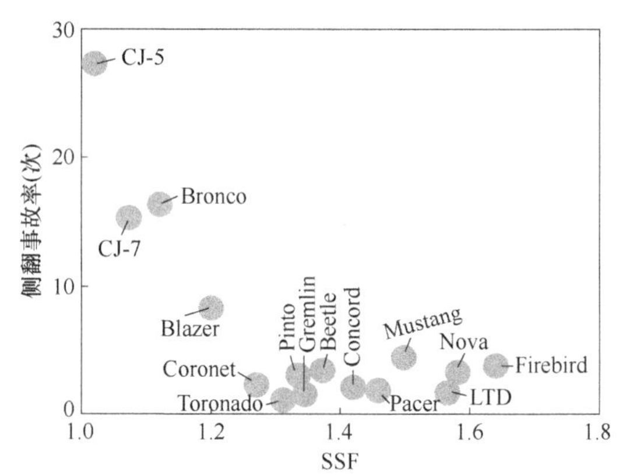

图 7.24 几种轿车和多用途车的 SSF 值及侧翻事故率
（每 10 万辆新车每年出现侧翻事故的次数）

7.7.2 带悬架汽车的准静态侧翻

图 7.25 所示为侧倾平面内带悬架的汽车物理模型。若忽略车桥的质量和侧倾，簧载质量质心高度 h_s 近似等于整车质心高度 h_g，以外侧车轮接地点为支点，进行力矩平衡分析，则有

$$m_s a_Y h_g - m_s g[B/2 - \phi(h_g - h_r)] + F_{Zi} B = 0 \tag{7.43}$$

引入侧倾系数 R_ϕ(rad/g)，则簧载质量的侧倾角 ϕ 可表示为

$$\phi = R_\phi \frac{a_Y}{g} \tag{7.44}$$

当 $F_{Zi}=0$ 时，车辆在水平路面上的侧翻阈值为

$$\frac{a_Y}{g} = \frac{B}{2h_g} \frac{1}{1+R_\phi(1-h_r/h_g)} \tag{7.45}$$

可见，车身的侧倾会引起汽车质心位置的偏移，从而改变汽车的抗侧翻能力，使得侧翻阈值减小。如某轿车 $h_r/h_g=0.5$、$R_\phi=0.1$rad/g，根据式（7.45）可

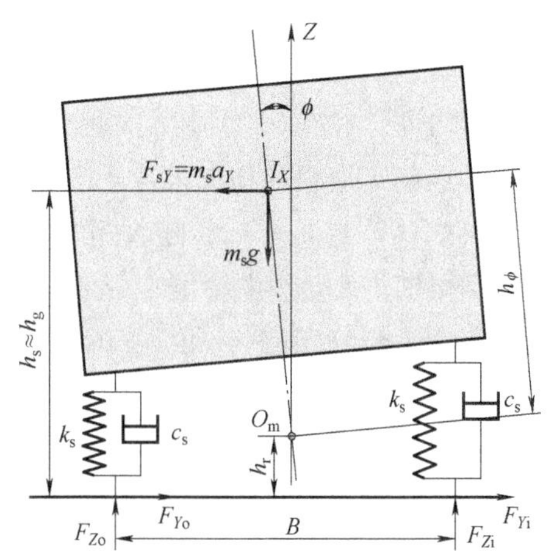

图 7.25 侧倾平面内带悬架的汽车物理模型

知 $a_Y/g=0.95B/2h_s$。与刚性汽车相比，侧翻阈值减少了5%。另外，当汽车受侧向力作用时，外侧轮胎产生弹性变形，从而轮胎接地中心向内偏移，轮距 B 减小，这使得侧翻阈值又减小约5%。

由7.3节和7.5节内容可知，车辆转向使车身侧倾时，内侧车轮的载荷减小，外侧载荷增加，当内侧车轮载荷减小为零且轮胎与地面没有接触时，在侧向干扰输入下车辆即会发生侧翻。因此还可以用横向载荷转移率（lateral-load transfer rate，LTR）作为车辆侧倾稳定性的评价指标，即

$$\mathrm{LTR}=\frac{|F_{Zo}-F_{Zi}|}{F_{Zo}+F_{Zi}}\in[0,1] \tag{7.46}$$

式中，F_{Zi}、F_{Zo}分别为内、外侧车轮垂直载荷。

车辆在平直路面平稳直线行驶时，内、外侧车轮的垂向载荷基本相等，此时 LTR≈0，其表征车辆未发生侧倾。当在非平直路面行驶或做转向运动时，由于离心力等因素引起的侧倾使内、外侧车轮的垂向载荷不相等，继而使 LTR≠0。此时 LTR 越接近于1，则侧倾程度越严重，对应的侧翻危险程度也越高。当 LTR=1 时，说明一侧车轮已经离开地面，即达到车辆的侧翻临界点，将要发生侧翻事故。

对于图7.17和图7.25所示带悬架的汽车单自由度动力学模型，由式（7.29），可推导得到其横向载荷转移率

$$\mathrm{LTR}=\frac{F_{Zo}-F_{Zi}}{F_{Zo}+F_{Zi}}=\frac{B(k_s\sin\phi+c_s\dot{\phi}\cos\phi)}{mg} \tag{7.47}$$

在侧倾动力学公式（7.28）中，设 $\ddot{\phi}=0$，忽略侧倾惯性力矩引起的载荷转移，则有

$$k_s\sin\phi+c_s\dot{\phi}\cos\phi=\frac{2(m_s a_Y h_\phi\cos\phi+m_s g h_\phi\sin\phi)}{B^2} \tag{7.48}$$

考虑到非簧载质量 m_u 一般远小于簧载质量 m_s，由式（7.47）和式（7.48），可得

$$\mathrm{LTR}=\frac{2a_Y h_\phi}{gB}\cos\phi+\frac{2h_\phi\sin\phi}{B} \tag{7.49}$$

若当侧向加速度 a_Y 尽可能大，而侧倾角 ϕ 仍小于5°时，则可通过测量此时 a_Y 估计得到车辆的横向载荷转移率 LTR，即

$$\mathrm{LTR}\approx\frac{2a_Y h_\phi}{gB}=\frac{a_Y h_\phi}{gh_g}\frac{1}{\mathrm{SSF}} \tag{7.50}$$

显然，车辆 SSF 越大，则 LTR 越小，车辆越不容易侧翻，由于 LTR 是基于内、外侧车轮垂向载荷横向转移来分析车辆的侧倾特性，因此它可以弥补 SSF 仅依赖车辆几何参数的不足，若用于评价车辆的准静态和瞬态侧翻等级，结果会更加可靠，一般希望LTR<0.9。

下面对表7.4给出的几种车型静态稳定系数（SSF）做进一步探讨。由前面第2章和第5章有关内容可知，轮胎在良好路面上的附着系数 φ 可达到0.8，即侧向加速度 a_Y 达到0.8g 时，汽车开始侧滑。表7.4中给出的中型、重型货车 SSF<φ，说明车辆在尚未达到侧滑时，即已开始侧翻；轿车和轻型客车的 SSF>φ，似乎说明车辆尚未侧翻即已侧滑，然而事故统计表明，此类汽车在侧翻时并不一定先产生侧滑。这说明仅通过静态稳定系数分析汽车侧翻特性还存在不足，主要是由于未考虑车身侧倾角的影响。

当转弯行驶的车辆临近侧滑时，车辆所能达到的侧向加速度 a_Y 取决于路面附着系数 φ，即 $a_Y=\varphi g$，若路面是水平的，可根据式（7.42）推导得到车辆不发生侧翻的侧倾角临界值

$$\begin{aligned}\phi_{cr}&=SSF-\frac{a_Y}{g}\\&=SSF-\varphi\end{aligned} \tag{7.51}$$

它们之间关系如图 7.26 所示。可见，随着车辆静态稳定系数增大，车身的临界侧倾角相应增大，车辆侧翻的可能性越小；随着道路附着系数增大，车辆在不发生侧滑情况下所能达到的最大侧向加速度 a_Y 相应增大，会引起左、右车轮较大的横向载荷转移，则车辆不发生侧翻的车身临界侧倾角应该减小。这说明车辆在高速公路上以较高速度转弯时，无论是否发生侧滑，一旦由于过大的侧向加速度造成车身实际侧倾角大于临界值，就会发生侧翻事故。当车辆在低附着系数路面转弯时，为了防止车辆侧滑，一般车速较低，侧向加速度 a_Y 较小，不发生侧翻的车身临界侧倾角反而可以大一些。

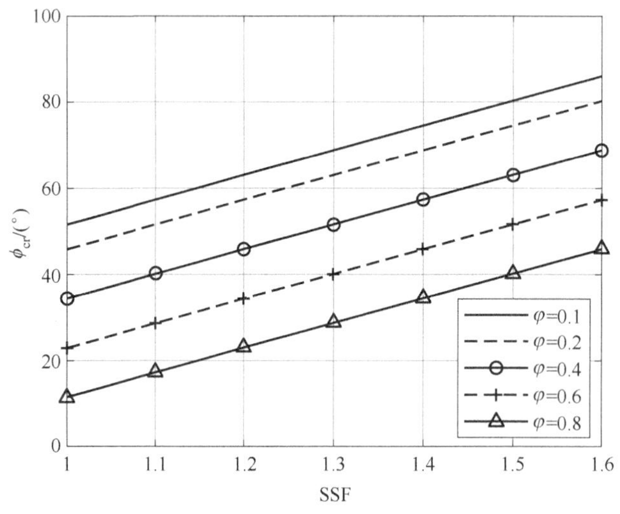

图 7.26　车身侧倾角临界值（ϕ_{cr}）随静态稳定系数（SSF）和附着系数（φ）的变化关系

7.7.3　汽车的瞬态侧翻

针对图 7.17 和图 7.25 所示带悬架的汽车侧倾模型，在 7.5 节中已建立了它的侧倾动力学方程，并在例题 7.1 中对其在时域内进行了瞬态响应仿真，如图 7.19 所示。可见，该模型对阶跃输入的响应类似于有阻尼系统对阶跃输入的响应。汽车的侧倾角在初次达到稳态值之后有一个超调量，说明汽车在比准静态下更小的侧向加速度时，内侧车轮就可能离开地面，即汽车的瞬态侧翻阈值比准静态时的更小。对于轿车和多用途车辆，阶跃转向时的侧翻阈值比 SSF 约低 30%，而货车的侧翻阈值比 SSF 则约低 50%。

超调量的大小取决于侧倾阻尼。图 7.27 中给出了计算得到的侧翻阈值随侧倾阻尼比的变化曲线。无阻尼时，侧翻阈值最小。随着阻尼比的增加，侧翻阈值也增大，但增大的速率逐渐减小。

在侧向加速度正弦输入条件下，汽车侧倾响应取决于输入频率。图7.28给出了侧倾响应与输入频率的关系。频率为零时，侧翻阈值接近带悬架汽车准静态时的值；随着频率的增加，侧翻阈值减小，直至侧倾共振频率时达到最小，然后又迅速增大。

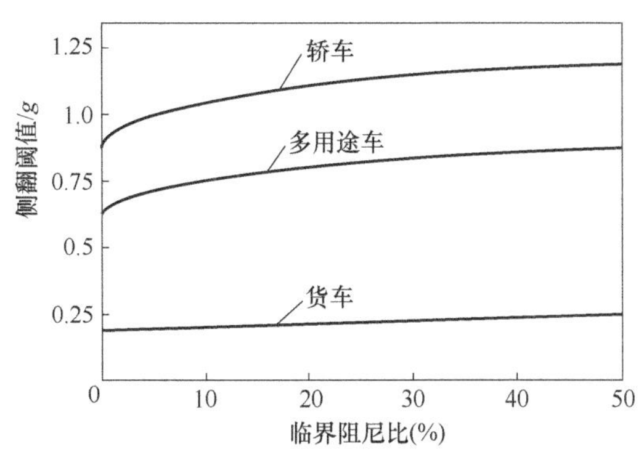

图7.27 阻尼比对阶跃输入下侧翻阈值的影响

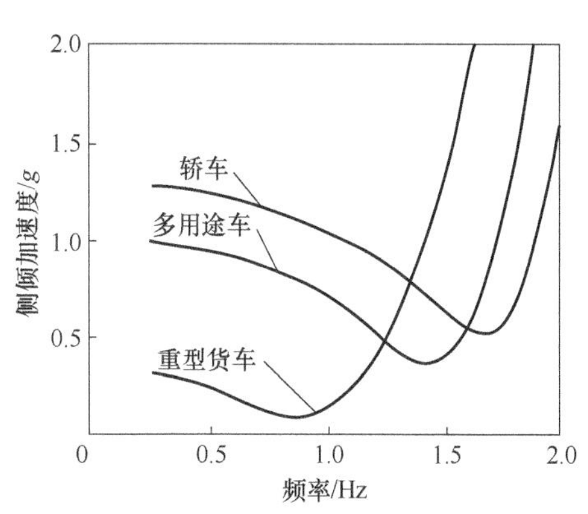

图7.28 侧倾加速度响应与输入频率的关系

对于重型货车，侧倾共振频率低于1Hz。经验表明，在高速公路上正常行驶时，驾驶人通常在2s内操纵汽车侧向移动0.24~0.3m，以更换车道避开车辆或其他障碍。在此过程中，操纵频率约为0.5Hz，很容易造成重型货车的侧翻。对于质心较低的轿车，其系统一阶固有频率通常为1.5Hz甚至更高，操纵这类车辆转向时，就不容易引起侧倾共振和侧翻。

结合对7.6节中三自由度车辆模型的动力学仿真，可以看出，考虑了车辆侧向运动与侧倾运动耦合的动力学模型，能够更加全面和精确地分析车辆的侧倾性能。由于横摆运动可产生侧向加速度，引起侧倾，而侧倾会通过侧向载荷转移和悬架系统作用来改变轮胎转向力，从而影响横摆响应。当车辆以接近横摆角度的偏频进行转向操纵时，也会产生较大的侧倾响应，导致侧翻事故的发生。

表7.5所列为基于不同模型计算得到的一辆小型车辆静态和动态稳定系数情况。结果表明，基于带有悬架的车辆瞬态动力学模型仿真得到的动态稳定系数明显小于静态稳定系数。

表7.5 基于不同模型的小型车辆静态和动态稳定系数

侧倾输入	车辆悬架	静态或动态稳定系数
准静态	无	1.25
准静态	有	1.19
阶跃转向	有	0.92
正弦转向	有	0.80

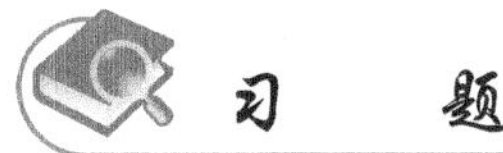

习 题

7.1 解释侧倾轴线的物理意义，绘制双横臂悬架、麦弗逊悬架的侧倾中心。

7.2 汽车在转弯时受到的侧倾力矩由哪几部分组成？

7.3 汽车转弯时，侧向载荷是如何转移的？

7.4　为什么会产生侧倾外倾？若后轮侧倾外倾系数为正，对车辆稳态转向特性有何影响？

7.5　为什么会产生侧倾转向？若后轮侧倾转向系数为正，对车辆稳态转向特性有何影响？

7.6　与第5章的二自由度汽车动力学模型相比，本章建立的三自由度汽车动力学模型有何特点？

7.7　与刚性汽车准静态侧翻特性相比，带悬架的车辆准静态和瞬态侧翻特性有什么不同？

7.8　已知车身质量 $m_s=1400\text{kg}$，车辆质心离侧倾轴的高度 $h_\phi=0.52\text{m}$，前轴侧倾刚度 $K_{\phi1}=65\text{kN}\cdot\text{m/rad}$，后轴侧倾刚度 $K_{\phi2}=35\text{kN}\cdot\text{m/rad}$，试计算车辆受到 $0.4g$ 稳态侧向加速度时的侧倾角。

7.9　若采用习题7.8中的参数以及以下参数：前轮到质心的距离 $a=1.1\text{m}$，后轮到质心的距离 $b=1.6\text{m}$，前轮轮距 $B_1=1.5\text{m}$，后轮轮距 $B_2=1.5\text{m}$，前、后悬架侧倾中心距离地面的高度分别为 $h_{s1}=0.05\text{m}$、$h_{s2}=0.2\text{m}$，分别计算车辆前、后悬架的侧向载荷转移。

7.10　某车辆参数：$m=1500\text{kg}$，$m_s=1400\text{kg}$，$a=1.1\text{m}$，$b=1.5\text{m}$，$k_1=55\text{kN/rad}$，$k_2=62\text{kN/rad}$，$h_\phi=0.52\text{m}$，$K_\phi=100\text{kN}\cdot\text{m/rad}$。忽略车轮外倾角变化及后悬架除外的其他侧倾转向变化，试设计后悬架的侧倾转向系数，使得车辆从原来的过多转向特性变成中性转向特性。

参考文献

[1] 余志生. 汽车理论［M］. 6版. 北京：机械工业出版社，2019.

[2] ABE M. Vehicle handling dynamics：theory and applications［M］. 2nd ed. Oxford：Butterworth-Heinemann，2015.

[3] GILLISPIE T D. Fundamentals of vehicle dynamics［M］. Warrendale：SAE International，1992.

[4] RAJAMANI R. Vehicle dynamics and control［M］. 2nd ed. New York：Springer science business media，2012.

[5] 郭孔辉. 汽车操纵动力学原理［M］. 南京：江苏科学技术出版社，2011.

[6] HAPPIAN S J. An introduction to modern vehicle design［M］. Oxford：Butterworth-Heinemann，2002.

[7] MASSIMO G. The science of vehicle dynamics：handling，braking，and ride of road and race cars［M］. 2nd ed. Switzerland：Springer International Publishing AG，2014.

[8] JIN Z L，HU H Y，WENG J S. Rollover stability of a vehicle during critical driving manoeuvres［J］. Proceedings of the Institution of Mechanical Engineers，Part D：Journal of Automobile Engineering，2007，221（D9）：1041-1049.

[9] VERMA M K，GILLESPIE T D. Roll dynamics of commercial vehicles［J］. Vehicle System Dynamics，1980，9（1）：1-17.

[10] TAKANOA S，NAGAIB M，TANIGUCHIC T，et al. Study on a vehicle dynamics model for improving roll stability［J］. JSAE Review，2003，24（2）：149-156.

[11] HUSTONA R L，KELLY F A. Another look at the static stability factor（SSF） in predicting vehicle rollover［J］International Journal of Crashworthiness，2014，19（56）：567-575.

[12] DEUTERMANN W. Characteristics of fatal rollover crashes［R］. NHTSA Technical Report No. DOT HS 809438，2002.

[13] STONE R，BALL J K. Automotive engineering fundamentals［M］. Warrendale：SAE International，2004.

附　录

例题 7.1 的程序代码

```
clc
clear all
global ms Ix B hphi ks cs g ay
ms=1663;Ix=753;B=2;hphi=0.31;ks=28478;cs=1748;g=9.81;ay=0.4*g;
tspan=[0:0.01:4];
y0=[0;0];
[t,y]=ode45('ex7_1',tspan,y0);

figure(1)
plot(t,57.3*y(:,1),'r')
grid on;
xlabel('时间/s')
ylabel('侧倾角/(^°)')

LT=B*(ks*sin(y(:,1))+cs*y(:,2).*cos(y(:,2)))/1000;

figure(2)
plot(t,LT,'r','Linewidth',2)
grid on;
xlabel('时间/s')
ylabel('载荷转移/kN')

function dy=ex7_1(t,x)
global ms Ix B hphi ks cs g ay
f1=x(2);
f2=(ms*ay*hphi*cos(x(1))+ms*g*hphi*sin(x(1))-B^2*(ks*sin(x(1))+cs*x(2)*
cos(x(1)))/2)/Ix;
dy=[f1;f2];
end
```

例题 7.2 的程序代码

```
%二自由度和三自由度模型频响特性对比程序
clc
clear all
m=1988;ms=1663;Ix=753;Iz=4510;Ixz=90;
k1=59496;k2=109400;Kphi=56957;Cphi=3496;
V=30;a=1.15;b=1.43;c1=0.055;c2=0.07;
```

```
h=0.31;g=9.81;

P=[m*V 0;
    0 Iz]

Q=[k1+k2 m*V+(a*k1-b*k2)/V;
   a*k1-b*k2 (a^2*k1+b^2*k2)/V]

R=[k1;a*k1];

A=-inv(P)*Q;
B=inv(P)*R;
C=[1 0;
   0 1];
D=0;
sys=ss(A,B,C,D);

[mag,phase,wout]=bode(sys,[0.01*2*pi:0.01:10*2*pi]);

figure(1)
semilogx(wout/(2*pi),mag(1,:),'b--');
grid on
xlabel('频率/Hz');
ylabel('侧偏角/(^o)');
hold on

figure(2)
semilogx(wout/(2*pi),mag(2,:)/57.3,'b--');
grid on
xlabel('频率/Hz');
ylabel('横摆角速度/(rad/s)');
hold on

P=[m*V 0 0-ms*h;
    0 Iz 0 Ixz;
    0 0 1 0;
    -ms*h*V Ixz 0 Ix];

Q=[k1+k2 m*V+(a*k1-b*k2)/V-(k1*c1+k2*c2) 0;
   a*k1-b*k2 (a^2*k1+b^2*k2)/V-(a*k1*c1-b*k2*c2) 0;
```

```
    0 0 0-1;
    0  -ms * h * V ms * g * h+Kphi Cphi];

R=[k1;a * k1;0;0];

A=-inv(P) * Q;
B=inv(P) * R;
C=[1 0 0 0;
    0 1 0 0;
    0 0 1 0];
D=0;
sys=ss(A,B,C,D);

[mag,phase,wout]=bode(sys,[0.01 * 2 * pi:0.01:10 * 2 * pi]);

figure(1)
semilogx(wout/(2 * pi),mag(1,:),'-r');
grid on
xlabel('频率/Hz');
ylabel('侧偏角/(^°)');
legend('2DOF','3DOF')

figure(2)
semilogx(wout/(2 * pi),mag(2,:)/57.3,'-r');
grid on
xlabel('频率/Hz');
ylabel('横摆角速度/(rad/s)');
legend('2DOF','3DOF')

figure(3)
semilogx(wout/(2 * pi),mag(3,:),'-r');
grid on
xlabel('频率/Hz');
ylabel('侧倾角/(^°)');
legend('3DOF')

%车辆改装前后以及加装稳定杆后,侧倾角瞬态响应对比程序
clc
clear all
m=[1988 2188 2188];ms=[1663 1863 1863];Ix=[753 920 920];Iz=4510;Ixz=90;
```

```
k1=59496;k2=109400;Kphi=[56957 56957 74044];Cphi=3496;
V=30;a=1.15;b=1.43;c1=0.055;c2=0.07;
h=[0.310.48 0.48];g=9.81;

for i=1:3
  P=[m(i)*V 0 0-ms(i)*h(i);
       0 Iz 0 Ixz;
       0 0 1 0;
       -ms(i)*h(i)*V Ixz 0 Ix(i)];

  Q=[k1+k2 m(i)*V+(a*k1-b*k2)/V-(k1*c1+k2*c2) 0;
      a*k1-b*k2 (a^2*k1+b^2*k2)/V-(a*k1*c1-b*k2*c2) 0;
      0 0 0-1;
      0  -ms(i)*h(i)*V ms(i)*g*h(i)+Kphi(i) Cphi];

  R=[k1;a*k1;0;0];

  A=-inv(P)*Q;
  B=inv(P)*R;
  C=[1 0 0 0;
     0 1 0 0;
     0 0 1 0];
  D=0;
  sys=ss(A,B,C,D);

  [y,t]=step(sys,5);

  figure(1)
  plot(t,y(:,1));
  grid on
  xlabel('频率/Hz');
  ylabel('侧偏角/(^°)');
  legend('改装前','改装后','加装稳定杆','Location','Southeast')
  hold on

  figure(2)
  plot(t,y(:,2));
  grid on
  xlabel('频率/Hz');
  ylabel('横摆角速度/(rad/s)');
```

```
legend('改装前','改装后','加装稳定杆','Location','Southeast')
hold on

figure(3)
plot(t,y(:,3));
grid on
xlabel('频率/Hz');
ylabel('侧倾角/(^°)');
legend('改装前','改装后','加装稳定杆','Location','Southeast')
hold on
end
```